·上海市公共管理一流学科项目资助·

地方政府合作
LOCAL GOVERNMENT COOPERATION

汪伟全 / 著

中央编译出版社
Central Compilation & Translation Press

图书在版编目(CIP)数据

地方政府合作 / 汪伟全著.
—北京：中央编译出版社，2013.11
ISBN 978-7-5117-1880-8

Ⅰ. ①地…

Ⅱ. ①汪…

Ⅲ. ①地方政府—行政管理—合作—研究

Ⅳ. ① D035.5

中国版本图书馆 CIP 数据核字 (2013) 第 271801 号

地方政府合作

出 版 人	刘明清
出版统筹	薛晓源
责任编辑	盛菊艳
责任印制	尹 珺
出版发行	中央编译出版社
地　　址	北京西城区车公庄大街乙 5 号鸿儒大厦 B 座 (100044)
电　　话	(010) 52612345 (总编室)　(010) 52612335 (编辑室)
	(010) 66161011 (团购部)　(010) 52612332 (网络销售部)
	(010) 66130345 (发行部)　(010) 66509618 (读者服务部)
网　　址	www.cctpbook.com
经　　销	全国新华书店
印　　刷	北京金瀑印刷有限责任公司
开　　本	787 毫米 × 1092 毫米 1/16
字　　数	300 千字
印　　张	18.25
版　　次	2013 年 11 月第 1 版第 1 次印刷
定　　价	57.00 元

本社常年法律顾问：北京市吴栾赵阎律师事务所律师　闫军　梁勤
凡有印装质量问题，本社负责调换，电话：010-66509618

序

地方合作是全球经济发展的一种必然趋势,也是府际关系的重要内容。全球只有 12 个国家和地区没有参与任何区域贸易协议(RTA)。174 个国家和地区至少参加了一个(最多达 29 个)区域贸易协议,平均每个国家或地区参加了 5 个。而中国的地方政府合作也蓬勃发展,涌现出长江三角洲、珠江三角洲和环渤海湾为代表的地方合作。地方政府合作是世界范围内的一种普遍现象。

为什么有如此众多的地方政府间合作行为产生?究其原因,既有跨界公共问题的现实诉求,也有地方自治权增强的客观条件,更是跨域资源合理配置的内在需求。地方政府合作是没有隶属关系的地方政府,为了跨界公共物品和公共服务的供给问题,或者为了推动区域经济一体化,通过彼此间合作供给的方式予以解决。

然而,地方政府合作过程中存在不少问题,例如地方合作的规章制度不健全,缺少有效的监督和激励机制,深层次合作机制尚未形成,等等。实践中,地方合作更多关注于区域公共物品的供给、共同利益的实现,而对于合作责任共担的事宜涉及甚少。如何破解地方合作困境,推动地方合作发展,这是合作参与者共同关注的命题,也是学术界亟需研究和解决的问题。

关于地方政府间合作的研究视角,已有文献主要从府际关系、区域经济学、博弈论、制度经济学等予以研究。然而,就本质上而言,地方政府合作是一种政府过程,是一种区域公共政策的制定与执行过程。因此,合作性公共事务的政策制定与执行,是一个事关地方政府合作的重要问题。公共政策过程的视角对地方政府合作进行研究,是探索和发现政府合作规律的一种新尝试。

地方政府之间往往通过合作的方式来达到双方的共赢;同时,地方政府间合作也是地方间依存关系发展的必然抉择。基于地方政府互动合作的价值追求和制度构建,本书拟将重点关注以下几个问题:

探析地方政府间合作的内涵及理论发展渊源。在理论脉络上,梳理地方政府间合作的理论依据产生背景与演进历程，涉及区域治理、协同治理以及利益相关者理论等相关理论；在府际关系实践上，总结地方政府合作关系逐步演变到网络化的地方治理，并就地方合作的影响因素加以制度环境的分析。

探究地方政府间合作的逻辑过程。地方政府合作基于一定的集体行动规则基础之上，通过相互博弈、相互调适、共同参与等互动合作关系，而形成治理区域公共事务的一种机制与模式。那么，在合作过程中，地方政府是以共同利益最大化为原则，遵循合作协议和合作规则，还是以自身利益最大化为原则，采取机会主义行为，这是值得深入思考和分析的。

总结地方政府间合作的国际治理经验。在全球化的浪潮下，国际上的地方政府间合作的发展经验，例如英国的伙伴合作关系、美国的大都会合作、法国的市镇联合体，以及日本的广域行政等，值得理论界的关注与研究。本书将深入探究这些不同国家的地方政府间合作经验，以期能对中国有所借鉴与启示。

破解地方政府间合作的治理困境。一方面，地方政府间合作存在诸多问题，例如组织机构的不完备、合作规则的不健全、地方保护主义、地方政府竞争等问题；另一方面，地方政府合作的理论不断发展，网络治理理论、利益相关者理论、新区域主义等理论为地方政府合作创新提供了有益理论指导。因此，针对地方政府合作存在的问题，必须对地方政府合作予以创新，进行相关制度设计并推动合作发展。

本书围绕地方政府合作这一研究主题，以合作的逻辑过程为研究对象来展开论述。其基本思路是：1.地方政府合作的理论基础有哪些？2.地方政府合作的逻辑过程是什么？3.地方政府合作的困境与存在问题有哪些？4.如何推动地方政府合作的进一步发展？在论述过程中尽可能做到逻辑清晰，文献资料翔实，论证充分有力。

书中不可避免会存在一些不足，有待以后进行完善。希望该书有助于学术界对地方政府合作这一问题的研究，亦有助于推动政府合作与区域一体化发展。

目 录

第一章 地方政府合作概述

第一节 研究背景 　　　　　　　　　　001
一、现实意义 　　　　　　　　　　　001
二、理论背景 　　　　　　　　　　　005
三、拟解决的问题 　　　　　　　　　008
第二节 地方政府间合作的诠释 　　　　009
一、地方政府合作的概念 　　　　　　009
二、地方政府合作的产生 　　　　　　011
三、地方政府合作的原则 　　　　　　014
第三节 文献综述 　　　　　　　　　　016
一、国外文献综述 　　　　　　　　　016
二、国内文献综述 　　　　　　　　　024
三、评述 　　　　　　　　　　　　　032

第四节　研究思路与研究方法　035
　　一、研究思路　035
　　二、研究方法　036

第二章　地方政府合作的理论基础

第一节　区域治理理论　039
　　一、传统区域主义　039
　　二、公共选择理论　042
　　三、新区域主义　044

第二节　协同治理理论　046
　　一、协同治理的产生背景与实践　047
　　二、协同治理的主要内涵　049

第三节　利益相关者理论　052
　　一、利益相关者界定　053
　　二、利益相关者识别　056
　　三、利益相关者的治理机制　058

第四节　整体性治理理论　060
　　一、整体性治理的产生背景　061
　　二、整体性治理的理论内涵　063
　　三、整体性治理的策略框架　066

第三章 合作的制度环境

第一节 制度环境内涵与制度抉择 … 069
　一、制度环境内涵 … 069
　二、制度抉择 … 072
第二节 单一制下的地方政府合作 … 075
　一、中国的地方政府间合作 … 075
　二、法国的地方政府间合作 … 079
　三、总结与评价 … 083
第三节 联邦制下的地方政府合作 … 085
　一、美国的地方政府间合作 … 086
　二、加拿大的地方政府间合作 … 088
　三、总结与评价 … 093
第四节 比较与启示 … 094
　一、比较 … 094
　二、启示 … 096

第四章 合作的实质

第一节 合作本质的概述 … 099
　一、利益博弈学说 … 099
　二、区域创新学说 … 101
　三、跨域公共物品供给学说 … 104
　四、区域公共政策的学说 … 106

第二节 利益博弈 108
一、地方政府与中央政府间博弈 108
二、地方政府与利益博弈 110
三、企业与利益博弈 113
四、公民社会与利益博弈 115
五、合作协调组织与利益博弈 116

第三节 知识创新 118
一、公共服务创新 119
二、技术创新 122

第五章 合作创议

第一节 合作创议的机理 125
一、合作创议理念 126
二、合作创议动力 127
三、合作创议的关联形式 129

第二节 创议动因类型 131
一、经济与社会型 131
二、流域治理型 133
三、区际贸易型 136
四、资源合作型 136
五、海湾合作型 137
六、公共安全型 139

第三节　创议过程　143
- 一、问题界定　143
- 二、意愿表达　145
- 三、意愿形成　148

第六章　合作制定

第一节　合作制定的过程　153
- 一、方案提出　153
- 二、方案讨论　156
- 三、方案抉择　157
- 四、方案公布　159

第二节　合作协议的形式与内容　160
- 一、合作协议的形式　160
- 二、合作协议的内容　163

第三节　合作制定中的公民社会　166
- 一、参与主体　166
- 二、功能与作用　169

第七章　合作执行

第一节　执行过程　175
- 一、机构设置　176
- 二、宣传与动员　177

三、组织实施　　179
　　四、协调与控制　　180
第二节　执行困境　　182
　　一、合作方案质量　　182
　　二、方案宣传制约　　184
　　三、执行主体利益倾向　　185
　　四、信息不对称　　189
第三节　执行模式比较　　190
　　一、"契约型"合作的执行　　191
　　二、"约束型"合作的执行　　193
第四节　执行监督　　195
　　一、合作监督的概念　　195
　　二、合作监督的构建　　197

第八章　合作评估

第一节　合作评估的相关理论　　201
　　一、评估主体　　201
　　二、评估客体　　204
　　三、评估方法　　206
第二节　合作评估的指标体系　　208
　　一、合作评估指标的设计原则　　208
　　二、合作评估指标的体系构成　　209

第三节　合作评估的改善　　　　　　214
　　一、评估主体的多元化　　　　　　214
　　二、合作信息的公开　　　　　　　216
　　三、评估结果的运用　　　　　　　219

第九章　合作困境

第一节　合作机制的缺失　　　　　　221
　　一、组织结构的不完备　　　　　　221
　　二、协调机构功能缺失　　　　　　223
　　三、监督和激励机制缺乏　　　　　224
　　四、信息不对称　　　　　　　　　226
第二节　地方保护主义　　　　　　　　227
　　一、地方保护主义的原因　　　　　227
　　二、地方保护主义的表现　　　　　229
　　三、保护主义对地方合作的危害　　231
第三节　地方政府竞争　　　　　　　　233
　　一、地方政府竞争的内容　　　　　233
　　二、地方政府竞争的原因　　　　　236
　　三、竞争对合作的消极影响　　　　239

第十章　合作发展

第一节　合作机制的创新　241
一、合作协商机制　242
二、合作履行机制　245
三、合作承诺机制　246
四、合作模式发展　248

第二节　合作利益的实现　251
一、利益表达机制　251
二、利益分配机制　253
三、利益保障机制　257

第三节　合作战略的实现　258
一、合作剩余价值　258
二、信任关系　260
三、合作文化　263

主要参考文献　267

后　记　275

第一章 地方政府合作概述

著名的自由主义经济学家 F. A. 哈耶克在其著作中强调,"我们的文明,不管是它的起源还是它的维持,都取决于这样一件事情,它的准确表述,就是在人类合作中不断扩展的秩序。"① 这种秩序并不是人类的设计或刻意造成的结果,而是一个自发的产物。哈耶克的"人类合作的扩展秩序"概念是对市场秩序的动态诠释,揭示了人类从小社群演变为具有复杂交往关系的巨型社会的进化过程,以及人类如何通过竞争达成合作的规则整合的市场秩序。

然而,地方政府间合作更多是属于科层制层面,而科层制是与市场机制相并列的另一治理机制。因此,地方政府间合作在推进过程中,是否借助于公共理性与经济理性之间的张力来克服并超越,实现从普遍规则中的竞争转变到共同目的的合作,这是一个值得研究的重要话题。

第一节 研究背景

一、现实意义

地方合作是全球经济发展的一种必然趋势,也是府际关系的重要内容。地方合作覆盖大多数国家和地区。据世界银行统计,全球只有 12 个国家和地

---

① [英] F. A. 哈耶克:《致命的自负》,冯克利、胡晋华等译,中国社会科学出版社 2000 年版,第 1 页。哈耶克的"人类合作的扩展秩序"(The Extended Order of Human Cooperation)概念具有三层含义:它是一种自发演化而非人为设计的社会秩序;它是一种建基于竞争和普遍交往人际关系的人类合作秩序;它是一种由简单的小群体内复杂的大社会不断进化的扩展秩序。

区没有参与任何区域贸易协议（RTA）。174个国家和地区至少参加了一个（最多达29个）区域贸易协议，平均每个国家或地区参加了5个；中国国内地方政府间合作也蓬勃发展，涌现出了以长江三角洲、珠江三角洲和环渤海为代表的三大区域合作经济圈，以及黄三角经济区①、海西经济区②、成渝经济区③、北部湾经济区④等其他地方合作经济区。中国地方政府间合作建立了一系列、不同层次的合作协调机制。

地方政府间合作的产生与蓬勃发展，主要有这些原因：

（1）跨行政区公共问题的凸显。愈来愈多的跨域性公共事务的"碎片化"和"真空化"，存在许多交叉重叠或者供给缺位的现象。例如，环境保护和经济持续发展等政策问题，亟须区域内各地方政府间协力处理；区域经济发展失衡，地方政府间必须通力合作解决失业和贫穷等社会问题；在全球化的冲击下，区域内各地方政府间必须借由资源和行动的整合，以发挥综合作用，提升地方竞争力。⑤

（2）公共管理复杂性的趋势。公共管理的复杂化体现在管理层次上，"很多公共性事务不是单一行政辖区所能单独解决的，如污水处理、流动人口社会保障、公共交通、公共社会安全等就需要多个辖区政府的共同努力和协作行动，这些努力和行动使政府间关系由原来的纵向权力划分逐渐演变成一种高度负责的共同承担责任和共同解决问题的政府间合作体系"⑥。

（3）合作政府改革的流行。当前世界各国的政府再造运动（Reinventing

---

① 范围包括东营和滨州两市全部以及与其毗邻、自然环境条件相似的潍坊北部寒亭区、寿光市、昌邑市，德州乐陵市、庆云县，淄博高青县和烟台莱州市。总面积2.65万平方公里，占全省的1/6。2008年区内总人口983.9万人。

② 经济区以福建为主体，涵盖浙江、广东、江西3省的部分地区，南北与珠三角、长三角两个经济区衔接，东与台湾岛、西与江西的广大内陆腹地贯通，人口约为6000万—8000万人，预计建成后的经济区年经济规模在1.7万亿元以上。

③ 辖区面积约15.5万平方公里，常住人口8000多万，以重庆、成都两个城市为龙头，以14个沿高速公路、快速铁路、黄金水道的城市，和重庆"1小时经济圈"的23个区县为载体，GDP占西部总量30%。

④ 地处中国沿海西南端，由南宁、北海、钦州、防城港4市所辖行政区域组成，面积4.25万平方公里。

⑤ OECD, 2001, *Local Partnerships for Better Governance*, Paris: OECD.

⑥ 陈瑞莲：《区域公共管理理论与实践》，中国社会科学出版社2008年版，第126页。

Government Movement）中的共同趋势之一，就是强化地方与地方间跨域管理的协调机制，以及国家机构与公民社会间网络治理的联系体制。美国都会区域性的府际合作于1980年末及1990年再次盛行，主要原因是地方政府财务困难，共同的合作机制可以减少施政成本、经费的负担。而有些府际合作则是为了解决区域内共同交通运输、垃圾处理、空气管制等问题；英国自新公共管理运动以来，公共部门积极发展与私营部门、非营利组织、地方社群和公民团体的伙伴合作关系。至2003年底成立5500个府际伙伴合作组织，涉及健康行动、社区安全、弱势照顾等跨域议题[1]；法国自1982年分权与地方自治改革，在跨域制度的变化主要表现在两方面：一方面在省以上成立大区政府，一共有26个大区，100个省。另一方面，成立市镇联合体，80%的法国人生活在市镇联合体，共同解决单一市镇无法解决的问题。2003年，法国通过"关于共和国分权化组织法"的宪法议案，确定法国为"地方分权"的国家。

此外，其他一些国家的地方合作运动也风起云涌。日本于1995年制定"地方分权推进法"，明确中央与地方的角色分工，创设"广域合作"制度，涉及产业振兴、社会福利、灾害防治、地域开发等跨域事项，并设置广域行政圈，鼓励市町村合并，提倡新的定居构想，推动地方发展计划；澳大利亚于1992年成立的澳大利亚政府委员会（Council of Australian Governments，COAG）被称为澳大利亚近年来府际关系发展史上最重要的事件。GOAG的产生主要是由于地方政府对澳大利亚联邦政府出现的集权趋势表示担忧，希望遏制并扭转这一趋势。COAG起源于地方政府首长召集的一系列旨在促进合作会议的成功。[2]

（4）区域一体化力量的推动。经济全球化已经成为一股不可抗拒的趋势。各国的经济利益从相互封闭和隔离走向相互依赖和融合，由机械组合演化为有机整体。然而，由于全球化这种一体化方式涉及范围太广，各个国家政治制度和经济发展的水平差异性使各国对一体化的基本考虑往往难以形成共识，无法实现生产要素在全世界范围内的自由流动。但是，区域化却以其多样性蓬勃发展，卓有成效地推动经济在局部地区的一体化。区域化因此也成为与

---

[1] 李长晏：《迈向府际合作治理：理论与实践》，台北：元照出版公司2007年版，第3页。

[2] Peter, H. (1996), "Intergovernmental Relations: Ensuring Informed Cooperation Strategic Policy Development", *Australian Journal of Public Administration*, 55(1):111–117.

全球化并行不悖的趋势。区域化的发展要求并显现各成员经济体相互间的合作，强调区域城市网络的形成，亦即包括至少一个都市区中心和较低层次的城市，通过互补和协同的关系而不仅仅是等级关系连接在一起。①

从上述国际府际合作的发展经验及国内地方政府间合作的施政推展来看，一方面府际伙伴关系（Intergovernmental partnerships）用于地方治理网络当中，在西方民主国家已行之多年，不少重要国际组织如欧盟（EU）及经济合作发展组织（OECD）等，都大力推展伙伴关系来提升政府治理能力；另一方面府际合作（intergovernmental cooperation）治理制度与机制的建立，已成为地方政府间合作关系的发展方向。

然而，在地方政府合作过程中存在不少问题。一是地方合作的规章制度不健全。至今在政府层面还没有一个权威的、系统规范的地方合作的法律法规，这制约了地方政府间合作进程。二是缺少有效的监督和激励机制。地方合作管理仅靠松散的行政磋商，缺乏有约束力的法律效力保障机制，对于已确立的平台建设和合作专题的成效缺乏评估、激励与督促检查。三是深层次合作机制尚未形成。各地方合作多关注于共同利益，而对于区域共同管治、责任共担的合作制度涉及甚少。②

地方政府合作机制能否有效运转，取决于能否建构良好的制度环境、合理的组织安排以及完善的合作规则。其中，制度环境是基础保障，组织安排是结构保障，行为规则是具体的激励与约束保障。③然而，当前的地方政府合作，在制度环境、组织结构与相关法制等方面，均存在缺陷与不足，这必然引发府际合作中如"囚徒困境"、"公地悲剧"和"公共池塘悲剧"等跨行政区问题，还有地方保护主义等机会主义问题的产生。唯有对上述问题及其原因进行分析，才能有效推进府际合作发展。

---

① Dematteis, Guiseppe, "Globalisation and Regional Intergration: The Case of the Italian Urban System", *GeoJournal*, 1997, 43(4): 331-338.

② 左学金主编：《2010年率先转型中的长三角》，社会科学文献出版社2010年版，第19页。

③ 陈胜勇、马斌：《区域间政府合作：区域经济一体化的路径选择》，载《政治学研究》，2004年第1期。

二、理论背景

由于单一地方政府不能单独解决好许多公共性事务，如污水处理、废物排放、公共交通等，这些区域公共事务需要多个地方政府的合作和协作。这就导致政府间关系逐渐由原来的纵向权力划分，逐渐演变成一种高度复杂的共同承担责任和共同解决问题的政府间合作体系。由于地方政府合作涉及诸多领域，因此对其的研究也呈现多学科交叉态势。由于地方政府间合作涉及问题层出不穷，而其影响范围也持续扩大，亟需对其进行深入思考与审慎分析。

科层制组织的困惑。对于地方政府间合作问题的研究，源于单个的科层制组织难以应对复杂的经济与社会问题。由于官僚制组织特征，使科层体系过于强调纵向权力划分而忽略横向间联系。美国学者赖特（D.S.Wright）认为，政府间关系的概念来源于美国的19世纪30年代，联邦政府为应对经济危机，积极推行新政，迫切需要政府间的合作，以解决经济危机带来的许多社会问题。[1] 美国学者 Mosher Frederick 认为，20世纪60年代后，政府管理战略发生了根本变化：在生产政府物品和服务时政府越来越依赖于多个机构之间、跨政府之间以及公、私、非营利组织之间的伙伴关系，而不是单纯依靠传统的科层制组织。[2]

地方政府合作的重要目的，就是便于高效地治理区域公共管理事务。在区域一体化的复杂生态条件下，面对繁重的区域性公共事务和日益"区域化"的公共问题，地方政府间合作势在必行。通过地方政府间合作，将有效解决跨域性公共问题。

在地方政府合作过程中，必须研究多元主体间关系和多中心集体行动的制度安排。以奥斯特罗姆夫妇（Vincent Ostrom and Elinor Osterom）为核心的一批研究者提出了多中心理论，在公共治理中强调生产的多中心和治理体制的多中心，其参与主体不是单靠政府的力量，而是多元化、多层次的主体的治理。与传统的治理理论相比，多中心治理有多种选择、减少

---

[1] Deil S. Wright, *Understanding Intergovernmental Relations*, 1 st ed., Belmont, CA: Duxbury, 1978, p.18.

[2] Mosher Frederick, "The Changing Responsibilities and Tactics of the Federal Government", *Public Administration Review*, 1980, p.40.

搭便车行为以及更合理的决策等特征。"多中心治理结构为公民提供机会组建多个治理当局。"① 多中心的治理意味着存在民间的和公民的自治、自主管理的秩序和力量，这些力量作为独立的主体围绕着特定公共事务，按照一定的规则，采取弹性的、灵活的、多样性的协商行动，以求高绩效地解决公共事务。

此外，公共政策制定与执行也是地方政府间合作亟需解决的问题。公共政策既是"对全社会的价值作有权威的分配"②，又是"一个有目的的活动过程，而这些活动是由一个或一批行为者，为处理某一问题或有关事务而采取的"。③ 因此，公共政策的本质是社会利益的集中反映，而通过政府合作形成的区域公共政策则是不同地方与辖区的集合体。因此，地方合作公共政策的形成过程，实际上是在地方政府合作中，相关利益主体把自己的利益要求输入政策制定系统，由政策主体依据相关利益者的需求，对复杂的利益关系进行调整的过程。这就需要深入分析地方合作领域的公共政策议题创设、目标确定、方案选择和效果评估等环节，探究利益表达、利益聚集、利益实现等各个过程。

竞合关系的均衡。 竞争和合作是府际关系的主要内容。美国学者多麦尔在《政府间关系》一文中认为，"如果说政府间关系的纵向体系接近于一种命令服从的等级结构，那么横向政府间关系则可以被设想为一种受竞争和协商的动力支配的对等权力的分割体系。"④ 在这里，他道出了横向政府间关系中的两个关键纬度，即"竞争"与"合作"。

"竞合关系"论最初源于20世纪90年代兴起的一种企业管理理论，来自于乔尔·布利克（Joel Bleeke）和戴维·厄恩斯特（David Enst）提出了"为了竞争必须合作"的论断。合作是指经济主体通过一定形式的共同努力，在经济活动中共同创造价值剩余，然后各方再参与分配；竞争则是指经济主体为了实现自己的目的而进行相互争夺的活动。"合作竞争"是较高层次的

---

① [美]埃莉诺·奥斯特罗姆等：《制度激励与可持续发展》，陈幽泓译，上海三联书店2000年版，第204页。
② [美]戴维·伊斯顿：《政治生活的系统分析》，王浦劬译，华夏出版社1999年版。
③ [美]詹姆斯·E.安德森：《公共决策》，唐亮译，华夏出版社1990年版，第5页。
④ [美]理查德·D.宾厄姆等：《美国地方政府的管理：实践中的公共行政》，九州译，北京大学出版社1997年版，第162页。

竞争，竞争以合作为主要方式，合作的目的是为了竞争，独立的竞争者通过合作强化竞争优势。①

美国哈佛大学教授布兰顿伯格（Adam M.Brandanburger）和耶鲁大学教授内尔布夫（Barry M.Nalebuff）进一步发展了"竞合"（Co-opetition）理论。该理论运用博弈论的方法，详细分析了组织和政府间既竞争又合作的关系。其核心思想是，不同地区间地方政府的利益和目标存在不同程度的差异，这种差异性必然会导致合作和竞争关系的同时产生。地方政府在推动本地区经济发展的同时，也受到相邻地区内其他地方政府的影响，相邻地区之间从而将呈现"既竞争又合作"的关系。与传统的竞争理论强调"零和博弈"不一样，竞合理论认为，一个地方的最高利益并不必然是另一地方的最高利益。然而，只要实现其中一方的最高利益能够为另一方带来其他利益，那么合作就能创造价值。这一理论还进一步指出，如果博弈过程顺利，则各地方政府会逐步走向合作，地方政府就是在这种竞争与合作关系中获益的。

然而，政府具有天然的竞争属性，"竞争性政府（competitive government）"也是政府的基本特征。布雷顿（Albert Breton, 1996）认为政府是竞争性的，竞争关系普遍存在于政府内部、上下各部门之间，甚至政府部门与非政府部门之间。政府提供产品与服务时应该遵从辅助性原则（principle of subsidiarity），将集体行动中的每一项任务置于尽可能低的政府级别上。当政府的大量任务都能被分散化、由相互竞争的机构来承担时，公共物品的供给效率得以提高。② 为了争夺各种有形和无形资源，地方政府在投资环境、政府管理、法律制度以及政治行动方面展开竞争。

值得重视的是，过度竞争已经严重破坏了竞合关系。过度竞争行为极大地破坏了对公平与正义的价值理念，破坏了信任与互赖这一府际关系中的基石。过度竞争行为导致了地区封锁、负外部性。地方政府的机会主义行为，在价值观念上展示了投机取巧、利益至上的负面形象。这种"锦标赛"式的竞争机制，已经带来了巨大的道德风险，严重侵损了地方政府间合作的基础。因此，如何

---

① Breton, Albert, 1996, *Competitive Governments: An Economic Theory of Politics and Public Finance*, Cambridge: Cambridge University Press, p.37.

② Breton, Albert, 1996, *Competitive Governments: An Economic Theory of Politics and Public Finance*, Cambridge: Cambridge University Press.

规制过度竞争行为，促进和推动政府合作，这是一个值得思考的问题。

三、拟解决的问题

本研究认为，地方政府间合作不仅仅需要考虑地方政府互动合作的价值追求和制度构建，更需思考国家、市场与公民社会在治理结构上的合理安排，包括在公共政策形成过程上的参与，在发生争议后的解决机制设计，以及中央与地方垂直互动的府际关系建立等议题。因此，本书拟将重点关注以下几个问题：

探析地方政府间合作的内涵及理论发展渊源。 在理论脉络上，梳理地方政府间合作的理论依据产生背景与演进历程，涉及区域治理、协同治理以及利益相关者理论等相关理论；在府际关系实践上，总结地方政府合作关系逐步演变到网络化的地方治理，并就地方合作的影响因素加以制度环境的分析。

提炼地方政府间合作的逻辑过程。 地方政府间合作是否遵循着公共选择理论？具体而言，地方政府间合作的行为抉择，是利己主义还是利他主义，这是决定合作还是冲突的关键因素。亚当·斯密系统地提出了人们行为动机的自利原则，"每个人都努力使其生产物的价值能达到最高程度……他通常既不打算促进公共的利益，也不知道他自己是在什么程度上促进那种利益……他只是盘算他自己的安全；由于他管理产业的方式目的在于使其生产物的价值能达到最大程度，他所盘算的也只是他自己的利益"。① 那么，在合作过程中，地方政府是以共同利益最大化为原则，遵循合作协议和合作规则，还是以自身利益最大化为原则，采取机会主义行为，这是值得深入思考和分析的。

总结地方政府间合作的国际治理经验。 在全球化的浪潮下，国际上的地方政府间合作的发展经验，例如英国的伙伴合作关系、美国的大都会合作、法国的市镇联合体，以及日本的广域行政等，值得理论界关注与研究。本书将深入探究这些不同国家的地方政府间合作经验，以期能对中国有所借鉴与启示。

---

① ［英］亚当·斯密：《国民财富的性质和原因的研究》（下册），郭大力、王亚南译，商务印书馆1974年版，第27页。

破解区域性公共事务的治理困境。随着经济全球化,各种生产要素在不同辖区内自由流动;跨界环境污染增加;区域经济中的地方保护主义和地方本位主义盛行,过度竞争、重复建设现象严重。显然,依靠单个地方政府并不能满足区域公共事务的治理要求。由于跨辖区的区域公共事务急剧增加,且单个行政主体难以应对,因此地方政府合作顺势而生。地方政府合作基于一定的集体行动规则基础之上,通过相互博弈、相互调适、共同参与等互动合作关系,而形成的治理区域公共事务的一种机制与模式。

设计地方政府间合作的治理制度。一方面,地方政府间合作存在诸多问题,例如组织机构的不完备、合作规则的不健全、地方保护主义、地方政府竞争等问题;另一方面,地方政府合作的理论不断发展,网络治理理论、利益相关者理论、新区域主义等理论为地方政府合作创新提供了有益理论指导。因此,针对地方政府合作的存在问题,必须对地方政府合作予以创新,进行相关制度设计并推动合作发展。

第二节 地方政府间合作的诠释

一、地方政府合作的概念

合作是人类的一种基本经济行为,其特征亦于自利性与互利性的统一,是不同主体之间不以损害对方为目的的协作行为。"合作"一词源于拉丁文,其原意是指成员之间的共同行动或协作行动。《现代汉语词典》把合作(Cooperation)定义为:"为了共同的目的一起工作或共同完成某项任务"。英语中合作(Cooperation)一词最早出现在坎贝尔(G.L.Campbell)在1879年所写的"按图书馆进行地区分组"中。

马克思认为,"人的本质不是单个人所固有的抽象物,在其现实性上,它是一切社会关系的总和"。而"社会关系的含义在这里是指许多个人的共同活动,至于这种活动是在什么条件下、用什么方式和为了什么目的而进行,则是无关紧要的"。[1] 因此,社会关系就是人与人之间的合作。如果说人的初

---

[1] 《马克思恩格斯选集》第1卷,人民出版社1995年版,第56页、第80页。

级本质是"一切社会关系的总和",那么,人的深层本质在于合作,合作实际上就是为了特定的目的而遵循一些有形或无形规则的行为。

托马森(Thomson)为合作下了这样一个定义,合作是这样一个过程,在这个过程中,自主的行为者通过正式或非正式协商,共同制定规则和结构,来规范他们的行为方式和相互关系;Wood 和 Van de Ven's(1994)认为,合作的过程是一个重复循环的过程。而不是一个线性过程。如果组织能够采用一致的集体行动,他们就能够进行初步活动。如果是相互猜疑对抗,那么组织之间就要进一步协商,扩大彼此的利益,使得合作能够进行下去。组织之间的合作过程,就是通过不断协商、调整的过程。[①]

所谓地方政府合作,就是指彼此没有隶属关系的地方政府,在共同利益的驱使下通过某种契约或合作机制联合起来,共同治理跨辖区的经济、政治和社会问题,提供一体化的公共产品和公共服务,从而建立一种短期或长期稳定的合作关系。简而言之,地方政府间合作就是地方政府之间为了跨界公共物品和公共服务的供给问题,或者为了推动区域经济一体化,通过合作供给的方式予以解决。

具体而言,这里指的互不具有行政隶属关系的地方政府间合作,既包括同一行政级别的地方政府间的合作,如省级地方政府之间的合作、地级市政府之间的合作、县级政府之间的合作等等,还包括斜向地方政府间合作,如省级政府与县级政府之间的合作等等。此外,单纯的具有行政隶属关系的上级地方政府与下级地方政府所形成的"伙伴关系"以及由上级政府安排的"对口支援"不属于本研究范围。

地方政府间合作,至少包括以下三个要素:(1)共同利益。地方政府间合作是为了解决问题而进行的制度抉择,具有很强的目的性。只有当两个以上的地方政府的目的具有一致性时,合作才有可能发生。换而言之,合作行动必须对合作各方都有利才可能发生。(2)合作伙伴。狭义上而言,地方政府间合作仅仅是以地方政府为主体的合作;广义上的地方政府间合作,涉及多个主体,包括地方政府、企业、辖区居民、中央政府等,他们在资

[①] [美]阿兰·斯密德:《制度与行为经济学》,刘璨、陈国昌、吴水荣译,中国人民大学出版社 2009 年版,第 100 页。

源、能力、理念、路标、文化等方面一般具有互补性或一致性。(3) 合作规则。为了协调合作各方的行动，合作必须有一套各方共同遵守的行为规则。其形式可以是书面的，也可以是口头的；其内容包括合作的范围、方式、目标、程序等。这套规则不仅是协调各方行动的纲领，还是界定各方责、权、利的契约。

因此，地方政府间合作，必须认识到跨域性公共事务治理的三项本质：一是它具有不可分割的公共性。由于跨域性公共议题的范围往往超越了任何一部门、组织或政府层级的管辖权之外，因此，问题的解决方式既是跨域治理，且无法单凭某一政府或公私组织之力所能完成；二是它具有跨越疆界的外部性效益。跨域性事务的另一项特性是，当某一部门、组织或政府机构，所采取的政策或行动，其所产生的后果却可能是由其他的地方及民众来共同承担的；三是它具有政治性。跨域性公共事务的公共性是不可分割的特质。它是各地方共同利益的凝聚，是各地方利益的集中表现。跨域性公共事务作为一个有机的整体，不允许各地方做出有损整体利益的行为，尤其强调各地经济活动的协调性。因此，如何通过政治制度的设计来安排集体行动，这种跨域性公共事务已属于政治层面的议题。

二、地方政府合作的产生

地方政府合作的产生，既有跨界公共问题的现实诉求，也有地方政府自治权增强的客观条件，更是跨域资源合理配置的内在需求。所谓跨界公共问题，是指跨越两个及以上行政区域边界需要由政府来解决的公共问题。跨界公共问题主要表现为两类，一类是区域一体化问题，另一类是跨界公共物品和公共服务的供给问题。

对于区域一体化问题，主要是通过消除行政壁垒，使商品和生产要素在区域内自由流动，从而实现资源在区域内的优化配置。美国经济学家贝拉·巴拉萨（Bela A.Balassa）在其名著《经济一体化理论》一书中对"经济一体化"的定义也作了明确的阐述："我们将经济一体化定义为既是一个过程（a process），又是一种状态（a state of affairs）。就过程而言，它包括采取种种措施消除各国经济单位之间的歧视；就状态而言，则表现为各国间各种形式差别的消失。"① 巴拉萨认为,从贸易的一体化到全面政策的协调,经济一体化的过程可分为贸易一体化、要素一体化、政策一体化、完全一体化等四个阶段。② 其中完全一体化是区域一体化的最高形态,不仅包括区域经济政策的统一,也包括各成员间政治政策的统一。因此,市场的开放性、经济上的统一性、综合效果上的效益性、共同的区域文化和制度的整合性是区域一体化的基本特征。然而,在区域一体化过程中存在的市场分割和地方保护行为,人为地设置了许多政策性障碍,这对区域统一市场的进一步提高造成了巨大损害;而这些问题在区域经济一体化的加速过程中则日益凸显。

跨界公共物品和公共服务的供给问题主要表现为跨地区的流域治理、跨辖区的公共基础设施的建设、跨地区突发性公共事件的应急、自然环境保护与资源开发等。这些跨域性的公共事务使得传统的"行政区行政"模式力不从心,许多跨界公共物品和公共服务得不到有效的供给。与此同时,地方政府间的恶性竞争则又加剧了跨地区公共事务治理的失灵状态。因此,跨界公共问题的治理,除了由所涉地方政府的共同上级政府来负责外,还可以通过地方政府合作的方式来进行。

地方政府自治权增强,也是地方政府间合作的客观条件。全球范围内的分权化改革使得地方政府拥有越来越多的自治权。学者罗伯特·贝内特把这场改革概括为"围绕着分权化和市场化的中心展开的"。改革的主导目标是以分散政府权力,尤其是中央政府的权力为基础的。改革的基本走向呈现出这些特征:"纵向上的不同政府的分权,尤其表现为中央政府权力与管理责任向地方政府下放;横向上的政府与市场、公民社会之间的分权。通过民营化、准市场化(quasi-market)、放松规制等治理工具与策略,向市场组织和社区转移权力。"③

"行政性分权"的行政体制改革使地方政府拥有较大的行政管理权限,这为地方政府之间跨辖区供给不同类型的公共产品与服务提供了一个政治前

---

① Balassa B. (1962), *The Theory & Economic Intergration*, London: Allen & Unwin, p.10.
② 刘志彪等:《长三角区域经济一体化》,中国人民大学出版社2010年版,第74页。
③ Bennett, R.(ed.)(1994), *Local Government and Market Decentralization: Experiecne in Industrialized, Developing, and Former Eastern Bloc Countries*, New York: United Nationa University Press.

提条件。联合国发展支持与管理服务部的研究报告《地方治理》中指出,"分权化对于民主发展和效率提高都是有利的……分权化造就了一个生机勃勃的地方治理制度"。① 地方政府在新的分权框架中得到了更多的自主管理的权力,其利益和权力在创新分配中得到加强,其作用和影响力得以扩大,获得了更多的政策决定权和管理责任,这为地方政府间合作奠定了制度平台,提供了广阔的发展空间。

从世界各国的做法来看,一般是中央政府负责提供全国性公共服务,地方政府提供地方性公共服务,中央和地方共同的职责是提供跨区域新的公共服务。世界银行《1997年世界发展报告》指出,"公共物品和服务应当有能够完成支付成本和赢得收益的最低政府提供。"② 地方政府最接近选民,最能反映选民的利益和意愿,同时对公民公共服务需求具有较强的回应性。因此,世界的主要趋势是中央政府将提供公共服务的责任连带相应的管理权限也下放给地方政府,而地方政府成为地方公共物品和服务的主要供给者。

此外,资源的跨行政区有效配置也是地方政府合作的基本动力。地方政府合作会带来市场规模的扩大和资源配置效率的提高,产生巨大的规模效应,提高整个区域的经济效率和绝对收益,地方政府间可以在"更大的蛋糕"中获得自己的一份。具体而言,在客观上,地方政府间合作行为在于地方政府间的相互依赖和相互需要。彼此相互依赖程度的强弱决定了合作可能性的强弱,同时也决定了在何种层次和深度上进行合作;在主观上,地方政府合作感受到合作对于降低交易成本的重要性,从而产生合作的冲动,进而将交易成本转化为收益。

不同层级地方政府间合作对资源的跨区域配置效率各不一样。省级政府间合作处于地方政府合作的最高层次,它所涉及的通常是战略层面的合作,包括区域发展的政策性问题,重大的跨界项目建设以及重大的跨界公共事务等等;省内市级地方政府合作过程有利于削弱市级行政区经济的负面影响,优化省内产业结构,形成省内区域经济增长点,同时由于市级地方政府权力

---

① DDSMS and UNDP(1996), *Local Governmence: Report of the UN Gabal Forum on Innovative Policies and Practices in Local Goverance*, Gothenburg: Sweden.
② 世界银行:《1997年世界发展报告:变革世界中的政府》,中国财政经济出版社1997年版,第121页。

有限，一些重要政策性问题需要省级政府的同意和协调[①]；跨省毗邻地区市级地方政府合作[②]，有效地降低了毗邻区域的交易成本，促进了毗邻区域产业结构的优化升级，增强了各合作方的产业协同性，极大提高资金技术、人员、信息等经济要素和资源的流动性和利用率；县级地方政府间合作主要存在与跨县资源的共同开发、保护跨县河流污染治理等领域。[③]

三、地方政府合作的原则

在地方政府合作中，由于参与合作主体的目标差异性、环境的不确定性、政府所拥有资源的有限性，地方政府间合作存在着诸多风险。有关研究表明，政府也是"理性经济人"，"政治中的人也像其他地方（包括市场）的人一样，他们是自己私人和个人化利益的追逐者"。[④] 政府追求自身利益最大化的动机是强烈和复杂的，存在机会主义行为，即"巧取私利的行径"。[⑤] 因此，如何规范合作行为成为地方政府合作有序发展的重要问题。地方政府在实施合作战略时，这些原则必须遵循：

利益共享的原则。利益是合作的起点，也是合作的终点，没有利益，合作就不可能发生。合作各方也许没有共同的目标，但是都有共同的利益，可能是经济利益，也可能是政治或者文化利益。而利益的大小则要遵循相对公平原则。即对合作各方而言，只要合作的收益大于不合作的收益就应当选择合作。各方最终收益的大小取决于各自在合作中的贡献和博弈的能力。

平等协商原则。合作的目标、内容、方法、规则、合作风险的分担和合作剩余的分配等都必须通过协商来达成。通过强力胁迫完成跨域性公共事务

[①] 例如长株潭城市群、武汉城市圈、大沈阳都市圈、西咸都市圈、乌昌都市圈、浙东经济区、中原城市群等。

[②] 例如晋陕豫黄河金三角、闽西南—粤东—赣东南经济协作区、闽浙赣皖九方经济区、粤湘赣红三角等。

[③] 彭彦强：《基于行政权力分析的中国地方政府合作研究》，南开大学2010年博士研究生论文，第94—104页。

[④] ［美］布坎南：《自由、市场与国家》，平新乔、莫扶民译，北京经济学院出版社1988年版，第3页。

[⑤] ［美］奥利弗·E.威廉姆森：《资本主义经济制度》，段毅才、王伟译，商务印书馆2009年版。

不属于合作。当分歧产生时，应当首先考虑协商解决，只有协商解决不了的问题才有必要诉诸裁决。平等协商的含义可概括为三个方面：一是参与主体的权利平等，即各利益相关者在跨域性公共事务治理面前平等，都享有广泛、相同的权利。二是协商充分，即就利益冲突问题进行深入有效的协商。各个成员方充分表达自己的意见，就协调方案广泛讨论，力求形成高度认同的共识。三是机会平等，即协调方案应该为每个成员方追求自身利益、自我发展和自我完善平等地提供必要的机会和条件。在跨域性公共事务协商时，机会平等则意味着协商表达与发展机会不受其他因素的约束。

多元参与的原则。多元参与有两层含义：一是参与主体的多元性。在地方政府合作中，中央政府、地方政府、区域协调机构、企业、居民等，都是跨域性公共事务的参与者、管理者和服务者。多中心治理体系结构意味着在跨域性公共生活中，存在着政府、市场和社会这三种力量。这些力量分别作为相对独立的决策主体围绕着特定的公共问题，遵循一定的程序和规则，参与共同关注的议题。

法治约束原则。为了避免为谋求单方面的利益而损害他方或集体利益，合作各方必须建立一套共同遵守的规则。遵循法治约束有利于维持地方合作的稳定性，降低交易的不确定性，把合作者的个体利益间冲突、个体利益与区域整体利益间的矛盾控制在一定范围内。一方面，法治约束要求合作行为规范化。明确规定对违反规则的行为作出裁决，以一种规范化的方式来协调合作冲突。另一方面，法治秩序还要求有相关的责任制度。当地方间彼此就合作事宜达成一致性意见时，应当具体明确其违约责任，以便于履行约定。

运行高效的原则。运行高效含义可概括为三个方面：一是合作协调的机构设置尽可能精简精干，采取弹性、灵活的方式来设置机构。既可以有常设性的合作协调机构，也可以有临时性的项目小组或专业委员会。二是合作协调的运作过程，应避免各种繁文缛节而高效率地解决现实问题。在合作事项选择、方案设计、方案讨论、方案修改、方案通过、方案执行等诸多环节，在遵循民主、科学、法治原则等基础上尽可能富有效率。三是合作绩效的结果与评价上，应及时、准确、客观地作出评价，或者根据实际情况及时予以修正。

第三节 文献综述

地方政府合作涉及府际关系、区域经济、地方治理、区域规划等诸多领域，不同学科对该问题从不同的角度进行阐述，其研究视角和研究呈现多学科、交叉特征，因此研究文献也颇为丰富。

一、国外文献综述

1. 问题缘起

科层制又称理性官僚制，它是由德国社会学家马克斯·韦伯提出。官僚制是建立在其整个社会"理性化"（Rationlization）和层级分工理论之上的。按照马克斯·韦伯的论述，科层制的主要特点可以归纳为：(1) 根据法律或行政的规则，组织内部的各单位及个人都有固定不变、明确规定的工作范围；(2) 存在一个等级制的权力体系，上级监督下级的工作；(3) 通过书面文件来施行严格的现代化管理；(4) 组织雇用经过专业培训的职员，这些人懂得规章制度，并在工作中不掺杂个人情感因素；(5) 职员们的工作时间是有限定的，但工作要求他们贡献出全部能力；(6) 职员们的位置由上级官员任命，他们把组织内的工作看做是自己的终身事业，他们在工作中得到晋升，在退休后有可靠保障。[①] 因此，科层制在组织间关系上，存在层级管理和专业分工特征。

科层制的组织特征，使得科层制存在部门与层级之间横向联系的障碍。亦即指在层级划分严格的组织中，两个分属不同系统的部门遇到需要协作才能解决的问题时，并不能自行商量、自行解决，只能先报请共同上级部门请示汇报来解决。这种"理性"的组织特征使得科层制在面对快速变化的环境时，显得尤为不适。特别是在处理跨域性公共事务时，科层制由于缺乏灵活性而备受批评。然而，地方政府间合作需要不同的地方政府主体就合作事宜充分讨论、交流信息，并围绕资金、技术、人力资源等生产要素，以及环境治理、基础设施一体化等领域的公共事务，建立紧密联系的合作运行机制。因此，

---

① [美]彼德·布劳、马歇尔·梅耶：《现代社会中的科层制》，马戎、时宪民、邱泽奇译，学林出版社2001年版。

地方政府合作迫切需要解决这些问题：

一是地方政府合作的机制抉择。市场制和科层制均是协调政府间关系的重要机制。从抽象的观点来看，根据不同主体间的地位平等关系作如下概括：在科层关系中，人们处于不同的等级序列，而在市场关系中，人们有平等的权力。[①] 据此，协调政府间的竞争关系的机制应该是市场，具有平等地位的不同地方政府被视为相对独立的经济主体；而协调政府间的合作关系的机制应该是科层，即行政官僚体制，地方政府间合作关系主要是在行政官僚体制内部运行，受同级政府和上级政府的制约。然而，当市场和科层制组织机制都无法协调好地方政府间关系时，又该如何选择呢？对此，主张在市场和科层制之间，另外还有一种力量在发生作用，这第三种力量就是网络。[②] 建议用市场机制、组织间协调和科层制的三级制度分析框架来取代市场机制和科层制的两级分析框架，即除了"看不见的手"和"看得见的手"之外，还有"握手"。

二是合作协调机构的权力来源及其属性。在地方政府合作中，成立了形式和名称各异的合作协调机构。这就提出了一个需要考虑的问题：合作协调机构的权力来源于中央政府，还是地方政府？中央政府既是地方合作协调组织的权力源泉，同时，中央政府又是合作协调机构运行的监督者，对协调机构予以约束与规范。因此，如何赋予这一机构与其职能相匹配的权力、资源和责任，理顺其与中央政府及其相关职能部门的关系？这值得深入思考。

此外，在现实中的合作协调机构有两种模式：地方自发形成的自愿性合作协调机构与地方约定而成的约束性合作协调机构。前者如美国的区域委员会，后者如法国的市镇联合体委员会。在自愿性合作协调机构中，成员方履行契约只有道义责任而无强制规定，也没有规定拒不履行契约义务时的惩罚措施；与之相反，约束性合作协调机构具有强制履行能力。那么，究竟是哪种类型的合作协调机构较为合适呢？这也是必须理性思考的问题。

三是地方合作中机会主义行为的治理。"机会主义"（opportunism）源于制度经济学中用来描述"经济人"具有机会主义倾向，即在实现自我利益

[①] 盛洪：《分工与交易：一个一般理论及其对中国非专业化问题的应用分析》，上海三联书店1992年版，第10—11页。

[②] Thorelli, H. B., "Net: between Market and Hierarchies," SMJ, 7, 1986, pp.37-51.

的考虑和追求时，具有随机应变、投机取巧，为自己谋取更大利益的行为倾向，并且在追求自身的利益过程中会采用非常隐蔽的手段和狡猾的伎俩，甚至不惜损害他人利益。这里的"机会主义"，特指在地方政府在合作过程中的本位主义、地方割据、产业同构、基础设施过度供给以及环境跨界污染等问题。

2. 研究视角

府际关系视角。国外学者对地方政府合作的研究，多针对西方联邦制所代表的复杂关系。1960年美国学者安德森（W. Anderson）总结性地提出，在美国联邦制度中，府际关系是指"各类的和各级政府机构的一系列活动，以及它们之间的相互作用"。[1] 府际关系的概念比联邦制涵盖的范围更广，联邦制主要强调联邦与州的关系以及各州之间的关系，而府际关系还包括联邦与地方、州与地方、地方与地方之间的关系。府际关系是西方政治学者研究的一个重要领域。在20世纪80年代以前，西方学者的研究主要关注于中央与地方关系，但在20世纪80年代以后，府际关系的研究范式出现了新变化，即从关注宪政规范转向关注运作，大大拓展了府际关系的研究视野，[2] 并提出了地方政府间横向关系网络化的发展趋势。

赖特的《理解政府间关系》[3]、劳伦斯的《美国的府际关系：基础、远景和问题》[4] 等著作，分别从不同的视角探讨了美国式联邦制下的政府间关系问题。戴维·卡梅伦指出，"不仅在经典联邦国家，管辖权之间的界限逐渐在模糊，政府间讨论、磋商、交流的需求在增长，就是在国家之内和国家之间，公共生活也表现出这种倾向，可唤作'多方治理'的政府间活动越来越重要了。"[5] 菲利普·J. 库帕也探讨了横向政府间关系与合作问题，他认为，"最常见的一种政府间关系结构，是允许两个或多个政府达成合作安排的结构"，

---

[1] W.Anderson, *Intergovernmental Relations in Review*, Minneapolis: University of Minnesota Press, 1960, p.3.

[2] 杨宏山：《府际关系论》，中国社会科学出版社2005年版，第21页。

[3] Deil S. Wright, *Understanding Intergovernmental Relations*, 1st ed., Belmont, CA: Duxbury, 1978.

[4] Laurence J. O'Toole(ed.), *American Intergovernmental Relations: Foundations, Perspectives and Issues*, Washington, D.C.: congressional Quarterly, 2000.

[5] 戴维·卡梅伦：《政府间关系的几种结构》，载《国外社会科学》，2002年第1期。

"一个辖区的政府可能会因一个问题而与其他各级政府发生联系"。洲际协议是一种独特打造政府间关系的宪法性安排,是州政府间约束性最强的合作形式。地方政府通过合作协议来实现互助。"地方政府是政府间合作中最具活力的因素。"① 文森特·奥斯特罗姆等从治理的视角研究了美国的地方政府间合作,认为美国地方政府的特征是,为满足不同利益团体同时提出的要求而产生了大量的地方单位,它们履行着各种不同类型的服务。为了实现更好的服务,有些地方政府单位实行了联合或合并,存在着大量的合作关系的安排。② 概括而言,西方学者从府际关系视角研究地方政府合作,主要有府际财政研究、府际调控研究、府际结构研究、府际政治研究、府际沟通研究、府际管理研究等不同的取向。

区域主义与区域治理视角。区域主义产生于20世纪的美国,是关于对城市化进程中的郊区化、地方政府碎片化以及可持续发展等经济社会问题的如何应对的都市治理的思想和观点。区域主义有传统区域主义和新区域主义之分。传统区域主义强调结构主义的改革,认为管辖区域的合并有助于政府规模的合理化,应将大量的分散化的小政府用单一的、全功能的区域政府。在都市治理体制上,主张市县合并、兼并和联盟制三种结构性的政府改革。③

新区域主义是伴随区域一体化而产生的新思潮,产生于20世纪90年代。如何突破行政壁垒和地方利益等各种客观障碍,有效实现地方政府合作和协调发展,已经成为巨大挑战。因此,新区域主义以地方政府合作中出现的问题为研究对象,强调通过各种合作主体联合的制度建设,共同协调、合作解决。"新区域主义"把重点放在合作协作与机构建设上来。新区域主义的特征有:在区域管理结构上,强调由各区域成员为了共同利益自发组成的某种区域联盟,并且管理形式较为松散,存在共同利益的约束;在区域成员承担的责任上,强调自愿协作是成员一致的前提;在区域对外开放程度上,既强调区域组织内部合作,又提倡对外开放,鼓励区域内成员与其他区域经贸及其他方面的

---

① [美]菲利普·库帕:《二十一世纪的公共行政:挑战与改革》,王巧玲、李文钊译,中国人民大学出版社2006年版,第93—117页。
② [美]文森特·奥斯特罗姆等:《美国地方政府》,井敏等译,北京大学出版社2004年版,第12页。
③ 林水波、李长晏:《跨域治理》,台北:五南图书出版有限公司2005年版,第41页。

联系与交往。①

除了区域主义之外，国外其他关于区域治理实践的文献也非常丰富。玛莎·德西克通过对田纳西河流域管理局、联邦区域委员会等区域组织的形成过程、结构框架、运作效果、它们各自所呈现的府际关系等方面给予了详细的介绍。她认为区域组织是对规模问题的反应，也是解决协调问题和集权化问题的方法。② 不少文献涉及美国密西西比河流域、科罗拉多河流域和田纳西河流域的治理与开发，以及英国泰晤士河的污染及治理，巴西亚马逊河流域的治理，欧洲的多瑙河与莱茵河流域的治理等等。③

制度主义视角。针对地方政府合作中的恶性竞争与机会主义行为，新制度主义强调以民主、信任、互惠等为核心的社会资本供给，这样就能促进合作经济的形成和学习能力的提高。因此，社会资本与其他资本形式相比，更是高度稀缺的资源。而社会资本的形成与积累，既依赖于合作决策的透明化、分散化与民主化，政府与非政府组织之间多元公共空间的形成等正规制度的变革，同时也依赖于区域包容性和认同感的加强，公众对公共决策主动参与精神的培育等诸多因素。④

交易费用理论也是分析地方政府合作的重要工具。交易费用理论源于美国经济学家罗纳德·科斯的"企业本质"的概念以及威廉逊的"市场层级"和"组织经济"学说。合作各方不得不投入资源以防止自身利益受到侵害或损失，即要为获取对方及环境的信息和防止对方的机会主义行为而付出费用。这就产生了地方政府合作的交易费用，如讨价还价的费用，订立交易合约的费用，执行交易的费用，监督违约行为并对之进行制裁的费用，维护交易费用秩序的费用。为此，诺思认为可以用非正式约束、正式约束和实施机制等制度予以规范⑤，而威廉姆森提出了一个关于制度环境（界定经济活动在其发

---

① 袁政：《新区域主义及其对我国的启示》，载《政治学研究》，2011年第2期。
② Martha Derthick, *Between State and Nation: Regional Organizations of The United States*, The Brookings Institution, 1974, p.8.
③ 郭培章、宋群：《中外流域综合治理开发案例分析》，中国计划出版社2001年版，第2—3页。
④ Amin A., "An institutionalist perspective on regional economic development", *International Journal of Urban and Regional Studies*, 1999 (2):365-378.
⑤ [美]道格拉斯·诺思：《制度、制度变迁与经济绩效》，杭行译，上海三联书店1994年版，第5、6、7章。

生的背景的游戏规则,政治的、社会的和法律的基础规则确立了生产、交换和分配的基础)、治理结构(一种交易的完整性在其中得到确定的制度矩阵)和个体的三级互动分析框架。①

多中心治理视角。多中心治理理论的提出者是以奥斯特罗姆夫妇(Vincent Ostrom and Elinor Osterom)为核心的一批研究者,这是在公共管理研究领域出现的一种新的理论。多中心理论涉及广泛的公共领域,例如市场体制的多中心、司法决策的多中心、宪政的多中心、政治领导选择和政治联盟组织的多中心、公共服务经济的多中心等。多中心治理理论也被运用于地方政府间合作。在跨域性的公共事务中,存在治理体制的多中心。其参与主体不仅单靠政府的力量,而是多元化、多层次的主体的治理。"多中心治理结构为公民提供机会组建多个治理当局。"② 多中心的治理意味着在政府和市场之外,存在公民自治、社会组织自治、社会性潜在的秩序和力量。他们作为独立的主体就特定公共事务,根据一定的规则,采取更加灵活的、有弹性的、多样化的协商行动,从而高效率地解决公共事务。因此,在地方政府合作中,必须研究多元主体之间的关系,研究多中心集体行动的制度安排。

集团博弈视角。集团博弈论认为,参与地方合作是不同利益主体博弈的结果。政府只有在两种情况下才可能作出参与地方合作协定的决策:一是地方合作能给选民带来显著福利;二是该合作协议给现存或者潜在的经济部门带来的利益。因此,按照该理论的观点,一项合作协定的达成和实施,需要得到各方政府的肯定,而这种情况只有在各方潜在贸易能取得相对平衡,并且该协定对各方大多数部门而言是加强保护而非削弱保护时才能出现。③ 与此同时,博弈理论重点考虑合作成员的预测行为和实际行为,并研究优化策略。博弈理论除了"决策人"、"对抗者"、"局中人"等基本概念之外,还涉及"均衡"、"策略"和"得失"。

3. 合作治理机制

伙伴关系与网络治理。沙利文和斯特尔彻(Helen Sullivan and Chris

---

① [美]奥利弗·E.威廉姆森:《治理机制》,王健等译,中国社会科学出版社2001年版,第414页。
② [美]埃莉诺·奥斯特罗姆等:《制度激励与可持续发展》,陈幽泓译,上海三联书店2000年版,第204页。
③ 张永安:《区域经济一体化理论与实践》,格致出版社、上海人民出版社2010年版,第54页。

Skelcher，2002）分析英国地方跨域合作的驱动者、合作的形式、合作的领域、跨越公私部门的合作、合作能力的建设、合作的动力、对合作的治理、公民参与合作、对合作的评估等等进行了深入、详细的研究和探讨。作者指出政治上、操作上及财政上是影响政府间跨域合作的重要因素。欲促使跨域间问题能获致圆满解决，可以采用契约（contract）、伙伴关系（partnership）及网络（network）三种形态，利用可行的合作机制、协同发展组织，甚至"公司治理"，来增进其解决能力，以供政府经营之重要发展途径。[1] 网络治理试图超越"国家干预"与"市场调节"的两难选择，认为网络结构能有效克服上述两种协调机制的弱点，即超越国家和市场的多种自主组织及中间管制形式。研究表明，网络不仅是区域经济发展的一种有效的空间结构，而且网络所具有的特有功能为区域经济的有效发展提供条件。[2]

合作协议。从20世纪的早期到70年代，美国对于合作协议的专题研究寥寥无几，而最初对合作协议的研究源于洲际协定。巴顿（Weldon Barton，1965）具体研究了政治过程的洲际协定，并回答了谁在缔结洲际协定，为何缔结洲际协定以及谁获得了利益等问题。[3] 随着公民流动性的增强和区域一体化进程的加快，合作协议的程序复杂及灵活性差等弊端不断显现，美国学者开始寻求更为简便、更为灵活、也更具透明度的合作协议机制，这就是行政协议制度。齐默尔曼（F. Zimmerman，2002）认为，在美国的联邦体制下，各州之间有很多合作形式，既有非正式的合作，比如自愿的联合会（voluntary association）的成立、相似法律（similar law）的有选择颁布及示范法（model law）的出台，也有正式的合作形式，包括洲际协定（interstate compact）、行政协议（administrative agreement）和有关洲际冲突的司法裁决。与此同时，行政协议的程序相对简便，行政官员之间可以经常地进行

---

[1] Helen Sullivan & Chris Skelcber, *Working Across Boundaries: Collaboration in Public Service*, New York: Palgrave Macmillan, 2002, p.138, p.14.

[2] Keith G. Provan, Patrick Kenis, "Modes of Network Governance: Structure, Management, and Effectiveness", *Journal of Public Administration Research and Theory*, August 2, 2007, JPART 18:229-252.

[3] Weldon Barton, *Interstate Comacts: A Ouestion of Federalism*, Carbondale: Southern Ihinois University Press, p.11.

互访，从而减少误会，增进了解。① 西蒙·A. 安德鲁（Simon A. Andrew）将美国地方政府间协议分为限制性契约和调适性契约两类，垂直政府间关系通常运用的是限制性的形式而不是调适性的形式；通过对公共安全的经验性研究证实，地方政府通常倾向于建立一系列联结密集的制度化纽带以提高它们执行契约义务的能力，当物品和服务的结果难以测量的时候，则需要地方政府以调适性契约安排为基础来建立制度纽带。②

大都市区域主义（Metropolitan Regionalism）。大都市区域主义主张成立新的区域联盟来解决城市之间的冲突，并从整体上改变大都市区内部各城市各自为政、彼此独立的传统关系。区域联盟是大都市区协调发展过程中重要的政治议程和空间政治形式。从多数的大都市区域治理实践上看，大都市区治理是通过不同层级政府与私人部门等组成的合作与协调网络来解决。③ 针对新区域主义主动的通过谈判而实现协调的治理，为了避免联合决策陷阱，有三个因素是非常关键的。第一是在谈判过程中的积极态度和合作行为，第二是通过设立更高层的制度以保证充分的激励，第三是强而有力的政治领导。成功的领导是促使其余联盟产生的一个重要推动力。在立场坚定的政治领袖强有力的推动下，促使利益相关者愿意投入时间和精力，加强利益相关者之间的合作和一致性。④ 针对大都市区内各行政单元或利益主体间相互独立的格局，大区域主义立足于整体战略发展，提出在不同地理范围或不同区域层面上，建立制度化、政策性的政府间相互协调互动的机制。它不仅主张建立超级（跨）城市政府、议会、行政区和规划实体的计划，由高层政府（联邦或州政府）根据法定程序来制定限制城市扩展的政策；同时还提出各种跨政府和跨组织

---

① F. Zimmerman, *Interstate Cooperation: Compact and Administrative Agreements*, Westport, CT: Greenwood Press, 2002.

② Simon A. Andrew, "Institutional Ties, Inter Local Contractual Arrangements, and The Dynamic of Metropolitan Governance," Ph.D.dissertation, Askew School of Public Administration and Policy, 2006.

③ D. Kübler, F. Sager, B. Schwab, "Governance Without Government Metropolitan in Switzerland", in H. Heinelt, and D. Kübler (eds.), *Metropolitan Governance Capacity, Democarcy and the Dynamics of Place*, London: Routledge, 2005, pp.9-10.

④ H. Heinelt and P. Kübler (eds.), *Metropolitan Governance Capacity, Democracy and the Dynamics of Place*, London: Routledge, 2005, pp.188-201.

战略来提高各地方政府间、以及公共与私人之间的协调合作程度。①

网络治理模式。合作治理理论主张在市场和科层制之间,另外还有一种力量在发生作用,这第三种力量就是网络。② 主张用市场机制、组织间协调和科层制的三级制度分析框架来取代市场机制和科层制的两级分析框架,即除了"看不见的手"和"看得见的手"之外,还有"握手"。鲍威尔则直接提出了组织间网络作为一种重要的组织间交易模式的观点,他认为市场、科层制和组织间网络三者作为组织典型化的代表存在着根本上的差别。③ 这种组织间网络结构理论认为,任何组织都没有绝对权威,每个组织都有自主权,不能由某一个组织拥有绝对的官僚统治权。为了实现利益最大化和共赢,整个体系是通过共同决策、解决难题、共同分享利润和威望的集体运作来管理的,即组织间通过长期的互动而形成类似网络的组织联盟。④

二、国内文献综述

国内学者对地方政府合作的研究较多,且各学科从不同视角对此展开相关论述。在此将国内文献归纳为地方合作的内容与形式、地方合作的困境、地方合作的发展路径等三个方面予以阐述,其具体情况如下:

1. 地方合作的缘起

区域一体化发展推动地方政府间合作。区域规划具有导向、调节和分配三大基本功能,而地方政府间合作是实现区域规划功能的重要途径。通过地方政府合作,对区域内利益主体的行为、社会经济以及城镇的发展起到积极的引导作用,对区域内的空间资源进行合理的划分与配置。例如,唐燕(2011)认为在全球化背景的推动下,一些新形式的空间治理单元在新的空间尺度上

---

① Sharpe L.J., "The Future of Metropolitan Governance", In:Sharpe L.J.Editor, *The Governance Of World Cities: The Future Of The Metropolitan*, John Wiley & Sons, New York, 1995, pp.11-31.

② Thorelli, H.B., *Net: between Market and Hierarchies*, SMJ,7,1986, pp.37-51.

③ Powell, Walte, 1990, "Neither Market Nor Hierarchy: Network Forms of Organization", *Research in Organizational Behavior*, 1990, Vol.12, pp.295-336, B. Staw and L. L. Cummings, ed., JAI.

④ 张紧跟:《当代中国地方政府间横向关系协调研究》,中国社会科学出版社 2006 年版,第 125—126 页。

逐步形成，跨越地方边界的大都市地区联盟成为地方合作的重要形式。作者以城市规划角度为切入点，探讨大都市地区的区域治理问题。①

地方利益冲突既是造成地方合作障碍的因素，也是引发地方合作的诱因。汪伟全（2011）认为，在地方合作中，由于各利益主体之间存在一致性与差异性、群体性与集中性、中观性与微观性的矛盾属性，导致地方利益冲突无法避免。地方合作中的利益冲突涉及社会、政治、经济和自然环境等诸多领域。根据利益协调的手段与途径，分为科层制、市场制、网络治理等三种模式。②李煜兴（2009）认为区域一体化的过程实际上就是区域成员主体利益不断冲突、妥协和协调的过程，他详细地阐述了区域行政规划的利益补偿的法理基础、基准和原则。利益补偿的途径有纵向统一式区域行政规划与财政转移支付（主要有体制补助、专项拨款、税收返还和公式化补助），横向联合式区域行政规划与区域利益均衡。③

地方治理也是地方合作兴起的重要原因。孙柏英（2004）阐述了地方功能性的公共事务治理网络组织体系、跨城市或跨地区的互动与合作治理、府际间多层次合作治理等地方治理形式的新型发展道路。他认为伴随着各国的分权化行政改革与治理理念的发展，地方政府在公共管理的地位不断凸显，各国政府为了解决不断出现的公共问题，开始寻求而作为当代地方治理最基本类型之一的区域治理（regional governance）成为被地方普遍采用并快速发展的模式。它是"在大都市地区、中心城市与周边相邻的城镇之间，或者相邻的地方行政区划之间形成的，以跨地方公共事务管理与协作网络为基础组合而成的治理组织形式"④。

跨域性事务的治理需求。过去的区域合作只是一种纯粹的政府管理，由于缺乏众多利益相关者的参与而导致合作效率低效、利益冲突频现。因此，必须逐步走向区域治理，以形成区域内多元利益相关者的协作性治理。张紧跟（2010）认为，20世纪90年代以来新区域主义应运而生。与公共选择理论

---

① 唐燕：《德国大都市地区的区域治理与协作》，中国建筑工业出版社2011年版。
② 汪伟全：《区域经济圈内地方利益冲突与协调：以长三角地区为例》，上海人民出版社2011年版。
③ 李煜兴：《区域行政规划研究》，法律出版社2009年版，第166—168页。
④ 孙柏瑛：《当代地方治理》，中国人民大学出版社2004年版，第39页。

视角立足于结构性改革不同,新区域主义主张利益相关主体之间建立健全有效的协调合作机制,提高区域性竞争力,强调其治理过程。①杨龙(2009)认为,中国跨行政区的经济活动和社会事务越来越多,需要通过地方政府合作来处理;经济区域化的发展在提升区域整体经济实力的同时,也带来了区域公共事务。区域合作既需要区域内的地方政府积极努力,也需要各相关方约束自己的行为。为了解决行政区合作面临的困难,需要地方政府主动推进地方合作。通过地方政府之间平等的交流、协商和调解,形成合作机制,并推动区域合作。同时,杨龙还从行政管辖权让渡的角度出发,来阐述对跨行政区公共事务进行治理。②

地方政府合作也是政府间关系发展的需求。林尚立(1998)认为,政府间关系是各级地方政府间和各地区政府间的关系,包括纵向中央政府与地方政府间关系、地方各级政府间关系和横向各地区政府间关系。政府间关系划分为纵向关系和横向关系,其中纵向的中央与地方关系是政府间关系的中轴。政府间横向关系主要指地方政府间关系,我国传统政府间关系模式以条块为基础,横向关系也指政府内部各部门之间的关系。③谢庆奎(2001)对中国政府间关系的分析不仅涉及中央政府与地方政府关系,还探讨了地方政府间的关系,以及各地区政府之间的关系和政府部门之间的关系。其中,利益关系是政府间关系的基础。④杨宏山(2005)对府际关系中的逐级分权、地方自治、互赖合作和多中心治理展开了研究。⑤赵永茂等人(2001)对府际关系的理论和实践进行了较为详细的考察和研究,认为西方各国府际关系正在朝着全国、区域的共同规划、共同导航、共同生产、合作管理及公私合作等新府际关系体制转变。⑥

2. 地方合作现状与困境

地方政府合作取得的绩效。地方政府间在经济协作中,如清除市场分割

---

① 张紧跟:《新区域主义:美国大都市区治理的新思路》,载《中山大学学报》,2010年第1期。
② 杨龙、彭彦强:《理解中国地方政府合作》,载《政治学研究》,2009年第4期。
③ 林尚立:《国内政府间关系》,浙江人民出版社1998年版,第14—19页。
④ 谢庆奎:《中国政府的府际关系研究》,载《北京大学学报(哲学社会科学版)》,2001年第1期。
⑤ 杨宏山:《府际关系论》,中国社会科学出版社2005年版。
⑥ 赵永茂、孙同文、江大树:《府际关系》,台北:元照出版有限公司2001年版。

的障碍、推动市场体系的培育和建设、跨地区基础设施联合建设成效明显、产业结构调整、城市规划等方面，均取得的合作效果。此外，合作组织类型众多，且形式多样化；合作领域深化，内容不断扩大；制度化水平逐渐提高；推动模式的多元化；积极培育区域合作文化等特征。

地方政府合作的模式。杨龙（2008）将地方政府合作机制概括为互利模式、大行政单位主导模式和中央诱导模式，并指出互利模式的基本前提条件是合作的各方均可从合作中获益，大行政单位主导模式的条件是在合作中有一方获益较多，以至于它可以单独承担合作的成本，而中央诱导模式是中央政府要求地方政府间合作或制定鼓励地方政府合作的政策。[①]杨爱平按照不同的建构目标、制度安排和运作机制将区域间政府合作模式分为"区域网络治理"下的欧盟政府间合作模式、"大湄公河"次区域政府合作模式、莱茵河流域治理中的政府合作模式、丹麦与瑞典"两国一制"的"奥瑞桑德"区域合作模式、"一国两制"下的"泛珠三角"区域政府合作模式、市长联席会议的政府合作模式。[②]刘君德（2004）认为，解决区域分割、推进区域经济一体化有三种可供选择的区际关系调控模式：一是行政（主要是省级政区）——经济区调控；二是市场——经济区调控模式；三是中心城市——经济区调控模式。在行政区经济运行下，省级政区和中心城市调控模式是区际关系调控的重要载体和手段，市场——经济区调控模式应成为我国区际关系调控的主要方向。[③]

地方政府合作的现存问题。本位主义、尚未建立有效的合作协调机制、财政经费分担、缺乏相关法律与制度的保障是府际合作的现存主要问题。平新乔（2004）从实证角度分析了地方保护的动机和效率。[④]李新安认为地方合作中利益冲突的根本成因，在于制度安排的"先行者利益"（如东部沿海地区）与垂直分工下的"双重利益损失"（欠发达地区）、区域要素收益率差异的放大效应和抑制效应、区域经济系统配置资源的经济结构差异等因素

[①] 杨龙：《地方政府合作的动力、过程与机制》，载《中国行政管理》，2008年第7期。
[②] 杨爱平：《论区域一体化下的区域间政府合作》，载《政治学研究》，2007年第3期。
[③] 刘君德：《中国转型期凸现的"行政区经济"现象分析》，载《理论前沿》，2004年第10期。
[④] 平新乔：《政府保护的动机与效果——一个实证研究》，载《财贸经济》，2004年第5期。

造成的。① 刘志彪、郑江淮（2010）对长三角区域一体化过程中的冲突现象进行了较为全面概括，涉及地方政府竞争与经济发展模式趋同、产业同构、技术溢出、生态跨境污染（太湖蓝藻污染）等内容。②

地方利益是地方合作行为选择的基础，地方政府有追求利益最大化的偏好。周黎安构建了一个"政治晋升博弈"模型来解释地方政府的不合作行为。他认为地方官员合作困难的根源并不主要在于地方官员的财税激励以及他们所处的经济竞争的性质，而是在于嵌入在经济竞争当中的政治晋升博弈的性质，或者说政治锦标赛。政治晋升博弈的基本特征就是促使参与人只关心自己与竞争者的相对位次，在成本允许的情况下，参与人不仅有激励做有利于本地区经济发展的事情，而且也有同样的激励去做不利于其竞争对手所在地区的事情；对于那些利己不利人的事情激励最充分，而对于那些既利己又利人的"双赢"合作则激励不足。③

学者们（阳国亮、何元庆，2002；文玫，2004）通过多种方法（包括对各地区间产业结构的差异、各地区间贸易量和贸易结构的考察，以及直接从企业的角度进行问卷调研等）对中国和长三角的市场结构进行研究。④ 他们认为在法律法规不健全、财税政策存在缺陷、国企改革不到位、政绩考核有漏洞、财政资金在各地方不公平分配等诸多因素存在的条件下产生的地方政府或所属部门利用行政权力干涉市场、操纵市场、设置市场障碍、限制非本地产品或服务参与公平竞争。陶希东（2007）总结了"行政区经济"现象的特征，表现为新一轮重复建设（区域性基础设施的重复建设和开发区重复建设）、新的产业同构（主导产业同构和高科技产业同构）、引资政策恶性竞争、生态分割与跨界污染等现象。⑤ 陈瑞莲（2008）认为在发展横向地方政府间关系时出现了种种问题，如重复建设导致产业结构趋同、地区大战、分割市场、

---

① 李新安：《区域利益与我国经济协调发展》，中国文史出版社2005年版，第59—98页。
② 刘志彪、郑江淮：《冲突与和谐：长三角经济发展经验》，中国人民大学出版社2010年版。
③ 周黎安：《晋升博弈中政府官员的激励与合作》，载《经济研究》，2004年第6期，第33—40页。
④ 阳国亮、何元庆：《地方保护主义的成因及其博弈分析》，载《经济学动态》，2002年第8期；文玫：《中国工业在区域上的重新定位和聚集》，载《经济研究》，2004年第2期。
⑤ 陶希东：《转型期中国跨省市都市圈区域治理：以"行政区经济"为视角》，上海社会科学院出版社2007年版，第68—69页。

跨地区性公共物品供给不足和公共事务治理失灵等。地方政府间横向关系的恶性发展造成了巨大危害，如产业同构导致专业化分工协作水平低下，资源和生产能力浪费；而地区大战，造成在经济政治上地方政府间相互分离的趋势以及地方政府对中央政府的离心倾向，阻碍了全国统一大市场的形成。[1]

地方政府合作机制。杨爱平（2011）认为，契约行政是当代中国区域政府间合作的一种模式创新，而府际契约是开展区域契约行政的制度支撑。从政府间关系视角看，府际契约本质上是一个府际治理问题，不能简单地与一般意义上的行政契约概念混为一谈，因为府际契约在追求目标、契约主体、贯彻原则和基本属性上，均与行政契约存在诸多差异乃至本质不同。[2] 陈振明（2003）提出作为民族国家的治理中，政府借助合作网络来"保证服务提供得以实现"，而合作网络主要表现为三种形式：政府间合作网络、政府项目执行网络、公私合伙网络。[3]

杨龙（2008）认为，当前地方合作机制大体上可以概括为三种模式：一是互利模式，其基本条件是合作的各方均可从合作中获益；二是大行政单位主导模式，其基本条件是在合作各方中有一方获益多，以至于它可以单独承担地方合作的成本；三是中央诱导模式，其基本条件是中央要求地方之间的合作或制定鼓励地方合作的政策。[4] 王乐夫与唐兴霖（1997）以珠江三角洲为例，分析了地方政府在经济发展中的地位和作用，主要表现为制定区域宏观经济规划、确定区域经济发展战略、以公共政策为手段引导经济发展、制定区域产业政策、投资基础设施和公共事业、培育市场等手段。[5] 学者们探讨和比较了多种区域合作与发展协调机制，特别是分析了世界各国主要经济区域的协调模式，总结了两种主要类型：制度化的协调机制和非制度化的协调机制。认为区域合作机制的发展是一个由松散型向紧密型、由非制度化到制度化的过程。而在区域合作模式演进的路径选择上，要采取多层次混合型的区

---

[1] 陈瑞莲等：《区域公共管理理论与实践研究》，中国社会科学出版社2008年版。
[2] 杨爱平：《区域合作中的府际契约：概念和分类》，载《中国行政管理》，2011年第6期。
[3] 陈振明：《公共管理学》，中国人民大学出版社2003年版，第94—98页。
[4] 杨龙：《地方政府合作的动力、过程与机制》，载《中国行政管理》，2008年第7期。
[5] 王乐夫、唐兴霖：《珠江三角洲：地方政府在经济发展中的地位和作用》，载《中山大学学报（社会科学版）》，1997年第4期。

域解决合作模式并存,政府发挥作用、企业跟进和中间组织逐步形成的多头并举方式进行。

3. 地方政府合作的发展路径

由于地方利益冲突严重阻碍了区域一体化进程,不少文献提出相关对策与建议。这些文献的研究视角各异,涉及诸多学科。具体如下:

"复合行政"。王健等(2004)[①]、刘生(2008)等人对复合行政这一新理念进行论述。在分析区域一体化与行政区划冲突的基础上,提出"复合行政"这一解决冲突的新思路。复合行政就是在经济全球化背景下,进一步加强区域一体化,在公共事务上实现跨区域行政。主张在非政府组织的参与下,与跨行政区划、跨行政层级的政府之间相互合作,形成交叠镶嵌的多中心、自主治理的合作机制。这一机制的形成有赖于在发挥市场机制资源配置的基础性作用的前提下,实现政府职能的转变,不同行政区域政府间的民主协商,加强非政府组织的参与。[②]

大都市区治理。洪世键(2009)分别考察了大都市区和治理的含义,揭示大都市治理的基本规律。大都市区治理的理论演进过程,也就是传统区域主义、公共选择学派和新区域主义三种主要流派;基于不同理论流派的大都市区治理的组织模式,即有集权的大都市政府模式、分权的市场竞争模式和网络化的地方合作模式。[③]

组织间网络。陈瑞莲(2008)[④]、张紧跟(2006)等人提出了网络治理机制的理论。他们分析了科层制、市场机制和自主治理机制的有机结合在流域公共治理的实践中仍然存在着机制失灵的盲区,因此新的网络治理机制作为弥补上述三种治理机制的不足而日益受到关注和重视。实行多元主体基于自愿和信任基础上的网络治理,其核心内容就是要协调和处理多元主体利益间的关系。与市场、科层制相比,网络治理机制的优势在于治理主体的多元化、

---

① 王健等:《"复合行政":解决当代中国区域经济一体化与行政区划冲突的新思路》,载《中国行政管理》,2004年第4期。
② 刘生、邓春玲:《复合行政:我国中部区域管理之模式》,载《中国行政管理》,2008年第1期。
③ 洪世键:《大都市区治理:理论演进与运作模式》,东南大学出版社2009年版,第63—65页。
④ 陈瑞莲等:《区域公共管理理论与实践研究》,中国社会科学出版社2008年版,第206—207页。

治理方式的多样化、治理目标的一致性。① 汪伟全（2005）提出了与网络治理类似的概念，即"府际治理"，强调协调性、依赖性的网络型结构，在项目和管理功能上的府际间转移，目标导向、网际沟通的冲突解决方式等途径来协调好地方间关系。②

府际协议。府际协议属于一种对等性的行政契约，具有一种准立法行为的性质，在区域合作中具有法制协调、化解纠纷与补充立法的功能。叶必丰（2004）首次提出了"行政协议"这一学术概念③，并详细阐述了"区域性行政协议"的法治基础、缔结以及履行等问题。④ 何渊（2009）对区域性行政协议的缔结、批准、效力、履行等问题进行了深入研究。在纠纷解决机制方面，有责任条款机制、行政解决机制、司法解决机制、仲裁解决机制等途径。何渊强调，"在我国具体国情的背景下，事前的责任调控解决机制和事后的行政解决机制应当成为最为主要的区域性行政协调解决机制，而司法解决机制和仲裁解决机制则缺乏相关的宪法依据和法律依据，并不具有现实的可能性，但两者应当成为区域性行政协议解决机制未来的发展趋势。"⑤

合作博弈。刘祖云（2007）分析了同级地方政府间利益博弈的基本态势，主张用府际治理的新理念来建立相互依赖与伙伴关系，构建以信任为基础的合作博弈。⑥ 金太军（2007）通过分析中央政府与地方政府、地方政府之间的利益博弈过程，提出了实现区域公共管理的对策，包括树立合作的"重复博弈"思维、建立良好的信息沟通以及双边或多边协商机制、强化中央政府的宏观调控职能等。⑦ 张朋柱（2006）提出了非完全共同利益群体的合作形成机制，

---

① 张紧跟：《当代中国地方政府间横向关系协调研究》，中国社会科学出版社2006年版，第126—135页。
② 汪伟全：《论府际管理：兴起及其内容》，载《南京社会科学》，2005年第9期。
③ 叶必丰：《长三角经济一体化背景下的法制协调》，载《上海交通大学学报（哲社版）》，2004年第6期。
④ 叶必丰：《我国区域经济一体化背景下的区域性行政协议——以长三角区域为样本》，载《法学研究》，2006年第3期。
⑤ 何渊：《区域性行政协议研究》，法律出版社2009年版，第130—131页。
⑥ 刘祖云：《政府间关系：合作博弈与府际治理》，载《学海》，2007年第1期。
⑦ 金太军：《从行政区行政到区域公共管理——政府治理形态嬗变的博弈分析》，载《中国社会科学》，2007年第6期。

包括有理性机制、效用转移机制、协商机制和自我执行合作协议机制。①

区域治理。孙兵（2007）较为全面地探讨了区域治理的参与者、区域治理的权威性、区域治理的运行、区域治理的模式等问题。区域治理的参与者主要包括政府、企业、非营利组织、居民等。这些参与者掌握着不同的资源和权力，在治理过程中组成不同关系，形成了区域治理参与者的自主协调机制。区域治理的权威来源于中央政府的授予、地方政府的契约以及区域治理组织职能的履行。②马海龙（2008）以京津冀区域经济圈为例，构建了区域治理模型（包括区域治理的结构体系、主体、客体及运行体系），提出了实施区域治理的步骤、组织架构和具体的空间整合措施以及相关的政策措施建议③；踪家峰、杜慧滨（2007）在界定区域治理结构含义的基础上，从理论上说明区域治理结构优化的关键影响因素是公共物品或服务的外溢、公共物品或服务的规模经济效应、居民需求特点与选择特性、居民的参与和地方政府的责任。区域治理结构是个复杂的系统，要大力促进区域一体化、建立更少层级的政府体系、建立灵活的地方政府治理模式、重视大都市区治理。④

三、评述

纵观国内外关于地方合作与地方合作治理的文献与理论，作出如下评论：

第一，无论是国外还是国内研究文献，所关注对象相似较多，但两者侧重点各有差异。国内文献在介绍西方国家地方政府间合作的理论和经验，但其产生背景与我国政治体制背景有很大差别，尚需要对已有的西方理论与模型进行中国经验的验证和修正。

国内有关地方政府合作的文献虽然在区域治理、府际关系等其他相关研究领域有较多成果，但这些借鉴往往存在"拿来主义"的弊病。不少研究者

---

① 张朋柱：《合作博弈的理论与应用——非完全共同利益群体合作管理》，上海交通大学出版社2006年版，第24—44页。
② 孙兵：《区域协调组织与区域治理》，上海人民出版社、格致出版社2007年版。
③ 马海龙：《行政区经济运行时期的区域治理——以京津冀为例》，华东师范大学2008年博士论文库。
④ 踪家峰、杜慧滨：《区域治理结构优化研究》，载《华中科技大学学报（城市科学版）》，2007年第1期。

在对我国地方政府合作提出政策建议时，经常直接把西方的做法嫁接到中国，而不对中国现实作深入剖析，不考虑中国政治制度和行政体制对我国地方政府合作形式的约束。

例如，在地方合作冲突的内容上，国内外文献均关注市场分割与地方保护、地方政府的机会主义行为、产业同构等；而在协调合作冲突的方法上，国内外文献均强调产业结构调整、大都市治理、地方政府间竞争的规制等途径。因此，国内外文献所关注的对象比较相似。但是，国内外学者的研究各有侧重点。国外文献既研究政府、市场在地方政府合作中的角色与功能，也研究民主政治、社会力量在地方政府合作中的地位和作用。例如，阿明（Amin）就分析了公众对区域公共决策参与、民主政治对精英政治的取代。[1]

国内文献强调更多地是发挥政府与市场对资源配置的作用，却忽视了社会力量在地方政府合作中的巨大作用。究其原因，在于欧美等西方国家市场经济较为完备，且社会力量发育较为成熟，但是中国的社会力量仍处于发展中。这种状况使得西方学者更强调政府、企业、第三部门、居民个人等多元主体之间的分工治理以及就某些公共问题领域如何形成合作共治方面的研究，而中国学者更多地是强调以政府为主体的府际间关系的协调。因此，对中国地方合作相关问题的研究，离不开中国特有的国情。

第二，地方政府合作关系存在于具体制度环境背景之下，是正式制度与非正式制度共同抉择之结果。然而，对地方政府如何具体展开合作策略、合作行为的逻辑过程等问题需要进一步深入探讨。

地方政府间合作关系的形成逻辑，它是在一定的制度背景下活动的产物，其中正式制度包括国家结构制度、经济管理制度、政党制度等，而非正式制度包括人际关系、文化传统、地理结构等。例如，在正式制度中，单一制国家结构下地方合作的积极性和有效性，在很大程度上取决中央政府行政权和财政权的下放程度；而在非正式制度中，同处在某个区域经济圈内的各地方政府，其合作受到区域经济生产与活动的推动，而相邻区域的人际互动也有利于府际合作的产生。因此，地方政府间合作的本质就是一种互动过程，它

---

[1] Amin A, "An institutionalist perspective on regional economic development", *International Journal of Urban and Regional Studies*, 1999 (2):365-378.

是政府与政府、政府与制度环境的互动过程。

国内外文献把地方政府视为一个不断膨胀的、缺乏效率的"怪兽"。地方政府在实现地方利益时，在行为机制上存在着掠夺与保护的特征。[①] 当地方政府在地方合作进程中由于区域利益分配低效而无法实现自身利益时，在缺乏有效约束的背景下，地方政府就更容易表现为机会主义行为，地方彼此间利益冲突便无法避免发生。即使合作双方都可以获得经济收益的条件下，地方政府官员也不愿意坐下来合作，甚至不惜牺牲本地区的地方利益来推动"恶性竞争"的发生。

第三，文献表明，地方政府间合作的现有文献还相对零散，且重复性研究较多，直接以地方政府合作为研究对象的文献数量有限，地方政府合作成为一个专门的研究领域尚未成熟，这为本研究留下了较大的发展空间。

现有国内外研究地方政府间合作的文献仍然存在三个明显不足。其一，研究地方合作冲突与地方合作博弈的文献较多，直接关注地方合作过程的文献相对较少；其二，地方政府合作的研究文献大多集中在资源配置效率分析与制度安排上，忽略地方政府间合作的内在约束机制、激励机制与均衡条件的详细分析；其三，国外相关文献的研究方法与理论由于受国情差异的制约，并不一定适合分析中国的区域一体化的相关问题。

尽管地方合作已成为当前府际关系的主要内容，且国内外学者对地方政府间合作的研究已取得很大成果。但是，受各种主、客观条件的限制，对地方政府间合作的研究仍然有许多不足之处。例如，国内学者分别从复合行政、区域治理、网络治理、行政协议、合作博弈等角度进行论述，而国外学者更多地是从经济激励、政府行为规制等角度进行阐述，但是这些文献缺乏全面的视角。

值得一提的是，关于地方政府间合作国内文献，绝大部分是论文形式，而非专著形式。即使有专著涉及地方政府合作，也是从府际关系、区域一体化、产业结构调整等主题下的一个分析视角。因此，以著作的形式对地方政府间合作进行系统总结与全面论述，这显得尤为迫切与重要。

---

① Shleifer Andrei, Vishney Robert, *The Grabbing Hand: Government Pathologies and Their Cures*, Harvard University Press, Cambridge, MA, 1998.

第四节 研究思路与研究方法

一、研究思路

关于地方政府间合作的研究视角,目前已有文献主要从府际关系、区域经济学、博弈论、制度经济学等予以研究。学者 Wood 和 Gray 曾提出一个前因—过程—结果的合作分析模型,对合作过程进行分析,如图 1-1。他们指出,合作各方建立合作的前提有如下几种:合作各方具有高度的相互依赖性、某一方对另一方面的资源具有依赖性或者希望能够共享风险,比如危机应对、有共同合作史、有资源可以互补以及其他复杂因素。正是人们之间的相互依赖性,使得合作利用稀缺性资源成为可能,合作的一方影响另一方面的福利,这就需要解决和给定秩序,否则会发生残忍的暴力和战争。研究发现,就合作的前提而言,当个体陷于两难境地的时候,他们更愿意参与合作,以创新和改变自己来提高合作的效果。[①]

地方政府合作本质上而言,是一种政府过程,是一种区域公共政策的制定与执行过程。因此,合作性公共事务的政策制定与执行,是一个事关地方政府合作的重要问题。公共政策学认为,公共政策一般包括公共政策问题的形成、公共政策的确立和公共政策的执行等关键环节。具体而言,在地方政府合作中,外部环境把各种政策变量传入合作性事务中的公共政策系统,公共政策系统对于这些问题进行处理,并根据资源情况提出适当的政策措施和解决方案。这些政策方案最终作为公共政策系统的结果输出,并对合作性公共事务施加影响。同时,政策环境又产生一些新的问题,对公共政策系统提出新的要求,公共政策运行过程得以循环持续下去。

---

① [美]阿兰·斯密德:《制度与行为经济学》,刘璨、陈国昌、吴水荣译,中国人民大学出版社 2009 年版,第 100 页。

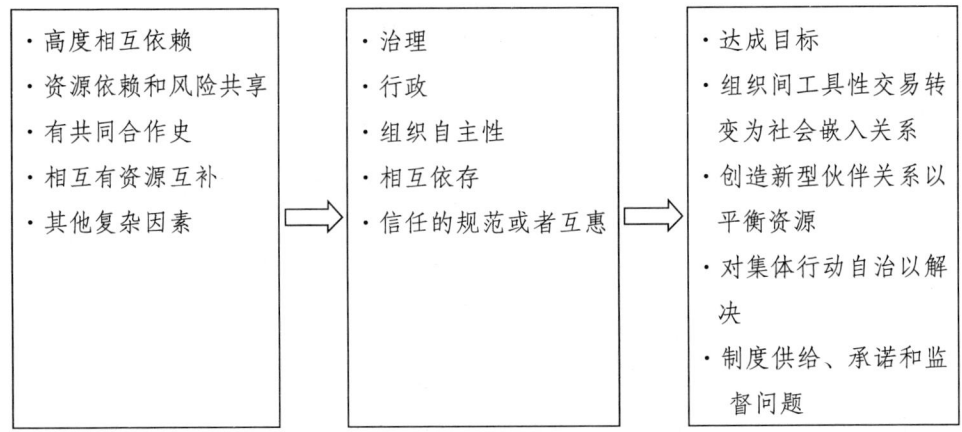

图 1-1 Wood 和 Gray 的前因—过程—结果的合作分析模型

（资料来源：[美]阿兰·斯密德：《制度与行为经济学》，刘璨、陈国昌、吴水荣译，中国人民大学出版社 2009 年版，第 100 页。）

因此，从新方法、新视野对地方政府合作进行研究，是探索和发现政府合作规律的必然路径。在论述地方政府合作的理论基础上，根据公共政策运行的一般过程，将地方政府合作分为合作创议、合作制定（方案讨论）、合作执行、合作监督、合作评估和合作发展等六个阶段，见下图 1-2。在综合分析上述内容的基础上，将阐述地方政府合作的困境，并提出地方政府合作的发展路径。

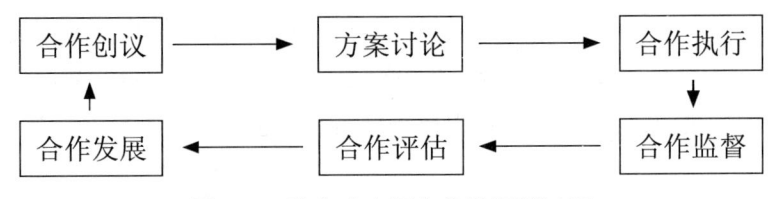

图 1-2 地方政府间合作的逻辑过程

（资料来源：作者自己整理而成。）

二、研究方法

本文的研究是基于政治学、管理学和经济学等多学科理论基础之上，并结合国内地方政府合作实践，通过梳理国内现有地方政府合作模式和合作机

制,从而探讨如何有效促进地方政府合作,因此本文的主要研究方法有:

一是文献分析法,这也是本文研究的主要方法。地方政府合作是一个多学科的交叉研究领域,主要观点和研究范畴尚未统一,因此综合运用多学科的研究视角,从经济学和政治学理论相结合的视角来研究地方政府合作问题,大量收集研究文献并加以分析是本文研究的重要工作。文献分析涉及的主要内容包括地方政府、府际关系、地方治理、地方政府合作机制等一系列研究主题。除了理论文献外,还包括案例的搜集和分析,本文的大部分研究是建立在文献分析的基础上。

二是案例研究法。针对地方政府合作的表现形式、协调途径与手段,采用个案分析,通过个案来证明观点。典型性地选择国内外地方政府合作为研究单位,收集这些地方政府合作有关的现状、过去的经验和环境因素,分析相关因素后,构建该研究单位的治理对策。

三是比较研究法。在本文的研究过程中,为了探讨不同类型的地方政府合作机制与合作类型间的匹配,需要通过不同区域的地方政府发展程度的差异比较,以及不同合作机制在地方政府合作中的适用性比较,从而在比较中发现不同地方政府合作类型间的差异,以及对地方政府合作机制的不同需求。

第二章 地方政府合作的理论基础

与地方政府合作有关的理论，有资源互赖理论、协同理论、府际关系理论、区域经济学等诸多领域。从公共管理学的角度出发，重点阐述与之密切相关的区域治理理论、协同治理理论、利益相关者理论和整体性治理理论。

第一节 区域治理理论

区域公共问题的凸显，使区域内的单一主体无法单独应对各类公共性事务，因而区域合作治理成为一个普遍的选择。其指导思想，经历了从传统区域主义到新区域主义的过程。

一、传统区域主义

传统区域主义是上世纪40年代至70年代国际政治学家、区域经济学家以欧洲区域一体化为典型研究对象，逐步提炼出来的对欧洲一体化具有推动力量的理论化的意识形态思潮。区域主义作为一种具有推动力的思潮，对当时欧洲一体化产生了一定的积极作用；区域主义的另一实践推动力来自美国和欧洲城市群（大都市区）各政府间的合作。第二次世界大战以后，西方发达国家相续进入后工业社会，城市化逐渐进入成熟阶段。城市化出现了广域分散化和局域集中化趋势，形成了由若干大、中、小城市在一定空间聚集的城市群或城市带。因此，如何对若干区域和城市进行有效的合作，成为人们面临的一个新课题。

区域主义对地方合作和区域一体化多层次、多方面、多领域的探讨，涉及的范围非常广泛，产生了不少有影响的代表人物和著作。从研究的内容来看，主要分为这几个方面：

一是区域一体化的动力。代表人物有厄恩斯特·B. 哈斯（Ernst Hass）、约瑟夫·S. 奈（Joseph Nye）等人。哈斯在研究欧洲区域一体化进程中，提出著名的"新功能主义"（Neo-functionalism）观点，强调整合过程中的"溢出效应"。外溢过程便是一个使各国共同利益升级的过程，由此也就促进了区域一体化的发展。即借由相关议题的合作，进一步提升各国的共同，交往加密之后，整合可能扩散到政治议题，相关行为者的政治忠诚将由民族国家层次转移或扩大到欧洲这个超国家层次①；学者泰（Paul Taylor）亦从功能主义出发认为，区域主义是为于一系列相互的功能而形成的体系。②

二是区域一体化的内涵上，将"区域整合"和"区域主义"作严格的区分。认为区域整合仅是某区域内的经济层面活动，而区域主义则是一种各国家间广泛、各领域政策的合作与协调的过程。由此区域主义研究开始进入另一个阶段，强调社会凝聚、经济凝聚、政治凝聚以及组织的凝聚等因素在区域化及区域主义发展中的重要性。③ 学者赫瑞尔（Hurrell）则从建构主义出发，将区域主义视为多种现象的综合反应，其内涵包括区域化（Regionalisation）、区域意识和认同（regional awareness and identity）、区域内国家间的合作（regional interstate cooperation）、国家推动的区域整合（state promoted regional integration）、区域凝聚（regional cohesions）等内容。④

三是在区域一体化的合作机制上，主张建立"巨型政府"。传统区域主义认为过于破碎、分散的行政单位是导致区域隔离、造成区域分裂的主要根源，

---

① 参考黄伟峰主编：《欧洲盟的组织与运作》，台北：五南图书出版公司2003年版，第70页。
② Paul Taylor, "Regionalism: Ideas and Deeds," in A. J. Groom and Paul Taylor, *Frameworks for International Cooperation*, London: Frances Printer Ltd., 1978, p.167.
③ Louise Fawcett Andrew Hurrell, "Introduction", in *Regionalism in World Politics*, edited by Louise Fawcett Andrew Hurrell, Oxford: Oxford University Press, 1997, pp.37-73.
④ Fawcett and Andrew Hurrell, *Regionalism in World Politics*, Oxford: Oxford University Press, 1997, pp.39-45.

因此通过行政区划调整、组建统一的区域政府可以促进区域协作，优化区域层面的公共物品供给。在地方自治传统的影响下，以美国为代表的许多西方国家一直存在显著的政治"碎化（fragmentation）"现象，即大量独立自治权利的地方政府单位，使得跨域性公共事务治理存在困境。传统区域主义倡导的通过组织"集权式"管理，即建立"巨型政府"来应对政治权利过度分散的治理策略，在20世纪中期曾经一度流行。在客观实践中，传统区域主义主张既包括通过兼并、合并以及联合来调整行政边界，建立"超城市"，甚至"超国家"的各种理事会、管理区或者规划实体，也包括建立通过上级政府颁布法律条文来管理区域供给事务，以及在政府间、公私机构间用以加强协作的发展战略。

四是多中心治理模式。多中心治理论，即大都市区治理的公共选择视角，主张在大都市区采取分权而不是集权的治理制度。[①] 公共选择理论通过大量实证研究，提出了"多中心治理"模式，认为"巨人政府论"所倡导的"科层制"治理导致供给过剩和不必要的生产，多个地方政府间竞争所形成的"市场机制"才是最有效的。这是因为，大都市区政府并不必然像那些主流学者认为的那样具有效率。与之相反，大量的、小的地方政府往往具有高效率和回应性。公共选择论者认为，大量自治的地方政府的存在创造了一个类似于市场的环境，在那里居民可以选择最适宜于自身偏好的税收用民务交易的行政辖区。他们坚持认为，大都市区制度化的碎片化对于有效的公共服务供给是有利的。

尽管"巨型政府"和"多中心治理"这两种理论在基本观点上针锋相对，但两种理论都在于解释地方合作和区域治理中，如何才能有效地和低成本地供给公共服务、解决必须的公共性问题、消除或减少财政经济甚至是社会不平等等。然而，巨型政府和多中心治理看起来都只是为地方合作和区域治理提供了有限指导，都不能完全建立在经验事实基础上，因为都缺乏令人信服的证据。

为了能够有效地解决区域一体化发展过程中的问题和矛盾，亟需建立各地方共同协商、合作解决的协调机制。为了寻找功能空间与行政管理空间的

---

① Parks, R.B., & Oakerson, R.J.,"Metropolitan Organization and Governance A Local Public Economy Approach", *Urban Affair Quarterly*, 1989, 25(1):18-29.

统一，不少国家与地区自上世纪五六十年代开始进行设置大都市区政府或跨区域行政管理机构的尝试。但是后来的实践表明，这些大都市区政府或者协调管理机构几乎都失败了。其原因有两：一是这些大都市区政府或区域性协调管理机构作为传统政府一种形式，仅仅是权力的传递者而没有直接介入到区域事务；二是解决区域协调发展的问题需要依赖地方政府、社会团体等相关利益者的参与，而这样的努力常常受到行政当局的抵制。

具体而言，巨型政府的问题在于：大多数公共服务似乎都极少具有规模经济；完全合并不同政府单位的努力并没有取得成功；市民似乎更喜欢当地事务多一些控制；大都市区中不同社区的居民具有各自明显不同的利益；单一政府不能满足大都市区不同社区和邻里的不同偏好。因此，从实际影响来看，巨人政府并没有达到预期效果，如减少支出、提高服务业绩、缩小地区差异、提高区域经济竞争力等。因此，不少学者对"巨型政府论"的发展前景表示不乐观。因此，地方合作和区域一体化的实践问题迫切需要在理论上的"破旧立新"。

二、公共选择理论

公共选择理论兴盛和发展，开始于20世纪50年代末和60年代初。公共选择理论主要研究传统经济学不予关心的非市场决策问题，或者说是集体行动问题，是一门介于经济学和政治学之间的新兴交叉学科。公共选择理论的基础是"经济人"假设。"公共选择理论从它诞生那天起就牢牢扣住'经济人'这个最基本的行为假定，认为除了参与私人经济部门活动的人之外，公共活动的参与者也受制于此，都有使自己行为最大化的倾向，无行为主体的所谓的公共利益（或集体利益）是不存在的。"[1]

公共选择理论的分析方法，主要有这些：一是方法论个人主义，指把作为微观经济分析出发点的个人同样视为集体行为的出发点，把个人的选择作为公共（或集体）选择的基础；二是经济人假设，指把个人看做理性的、自私的个人主义行为，同时认为个人天生就是追求利益（或效用）最大化，一

---

[1] [美]曼瑟尔·奥尔森:《集体行动的逻辑》，陈郁等译，上海人民出版社1995年版，前言第1页。

直要持续到这种追求受到制约为止；三是经济学的交换范式，认为政治在公共选择理论中被视为一个在解决利益冲突时进行交换达成协议的过程，含有交易的性质。

除了在人性假设上，公共选择理论还重点研究集体行动的逻辑。社会科学中传统的假设认为，"有共同利益的个人组成的集团通常总是试图增进那些共同利益，……为他们的共同利益而行事"①。奥尔森研究发现，这个假设并不能很好地解释和预测集体行动的结果，许多合乎集体利益的集体行动并没有发生。相反，个人自发的自利行为往往导致对集体不利、甚至是有害的结果。由于某个个人的活动使整个集团的状况得到改善，假定个人付出的成本与集团获得的收益等价，集团中的每个成员都均等地分享收益，但付出成本的个人却只能获得其行动中的极小份额。集团的这种性质促使每个成员都想"搭便车"而坐享其成。对此，奥尔森批判地指出，"除非一个群体中人数相当少，或者除非存在着强制或其他某些特殊手段以使个人按照他们的共同利益行事，有理性的、寻求自我利益的个人将不会采取行动以实现他们共同的或集团的利益"②。集体行动的逻辑呈现了一个现实生活中无法回避的矛盾：个体的理性导致集体的非理性。

公地悲剧也是公共选择研究的重要内容。公地悲剧理论同样认为，经济人或理性人都不会为集团的共同利益采取行动。哈丁描述了一群在公共草地上放牛的牧民。当任何一个牧民意识到他可以通过扩大自己在公共草地上的放养规模来增加自己收益的时候，悲剧就开始产生。这是因为，在草地上每增加一头牛就会加大对公共资源的破坏程度，然而负面影响却由所有牧民而非单个牧民承担。这种成本和收益的分配是既定的，每个牧民对每增加一头牛产生的收益都非常敏感，而这种行为最终将导致公共草地由于过度放牧而遭到破坏。③

为了解决上述问题，公共选择理论提出了解决方案：一是公共产品与服务的多抉择制度安排，包括竞争、市场化、联合生产等各种形式。公共选择

---

① [美]曼瑟尔·奥尔森：《集体行动的逻辑》，陈郁等译，上海人民出版社1995年版，第1页。
② [美]曼瑟尔·奥尔森：《集体行动的逻辑》，陈郁等译，上海人民出版社1995年版，第2页。
③ Garrett Hardin, "The Tragedy of the Commons", *Science*, 1968, 162 (13):1243-1248.

学派认为在公共物品和服务的供给中,可以根据公共服务的类型选择适当的供给模式,即将公共服务类型与社会组织类型的不同组合的理性抉择。公共选择学派特别强调,通过市场机制来供给公共产品与服务的制度安排。

二是多中心治理。奥斯特罗姆等人认为,个体受到理性和自我利益的激励,但具有不同的偏好形式。个体需求的一些物品和服务最好通过私人市场安排提供,而其他的必须由公共机构提供。个人支付私人物品成本的意愿取决于偏好。相反,在公共部门,个人对公共物品的偏好取决于投票、游说和其他的机制表现出来,更小的单位比更大的单位更能准确满足公民的需求。这样在政治单位中需要承担更少而不是更多的公共职能。[1]

三、新区域主义

"新区域主义"一词最早由帕马(Norman Palmer)所提出。帕马在《亚太地区的新区域主义》一书中指出,新区域主义是指出现于上世纪90年代的一种世界性现象的区域合作新发展。[2] 埃瑟(Ethier)指出,"新区域主义产生的基本动因是国家谈判利益的最大化。"[3] 因此,新区域主义被认为是体现得最为全面、理论性最复杂的政府间主义一体化理论。在全球经济一体化进程中,不少国家与地区经济发展受到有限资源和空间约束而采取区域合作的抉择行为。

新区域主义的主要理论基础是经济发展和在日益全球化的经济中保持经济竞争力。尽管新区域主义在具体治理形式上有争议,但该理论有着共同目标:一是在大都市区建立推动地方政府合作的自愿方法,认为地方合作将使得区域竞争力提升;二是解决源于碎片化政府结构的负外部性问题;三是提供财政等手段缓解中心城市的贫困化问题,以使它们能对整个区域的经济作出更积极的贡献。

---

[1] Robert L. Bish and Vincent Ostrom, "Understanding Urban Government: Metropolitan Reform Reconsidered", Washington, D.C.: *American Enterprise Institute for Public Policy Research*, 1973.

[2] Norman D. Palmer, *The New Regionalism in Asia and Pacific*, Mass.: Lexington Books, 1991, pp.1-19.

[3] Ethier, W. J., "Regionalism in a multilateral world", *Journal of Political Economy*, 1998, 106(6):1214-1246.

为了实现上述目标，塞维奇（Savitch）和沃格（Vogel）认为新区域主义主要有三条实践途径与制度安排：多层政府方法（multitiered approach），由处于不同层级的政府提供并与之相对应的不同范围的公共服务；功能链接方法（linked functions approach），建立区域功能的合作或地方政府间的合作协议；综合网络方法（complex networks approach），通过多层次、多主体的合作协议网络来促进区域治理。①

赫特纳认为，新区域主义作为当今世界的一种普遍现象，可以发生在某一个特定的区域，也可以被视为一种世界秩序类型。新区域主义与传统区域主义的明显不同在于：传统区域主义形成与两极冷战的国际环境中，而新区域主义发生在一个多极化的世界体系中；传统区域主义是由大国从外部创造的，而新区域主义是自区域内部的自发过程；就经济整合层面而言，传统区域主义是内向的和保护主义的，而新区域主义是开放的、合作的；传统区域主义目标有局限性，多注重安全与经济；而新区域主义则包括经济整合、社会政策、安全和民主等全方位主题；传统区域主义关注范畴局限于主权国家之间的关系，而新区域主义则是全球性结构变革后体系中所有行为主体的新互动模式。②

赫特纳（Bjrn Hettne）等提出"新区域主义方法"（New Regionalism Approach），主张新区域主义理论不仅涉及兴起中的区域，也是一种关于转变中的世界秩序和多层次治理形式中的理论。新区域主义是一种包括经济、政治、文化等多纬度的区域统一过程，它在经济上将原先隔离的国家与市场结成一个经济体，政治上则将建立领土控制、区域内聚力和区域认同为主要目标，因此新区域主义展现出一种崭新的区域公共事务的治理安排。③

---

① Savitch H. V., Ronald K. Vogel, "Paths to new Regionalism", *State and Government Review*, 2000, 32(3):158-168.

② Bjrn Hettne, "The New Regionalism: A Prologue" and "Globalization and The New Regionalism: The Second Great Transformation", *Globalism and the New Regionalism*, Basin stoke: Macmillan, 1999, pp.7-10.

③ Bjrn Hettne, "The New Regionalism: A Prologue" and "Globalization and The New Regionalism: The Second Great Transformation", *Globalism and the New Regionalism*, Basin stoke: Macmillan, 1999, pp.7-10.

"新区域主义"的重要特征是强调公民社会的参与。新区域主义以全球社会和社会建构主义为出发点，主张区域、区域主义和世界新秩序多层次的社会建构。赫特纳等人主张在全球变革的进程中，透过集体活动和主体间的互动来建构区域和认同，从而推动一个区域化世界秩序的实现。该方法除关注体系或结构变化外，还注重由下而上的推动，特别是传统区域主义中被忽视的市场，公民社会等各种行为主体在区域一体化中作用。因此，新区域主义有这四个特征：开放性、包容性、介入性和合作性。

有学者概括了新区域主义的特点：治理而非管理；跨部门而非单一部门；协作而非协调；过程而非结构；网络化结构而非正式结构。① 因此，新区域主义强调治理、讲求自愿合作、聚焦网络构建、注重过程、强调跨部门安排的做法，使得新区域主义成为一条有别于科层制与市场的第三治理之路。新区域主义是对传统区域主义集权式的"巨型政府"或大都市地区政府模式和公共选择学派分权式市场竞争模式的综合和改进，代表着区域治理理论的演进新趋势。②

第二节 协同治理理论

协同治理（或称"协作性公共管理"）"描述了在多组织安排中的促进和运行过程，以解决单个组织不能解决或不易解决的问题"，其既存在于政府层级的纵向环境中，也存在于代表社区内多种利益的横向环境中，在实践中纵向与横向协作活动互相重叠。③ 协同治理强调多元主体间协作治理公共事务的过程。

---

① 张紧跟：《新区域主义：美国大都市区治理的新思路》，载《中山大学学报（社会科学版）》，2010年第1期。

② 唐燕：《德国大都市地区的区域治理与协作》，中国建筑工业出版社2012年版，第10—11页。

③ [美]罗伯特·阿格拉诺夫等：《协作性公共管理：地方政府新战略》，李玲玲、鄞益奋译，北京大学出版社2007年版，第4—20页。

一、协同治理的产生背景与实践

与强调分工、专业化、等级制并擅长静态公共事务解决的传统科层制不同的是，随着全球化、跨域性公共事务的增多，科层制成为了"老迈"、"无知"的代名词。基于科层制组织设计支配下的治理逐渐呈现出"单中心"碎片化的趋势，外部参与渠道较少，信息存在不对称性和滞后性，容易出现体制分裂、权力分散、结构松散，导致山头主义、部门主义、地方主义盛行，引发各自为政、机构臃肿、效率低下的官场病，削弱了政府治理的绩效。

与此同时，各种新兴学科与理论不断涌现，例如资源依赖理论和集体行动理论就对协同治理产生了重要影响。资源依赖理论的主要代表著作是杰弗里·普费弗（Jeffrey Pfeffer）与萨兰奇克（Gerald Salancik）于1978年出版的《组织的外部控制：一种资源依赖的视角》。资源依赖理论的基本假设是组织无法产生自身需要的所有资源，当组织资源有限且无法自给自足时，组织倾向与外部环境中关键要素的掌握者进行交换、引进、吸收和转换各种资源，由此形成组织间的资源相互依赖关系网络。根据该理论，由于没有任何一个政府拥有充分的权威、资源和能力去实现政策意图。因此，一个政府组织必须与其他组织联合，依赖外部组织提供的资源才能有效提供公共服务。面对日益增多的复杂性问题和资源有限性的限制，政府需要转向外部寻找资源，通过合作关系来实现目标。

另一个理论基础是集体行动理论。该理论主要包括公共选择理论和博弈理论。塔洛克（Gordon Tullock）和布坎南（James Buchanan）是公共选择学的创始人，他们认为公共选择理论是用经济学的研究方法去研究习惯上由政治理论家研究的问题。博弈论是有关独立和相互依赖的决策制定的理论，其要回答的是：决策主体的行为在发生直接的相互作用时双方所采取的决策以及这种决策之间的均衡问题。其核心问题是：决策主体的一方行动后，参与博弈的其他人将会采取什么行动？参与者为取得最佳效果应采取怎样的对策？因此，博弈论追求的最终结果是博弈方达到利益最大化的均衡。

为了解决上述问题，在吸收和采纳各种新兴理论的基础上，世界各国纷纷展开公共管理改革的实践。协同治理始于英国新工党"第三条道路"的实践。在第三条道路思想指导下，超越传统的官僚体制和新公共管理模式，在政府

表 2-1　各国协同型政府的实践

国别	协同类型	协同实践	障碍
澳大利亚	联邦与州政府间，提供跨国的同类服务政府间，公司部门间伙伴关系。	长期应用绩效评估的伙伴关系，自上而下为公众提供合作的服务，中央和地方政府都有联合工作的行动。	缓慢发展的横向评估导致不充分的绩效管理，合作伙伴行使否决权产生的困境。
加拿大	联邦政府与州政府间，跨部门间。	通过横向绩效目标协调工作，被授权的、自愿的和私人组织参与服务供给。	低质量信息降低绩效管理效率。
荷兰	中央和地方政府间，政府部门间，社会团体间。	通过绩效目标改善合作与协调。	横向绩效评估的缓慢发展。
新西兰	中央政府部门间，地方间。	应用策略优先和中心目标实现整合。	强调策略优先的同时需要更严密限定的特权的发展，技术上使各部门更紧密联系的困难。
瑞典	内阁及由内阁管理的相关独立机构间，区域间，地方政府间。	通过协商、妥协、联合、横向预算提供公共服务，通过整合减少机构数量，通过机构整合推荐合作。	既定目标下合作者如何工作，合作与妥协造成的困境，整合深入时专业执行机构的限制。
美国	联邦政府与州政府间，公共部门、志愿组织间。	通过资金刺激和立法体系实现横向绩效目标，州政府在诸多领域中享有独立权力和分担责任。	信息不充分。

管理上另辟蹊径，以"协同型政府"（Joined-up Government）模式取代过去的"竞争性政府"模式。即在发挥新自由主义竞争机制与市场机制同时，提倡通过协调、整合的方式实现社会公平、正义等民主价值。目标是打造一个更加侧重结果导向、顾客导向、合作与有效的信息时代政府。

20世纪90年代中后期以来,继英国的"协同型政府"改革后,以协同治理为价值核心的协同政府改革已在世界范围兴起与发展(如表2-1)。① 不同国家的协同政府改革目标被予以不同的名称。在澳大利亚和新西兰称为整体型政府(Whole-of-Government),加拿大命名为水平政府(Horizontal Government),美国则冠以协同政府(Collaboration Government)。

协同型政府的主要措施包括:一是在政策制定方面,既充分考虑个人、群体、家庭等政策影响人群,又扩大政府、授权机构、企业、智囊团之间的联系,促进跨部门协作政策的实施。二是在提供高质量高回应公共服务方面,在对待竞争机制的态度上更为理性,界定不同服务的合适提供主体,改进绩效评估和审查的原则,鼓励整体评估的途径;成立公民评论小组,在收集信息基础上促进部门合作,推进整合服务;应用一站式服务等方式排除协同工作的障碍。三是在信息时代政府建设方面,无论在政策制定还是公共服务输出都重视和充分利用信息技术。通过利用信息技术,改善政府间的分裂状态、促进部门合作;同时,增进公私部门合作进行公共服务输出,提高政府公共服务质量。②

二、协同治理的主要内涵

Tom Christensen (2001)等从结构、文化和迷思三个角度对整体政府进行阐释。从结构的角度,整体政府被看做是有意识的组织设计或结构重构,目标是促进各政府组织更好地团结协作。从文化和制度视角来看,组织的演进过程是对内对外压力的双向适应过程,形成独特的、制度化的或非正式的规范和价值。从迷思的角度,从迷思、象征、时尚等方面来看待改革及其主要概念。③

Perri(2002)指出,所谓协同治理就是在政策、规则、服务供给、监控等过程中实现整合,协同治理体现于不同层级或同一层级内部,不同职能间,政府、私人部门与非政府间等三个维度中。基于目的和手段两个维度,他将

---

① Tom Ling, "Delivering Joined-up Government in the UK: Dimensions Issues and Problems", *Public Administration*, 2002, 80 (4):619-621.
② 陈玲:《合作政府:英国行政改革的新走向》,载《东南学术》,2002年第5期。
③ [挪威]Tom Christensen 等:《后新公共管理改革:作为一种新趋势的整体政府》,载《中国行政管理》,2006年第9期。

每个维度分为相互冲突、相互一致、相互增强三个层次，形成碎片化政府、贵族式政府、渐进式政府、整体性政府、协同型政府五种政府管理形态。① 具体见图 2-1。

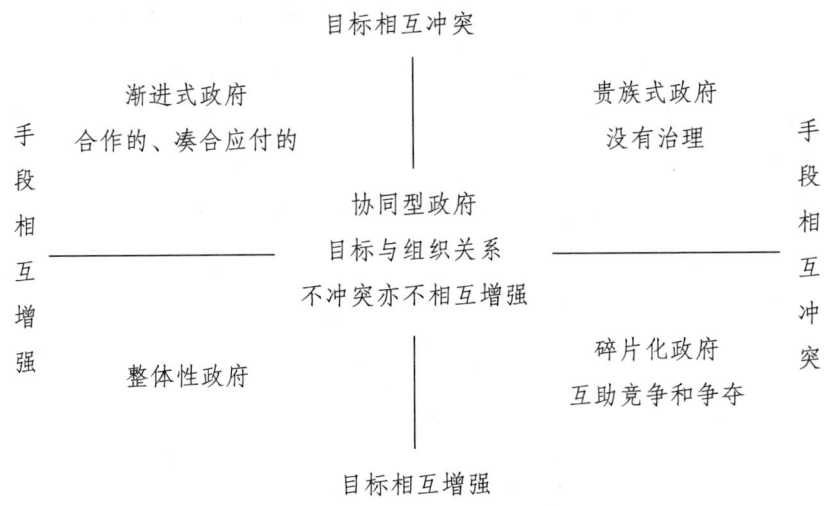

图 2-1 目标与手段的关系

资料来源：Perri 6, *Towards Holistic Governance: The New Reform Agenda*, New York: Palgrave, 2002:28-31.

Tom Ling(2002)从实用的类型学出发，将协同治理的实践分为"内、外、上、下"四个维度。"内"指组织内部的合作，即新的组织结构形式；"外"是指跨组织部门的新工作方式；"上"指对上承担责任，组织目标自上而下设定，即新的责任和激励机制；"下"指新的服务供给流程，满足公民的需求。②

Pollit (2003)认为协同治理是一种通过横向和纵向协调的思想与行动以实现预期利益的政府治理模式，包括四个方面的目标，即消除政策间的矛盾和紧张以增加政策的效力；通过减少重复以更好地利用稀缺资源；增进某一政策领域中不同利益主体的协作；为公众提供更多的无缝隙服务。

澳大利亚管理和咨询委员会对各国合作政府改革实践与经验进行理论提

---

① Perri 6, *Towards Holistic Governance: The New Reform Agenda*, New York: Palgrave, 2002:28-31.

② TOM LING, "Delivering Joined-up Government in the UK: Dimensions Issues and Problems", *Public Administration*, 2002,80 (4):625-626.

升,从新的文化和理念、新的工作方式、新的政策制定和服务提供方式、新的责任和激励四方面形成"整体政府"的最佳实践模型。① 其具体内容可见表2-2。

表2-2 协同政府的最佳实践

文化和理念	新的责任与激励	新的政策制定、方案设计和服务提供方式	新的工作方式
把整个政府价值观纳入主流文化。 信息共享和协作知识管理。 自上而下政策与自下而上事务的有效结合。	共享成果与报告。 服务成果的弹性分享。 以绩效评估约束联合行动。 横向管理报酬和荣誉。	联合的方式。 关注政府的产出。 顾客和服务使用者的磋商和参与。 共享的用户接口。	共同的领导。 专业知识。 灵活的团队运作与产出。 合作的资源。

综观上述文献的研究成果,尽管论证视角各异,但协同治理具备一个总体特征,即强调跨界合作。协同治理的概念"并不是一组协调一致的理念和方法,最好把它看成是一个伞概念,是希望解决公共部门和公共服务中日益严重的碎片化问题以及加强协调的一系列相关措施"。② 政府改革的整体性治理框架应该是一个复合体系,既包括组织结构的联合,也包括组织运行机制的整合;既有制度化方面法律规范、政府体制的改革,也有非制度化文化和价值的形成。所以,协同治理是政府再造过程的系统体现,包括政府的治理理念、组织结构、运行机制和技术系统四个方面的整体性制度安排:③

---

① The Management Advisory Committee of Australia, Connecting Government: "Whole of Government Responses to Australia's Priority challenges", http://www.apsc.gov.au/mac/connectinggovernment.pdf.

② [挪威]Tom Christensen:《后新公共管理改革:作为一种新趋势的整体政府》,载《中国行政管理》,2006年第9期。

③ 胡佳:《跨行政区环境治理中的地方政府协作研究》,复旦大学2010年博士学位论文,第46—49页。

治理理念。一是责任的重要性。政府及其公务人员能够积极地对社会民众的需求作出回应，并采取积极的措施，公正、有效率地实现民众的需求和利益。为此，政府必须把有效性或项目责任提升到重要地位，确保诚实和效率责任不与这一目标相冲突；二是公共利益的目标导向。政府的运作应以公共服务功能为基础、以解决民生问题为核心，以公共服务结果为导向。

组织结构。政府部门间和政府间整合运作是协同治理的基础结构。协同治理模式下的政府组织结构不再以特定功能为基础，而是以结果和目标进行组织设计和创新，需要实行跨部门合作。换言之，协同治理型的政府组织结构以一种整合性、全局性的途径提供公共服务。因此，协同治理下的政府组织结构，应该构建强调弹性、扁平化、无缝隙的"后官僚制行政模式"。

运行机制。区别于传统行政各自分工、各自努力、各自运作和缺乏合作协调的状态，协同型治理的运作机制是以解决民众问题为核心的运作机制。其中，科学的决策机制、执行机制和监督机制的顺畅运行，首先必须以多元主体间的对话机制、利益协调机制、信息沟通机制和问题磋商机制等为基础。基于协同型治理在组织结构上的整合需求，政府的运作将以公众需求为核心，每个运行环节相互协调、步调一致，形成一个整体性的运转流程。

技术系统。整体性治理强调应用联合、协调、整合的方法，借助先进的信息技术为公众提供无缝隙的公共服务。一是联合的公共服务方法。政府不再是公共服务的唯一提供者，而是通过建立多元化的合作伙伴关系，吸引和调动各方力量参与地方公共服务的供给，满足公众多元化和个性化的需要；二是先进信息通讯技术的应用。政府部门间通过网络进行信息传递、共享和协同办公。同时，政府部门通过网络为公众提供信息发布与互动、政务公开、网上办公等服务，民众可以方便、快捷、低成本地了解相关信息，获取政府提供的服务。

第三节 利益相关者理论

地方政府间合作就是不同利益主体之间相反博弈、妥协与谈判的过程。地方政府间合作是一种制度安排和运行机制，协调不同利益相关者之间错综复杂的内在关系。因此，利益相关者理论，也是分析地方政府间合作的重要理论基础。

一、利益相关者界定

利益相关者（Stakeholder）这一术语最早出现在 1708 年，它表示人们在某一项活动或某企业中"下注"（have a stake），在活动进行或企业运营的过程中抽头或赔本。美国学者安索夫最早将"利益相关者"引入到管理学界和经济学界，他指出"要制定出一个理想的企业目标，必须综合平衡考虑企业的诸多利益相关方之间相互冲突的索取权，他们可能包括管理人员、工人、股东、供应商以及分销商"。[①] 美国学者多德（E.Merrick Dodd）指出"公司董事必须成为真正的受托人，他们不仅要代表股东的利益，要代表其他利益主体，如员工、消费者，特别是社区整体利益"。[②]

20 世纪 60 年代学者们对"企业为谁所有"这个问题的再认识——企业不仅仅属于股东，它是所有利益相关者，包括股东、管理者、雇员、顾客、供货商、分销商等之间形成的一系列多边契约。学者弗里曼（Freeman）在总结前人研究的基础上，认为利益相关者是指那些能够影响一个组织的目标实现的人或群体，或者自身受到一个组织的目标实现影响的人或群体。[③] 该定义拓展了利益相关者的内涵，使利益相关者成为一个普遍意义上的概念。该定义将社区、政府、非政府组织等均视为影响企业目标的利益相关者。

米切尔（Mitchell）指出利益相关者理论的核心，一是利益相关者的界定问题；二是利益相关者的特征问题，即依据什么来给予特定群体以关注。他根据权力（Power）、紧急性（Urgency）、合理性（Legitimacy）三大属性将利益相关者分成若干类：(1)权威利益相关者（definitive stakeholder）；(2)关键利益相关者（dominant stakeholder）；(3)危险利益相关者（dangerous stakeholder）；(4)从属利益相关者（dependant stakeholder）。那些在权力、紧急性与合理性三者之中只具有其一的利益相关者又可以分为潜伏

---

① Ansoff, I., *Corporate Strategy*, McGraw Hill, New York, 1965.
② Penrose, E., *The theory of the growth of the firm*, Oxford University Press, 1959.
③ ［美］R. 爱德华弗里曼：《战略管理：利益相关者方法》，王彦华、梁豪译，上海译文出版社 2006 年版。

利益相关者（dormant stakeholder），或有利益相关者（discretionary stakeholder）和需求利益相关者（demanding stakeholder）。[1] 米切尔根据合法性、权力性、紧急性等三个特性进行评价，对利益相关者进行进一步的界定，并扩展了理论的应用范围。

联合国城市治理项目研究报告认为，利益相关者是：（1）利益受到问题影响或者其行为极大地影响着问题；（2）拥有信息、资源，以及战略规划形成和执行所需要的专家；（3）控制相关执行工具的人。[2] 该研究报告对利益相关者的界定，使之扩大到经济、政治、社会生活等领域。

国内学者关于利益相关者的研究始于20世纪90年代，主要是伴随着企业理论和公司治理研究的深入展开的。国内学者杨瑞龙的研究为利益相关者的参与公司治理提供了基础。[3] 利益相关者主要是指那些在企业中进行了一定专用性投资，并承担了一定风险的个体和群体，其活动能够影响企业目标的实现，或者受到企业实现目标过程的影响。同时，利益相关者也是指那些在企业中进行了一定的专用性投资，或与企业有一定直接的或间接的、长期的或短期的互动关系，并承担了一定风险，其活动能够影响该企业目标的实现，或者受到该企业实现目标过程影响的个体和群体。

随着研究的深入，学者们逐渐意识到利益相关者对企业经营活动的重要性及影响程度的差异性，所有的利益相关者不可能都纳入到经营管理范围内。而且，利益相关者不仅仅是企业经营管理考虑的问题，而且扩展到众多的邻域。国内外相关研究中对利益相关者的分类见表2-3。[4] 综上所述，所谓利益相关者，是指组织外部环境中受组织决策和行动影响的任何相关者。

---

[1] Mitchell R. A. and Wood D., "Towards a Theory of Stakeholder Identification and Salience: Defining the Principle of Who and What Really Counts", *Academy of Management Review*, 1997, 22(4):853-886.

[2] 刘淑妍：《公众参与导向的城市治理：利益相关者分析视角》，同济大学出版社2010年版，第74页。

[3] 杨瑞龙：《公司的利益相关者与公司股利政策》，载《上海经济研究》，2000年第4期。

[4] 林广利：《基于利益相关者理论的综合交通枢纽价值规划研究》，天津大学2011年博士学位论文，第15—16页。

表 2-3 国内外学者对利益相关者的分类研究

学者	分类标准	结果
Clarkham	与企业是否存在交易合同关系	契约型利益相关者（Contractual Stakeholders）：股东、雇员、顾客等； 公众型利益相关者：（Community Stakeholders）：政府、媒体社区等。
Clarkson	与企业联系的紧密程度	关键利益相关者：若没有，企业将无法生存，如股东、雇员、供应商等； 次要利益相关者：间接影响企业活动或受间接影响，如媒体等。
Wheeler	社会维度的紧密型差别	一级社会利益相关者：指与企业直接相关，如顾客、投资者、雇员、供应商等； 二级社会利益相关者：与企业有间接关系，如公众、社会团体等； 一级非社会利益相关者：对企业有直接关系但不与具体的人发生联系，如自然环境等； 二级非社会利益相关者：对企业有间接关系同时也不与人相联系，如人类物种等。
Mitchell	三个维度：影响力（Power）、合法性（Legitimacy）、紧迫性（Urgency）	必须至少满足其中一条即可成为企业的利益相关者，其中： 潜在的利益相关者：具备其中一个（或者两个）维度条件； 确定的利益相关者：同时具有三个维度条件。
杨瑞龙	相关利益者最宽泛的定义	潜在的利益相关者。 真实的利益相关者。
刘利	投入资产的专用性、互动性和影响力	主要利益相关者。 次要利益相关者。
陈宏辉、贾生华	三个维度：利益相关者的主动性、重要性、紧急性	核心利益相关者。 蛰伏利益相关者。 边缘利益相关者。

二、利益相关者识别

有效识别和动员利益相关者是地方政府间合作的成功前提,而如何有效对相关主体的利益分析则是关键。利益相关者的识别与分析是一个动态的过程。由于地方政府间合作涉及内容的多样性,利益主体会发生变化,可能有新的利益主体加入,也可能有利益主体在治理过程中的退出。因此,利益分析是一个复杂过程,包括明确具体问题、列单、利益相关地图等几个连续操作的阶段[①]:

明确具体问题。首先根据具体的问题明确利益相关者,以及这些群体在具体问题中的明确利益。例如,在地方政府间合作进程中,有关产业结构的调整,不仅涉及相关企业,还与政府的财政税收、当地居民的就业等利益相关主体息息相关。

列单。根据具体没问题拉出所有的相关利益者,可以从公共领域、私营领域和社区、大众角度分类,也可以进一步从性别等具体内容细分。明确这些利益相关者如何影响主题,而主题又是如何影响相关群体,以及与主题相关的信息、知识与技能;还有与主题相关的具体控制和影响执行工具。

利益相关链。列单可以根据不同的标准和特征分类,以帮助进一步确定利益相关者在这一主题中的利益、能量和相关度大小。通过上述分析,能够更为有效地明确参与的利益相关者具体的行为领域和能力建设范畴,识别出不同利益相关者之间的界限。

那么,地方政府间合作的利益相关者有哪些呢?在地方政府间合作进程中,利益相关者是指那些能够影响地方政府合作的或者受地方政府合作影响的政府、辖区居民、企业、区域组织。在实践中,这些不同的利益相关者扮演着不同的角色,对地方合作产生重要影响:

辖区居民。辖区居民是最基本的利益主体,也是该地方利益的最基本组成部分。个体利益的内在规定性决定了它在整个地方利益体系中处于基本组成部分和构成要素。因为地方利益首先反映了某一地区的居民需求。这是由

---

① 刘淑妍:《公众参与导向的城市治理:利益相关者分析视角》,同济大学出版社2010年版,第74—77页。

于"'共同利益'在历史上任何时候都是由作为'私人'的个人造成的"①，这里的地方居民是一个具有"共同利益"的群体概念，而不是代表单个的、个人利益的"私人"概念，是一种基于地方居民的体现为"共同利益"的群体利益综合体。

企业。企业作为独立经济主体在区域一体化进程中发挥重要作用，这是市场经济发展的必然趋势，也是协调府际关系所必须的。企业的经济功能是其地方经济的基础。企业提供产品与服务来实现其利润，满足企业员工和股东的利益需求。同时，企业与地方利益密切相关，特别是涉及区际分工中所处地位与作用的主导产业与主导企业，对地方整体利益具有决定意义。

地方政府。地方政府往往正成为地方利益的代言人和实现地方利益的主体。原因有二：一是由于地方政府被赋予了对所辖区相对独立的行政、经济、社会等领域的管理职能，使地方政府成为区域内经济活动相对独立的控制主体，能直接对本辖区各方面的活动进行调节；二是受地方政府权力的强制性与利益的多重复杂性制约，地方政府所代表的利益在区域利益体系中处于关键的地位，具有导向性的作用与地位。并且，与中央政府相比，地方政府对区域利益的影响更为直接。地方政府既是利益追求者，又是利益协调与监督者，而且还是利益博弈规则的制定者。

中央政府。在地方政府合作中，中央政府处于全局性、调控性的地位。这是因为中央政府与特定地方政府的纵向关系，会对地方政府间横向关系产生直接影响。这是因为地方政府间关系根植于一个国家的整体政治社会体制中，尤其是一国的政治体制、经济体制状况，直接决定了地方政府间关系的形态特征。"国家机构形式所代表的纵向的国内政府间关系是国内政府间关系的中轴，直接决定国内政府间纵横关系的格局和运作形式"。②例如，中央政府总是从全局总体布局考虑，对地方产业规划与安排。中央政府往往对特定地区实行政策倾斜，例如对"老、少、边、贫"地区实行扶持。因此，中央政府往往通过多种工具或手段来实现其宏观意图。

特别是在单一制国家下，中央政府成为地方政府间合作最为重要的制度

---

① 《马克思恩格斯全集》第3卷，人民出版社1960年版，第275—276页。
② 林尚立：《国内政府间关系》，浙江人民出版社1998年版，第3页。

背景。一方面，在单一制的国家结构下，中央政府是协调地方政府间关系的最有效裁决者。中央政府与地方政府是上下级关系，下级需要服从上级，两者在地位上并不对等。这就导致在府际关系中发生了矛盾，中央政府的行政裁决与调解意见直接决定了利益相关者的得失；另一方面，由于中央政府对地方的财政预决算、地方经济与社会发展规划、资源的配置等具有重大影响或决定的权力，中央政府的优惠政策和特殊待遇将为地方经济的发展创造重要条件。因此，中央政府的天平倾向，对该地方政府的经济与社会发展具有绝对性的决定力量。

合作协同机构。设置合作协调机构的理论依据，是为了解决科层组织的"行政区"界限与合作事务的开放性之间的矛盾而采取的途径。由于单个行政主体难以应对急剧增加的各种区域公共事务，针对上述现实中的困境，设置地方合作协调机构来管理合作事务已成为必然。该协调机构是一种治理合作事务的一种组织模式，它是基于一定的集体行动规则基础之上，通过相互博弈、相互调适、共同参与等互动合作关系。

三、利益相关者的治理机制

共同治理的理论基础是利益相关者理论，而共同治理理论源自于公司治理理论的发展。利益相关者理论认为，公司拥有包括股东、顾客、员工、供应商、合作伙伴、社区、舆论影响者、政府以及其他人在内的利益相关者群体。[1] 对于公司而言，股东不是唯一所有者，公司不应仅仅作为谋求股东利益最大化的工具，而应是一个承担社会责任的组织。因此，公司管理应该摒弃过程单一由股东、管理层和员工来管理的方式，应被视为最大限度地顾及包括股东在内的所有利益相关者的组织体系或制度安排。换而言之，公司应对公司所有利益相关者负责，而不应仅限于对股东负责。

基于对相关文献的回顾与总结，有关公司治理的结构演进过程，可以总结为这四种治理观：(1) 股东治理观。威廉姆斯（Williamson, 1985）认为，在现代企业中由于所有权和经营权的分离，作为代理人的经理人员必须要对

---

[1] Blair, Margaret M., *Wealth creation and wealth sharing: A colloquium on corporate governance and investments in human capital*, Washington, D.C.: Brookings Institute, 1996.

委托人（或者股东）负责，公司如果按照股东收益最大化的原因来经营，不仅股东的利益，而且利益相关者的利益乃至整个经济体系的绩效都会得到提升。① 因此，在股东治理观的治理模式下，强调股东是唯一的治理参与者；（2）员工治理观。其代表人物范尼克（Vanek，1970）认为，员工因为拥有企业的所有权而具有自我管理的真正动力，这种动力来源于员工受到尊重、生活质量的提高与理想的自我实现。② 在这种模式下，员工组成共同组织，对企业实行员工集体民主管理；（3）利益相关者共同治理观。持这种观点者认为，企业的全体利益相关者都应该参与公司的治理。这是因为股东投入了专用性物质资产，而其他利益相关者投入了关系专用性资产。因此，应该让那些投入了关系专用性资产并承担该资产失效的利益相关者拥有剩余控制权，即参与公司治理③；（4）关键利益相关者治理观。该观念者认为，只有企业的主权者才能参与公司的治理。在现实中，只有企业的股东和核心员工才能成为企业主权者，因为他们具备这两个条件，即为企业生存与发展提供了不可替代的资源和承担企业经营的重大风险。这四种治理观的具体情形，其治理模式比较见表 2-4。④

由于治理目标与治理机制的一致性，共同治理与网络治理具有趋同性。一是治理目标的类似性。共同治理是合理平衡各利益相关者间的利益，它追求的是利益相关者的利益最大化目标。因此，共同治理通过安排利益相关者在组织治理中的权力，以此来实现利益相关者的利益诉求。而合作治理的目标的实现，通过参与组织间网络获取其他网络主体的资源，并将其与组织内部资源进行有效整合，提高经营效率与效果；二是治理机制的趋同性。共同治理的机制主要是科层制与协调合作机制。在共同治理中，各利益相关者与

---

① [美] 奥利弗·E.威廉姆斯：《资本主义经济制度》，段毅才、王伟译，商务印书馆 2002 年版，第 413—447 页。

② Vanek, Jaroslaw. *The general theory of lavor-managed market economies*. Ithaca: Cornell University Press, 1970.

③ Blair, Margaret M.,*Ownership and control: Rethinking corporate governance for the 21st century*, Washington D.C.: Brookings Institute, 1995.

④ 李维安、王世权：《利益相关者治理理论研究脉络及其进展探析》，载《外国经济与管理》，2007 年第 4 期。

表 2-4 四种治理观比较

不同的治理观	企业观	治理逻辑	治理基础	治理参与者
股东治理观	股东主义	资本雇佣劳动	资产特性	股东
员工治理观	员工主义	劳动雇用资本	对员工价值的尊重	员工
利益相关者共同治理观	广义的利益相关者	协作治理	共同利益	全体利益相关者
关键利益相关者治理观	狭义的利益相关者	协作治理	关键利益	关键利益相关者

组织签订内容详尽的契约，通过正式契约界定自己的权力，通过行使权力保障自己的利益。在组织内部通过正式组织制度，以行政命令进行生产和交易活动。同时，还需要借助利益趋同的利益相关者联盟等协调合作机制。而合作治理的机制同样也是科层机制与信任合作机制。①

此外，共同治理与协作性管理有一致性。协作性管理描述了"在多组织安排中的促进和运行过程，以解决单个组织不能解决或者不易解决的问题。协作是一种用来解决问题的有目的的关系，它在既定的限定条件下（例如，知识、时间、金钱、竞争和传统智慧）创造或者发现一个解决办法。……协作性管理可以是正式的，也可以是非正式的，其内容非常丰富，小到简单地获取信息，大到旨在达成大型项目的谈判协定"②。在地方政府合作的实践中，协作性管理既可以表现网络治理，也可以表现为合作的联邦主义。

第四节 整体性治理理论

整体性治理作为一种新型的政府改革治理模式，被视作"后新公共管理"的改革趋势，其价值在于对新公共管理理论批判和继承基础上，针对分割化

---

① 汪后继：《区域一体化的治理模式研究：基于地方利益冲突的分析》，上海交通大学 2012 年博士毕业论文。
② [美] 罗伯特·阿格拉诺夫、迈克尔·麦圭尔：《协作性公共管理：地方政府新战略》，李玲玲、鄞益奋译，北京大学出版社 2007 年版，第 4 页。

和碎片化问题架构起新的政府管理模式和运作机制。整体性治理以协调与整合为核心的治理方式为地方政府间合作的发展提供了思路。

一、整体性治理的产生背景

一方面，整体性政府的产生来源于新公共管理运动的反思。 20 世纪 70 年代末，能源危机爆发，针对官僚制结构僵化和公共服务供给效率低下的弊端，西方国家先后开展了以"政府再造"为内容，以分权化、市场化、民营化为工具的新公共管理改革运动（New Public Management）。新公共管理运动强调商业管理的理论、方法、技术及模式在公共管理中的应用，主张市场竞争、结果导向、小政府的发展方向。

胡德（C.C.Hood）在其担任伦敦经济学院院长的就职演说中，将新公共管理的内涵及特征概括为如下七个方面：(1) 向职业化管理的转变；(2) 标准与绩效测量；(3) 产出控制；(4) 单位的分散化；(5) 竞争；(6) 私人部门管理的风格；(7) 纪律与节约。在实践上，新公共管理从四个方面改革公共部门：一是推崇市场机制，减少政府干预；二是削减税收、减少政府开支，推行"小政府"；三是指出政府官僚体系导致管理效率低下和浪费，加强对官员的政治控制；四是将私人部门的管理方法和手段引进公共管理中。[1]

新公共管理运动尽管带来了行政效率的提升，但是在实践中的弊端遭致各界的质疑。有学者曾经总结了新公共管理的缺陷：对人性认识的偏颇，片面强调经济学的"理性经济人"假设，忽略了美德的重要性，从而可能引发公共利益和公共伦理的危机；过于崇拜市场基本教义和市场机能，导致公共行政价值的偏颇和公共行政在民主治理过程中正当性的丧失；公共管理与私人管理相混淆，容易丧失公共行政在民主治理中的正当角色；将政府服务的对象比作顾客，可能无法全面理解公民的角色，使公民与政府之间的关系不健全、角色错乱。[2] 这些问题引发了对新公共管理运动的巨大争议，为整体性治理的出现推波助澜。

---

[1] J. Greenwood, D. Wilson, *Public Administration in Britain Today*, London: Unwin Hyman, 1989:121-122.

[2] 张成福：《公共行政的管理主义：反思与批判》，载《中国人民大学学报》，2001 年第 1 期。

同时，新公共管理改革也对政府间关系产生影响。具体而言，新公共管理强调权力分权和权力下放。通过从中央集权到地方分权，权力的下放激发了地方政府的发展活力。同时，受市场机制和地区利益的作用，地方政府在资源控制上展开激烈竞争。地方财政的日渐不足与地方必须维持一定公共服务的矛盾，这使地方治理陷入"双重困境"的怪圈。①

另一方面，信息与网络技术的崛起引发对新公共管理模式的挑战。信息技术的突飞猛进，使得人与人、组织与组织、国家与国家间的交往与沟通加快，不同主体彼此密切联系，整个社会走向网络化。由于信息资源共享和决策分散化的变革，这使得社会团体与民众的自主能力得到增强。民众在参与公共事务治理和公共产品供给的过程中，对政府治理进行有效监督。

信息技术和网络的应用改变了政府组织结构形式和运作模式。在信息高度发达的条件下，政府机构的扁平化程度不断提高，组织决策更为快捷化、精确化和科学化。在信息技术支撑下，数字时代的治理包含了政府功能的重新整合，采取整体性的、以需求为导向的机构等方面的内容。在信息时代的知识社会中，如何使政府各个部门，通过网络的形式，把专业知识融入共同的任务中，通过合作创新完成共同的目标，是政府对于社会需求和环境变化的回应。网络技术对新公共管理的变革和挑战，使得新公共管理的一些治理方式被终止或放弃，产生"新公共管理寿终正寝"的观点。②

此外，信息与网络技术的崛起促使了政府内外关系的巨大转变。在政府内部关系上，不同层级和部门之间、不同政府之间的关联度和依赖性增强，权力结构不再是单向的自上而下的指向；在政府外部关系上，政府与市场、社会之间不再是管理与服从关系，而是平等的网络型关系。这种网络型关系的基础在于信息共享、平等对话和有效的沟通与信任合作。

---

① 对内方面，管理者若要节约施政成本，最常用的方法就是删除部分施政计划、裁撤机关并且精简人员，但此举极易导致科层体系的抗拒、结构惰性的拖延、既得利益者的排斥；对外方面，管理者若想提高服务效能，满足市民不断增加的期望与要求，则常需增加赋税、扩大税基，扩大财政预算，增加可用资源，然而此举易引发立法机关、非执政党及普通市民的质疑。

② Patrick Dunleavy et al,"New Public Management Is Dead-Long Live Digital-Era Governance", *Journal of Public Administration Research and Theory*, 2006, 16(3).

二、整体性治理的理论内涵

整体性治理为了满足服务对象的不同需求，在不消除现有管辖边界或不建立新的"超级机构"的情况下，强调通过协调或整合现有独立组织的行动，提供整体化的公共服务。台湾学者彭锦鹏（2005）从管理理念、运作原则、组织形态等方面，在对整体性治理与传统官僚制和新公共管理进行比较和归纳的基础上，阐释整体性治理的具体特征，具体见表2-5。

表 2-5 公共行政三种典范的比较

	传统官僚制	新公共管理	整体性治理
时期	20世纪80年代前	1980—2000年	2000年后
管理理念	公共部门形态管理	私人部门形态管理	公私合伙/中央与地方结合
运作原则	功能性分工	政府功能部分整合	政府整合型运作
组织形态	层级节制	直接专业管理	网络式服务
核心关怀	依法行政	运作标准与绩效指标	解决人民生活问题
成果检验	注重输入	产出控制	注重结果
权力运作	集中权力	单位分权	扩大授权
财务运作	公务预算	竞争	整合型预算
文官规范	法律规范	纪律与节约	公务伦理与价值
运作资源	大量运用人力	大量利用信息科技	网络治理
政府服务项目	政府提供各种服务	强化中央政府掌舵能力	政策整合解决人民生活问题
时代特征	政府运作的逐步探索改进	政府引入竞争机制	政府制度与人民需求科技、资源的高度整合

资料来源：彭锦鹏：《全观型治理：理论与制度化策略》，载《政治科学论丛》（台湾），2005年第23期。

首先，以问题或项目为导向。 整体性治理通过战略调整排除相互对立或排斥的政策环境，政府运作将不仅以问题为导向，同时强调以治理结果为核心。"如果说传统行政追求的是行政问题的解决、效率的提高、政府组织结构的严密、完整、功能的分化、服务的提供、稳定的文官体系，则全观型治理追求的却是行政问题的预防、人民问题的完整、快速解决、效能的提高、合理的政府运作规划、及结果导向的政府"。①

为了实现有效处理公众最关心问题的目标,整体性治理理论以问题为导向,指出了政策、顾客、组织和机构等四个层次的整合目标,其内容见表2-6。具体而言,跨域性公共事务的治理不再简单由特定政府单一供给,而是以问题、资源、项目为导向实现跨域合作治理。在治理过程中,按照问题或项目管理的内在要求,通过地方政府的合作,打破配置资源、处理事务的行政边界约束而对公共事务进行跨域管理。

表 2-6 整体性治理的目标

层次	输入	转换能力	输出	结果
政策目标	政策连续性	更好的政策管理	更高质量的服务供给	更有效地预防、治疗或舒缓,对顾客更多的控制
顾客目标	鼓励公民提出看法和参与	顾客更多的接受服务	提供全面的、更加便捷的服务	公共合法性的提升和社区建设
组织目标	避免重复,减少冲突,分担风险,知识最大化	成本——效益	对输出的更多控制	
结构目标	平衡资源或投资	行政控制的转移	对相关部门输出的更多控制	

资料来源:Peeri 6, *Towards Holistic Governance: The New Reform Agende*, New York: Palgrave, 2002:47.

其次,强化责任感的预防性政府。整体性治理最重要的是责任感。责任感分为诚实、效率和有效性三个方面。其中,诚实主要指公款使用遵守财政规章,不损公肥私;效率是指公共服务提供或干预过程中输入和输出之间的关系,强调最小投入最大产出;有效性是指行政官员对公共干预是否达到公开发布的结果或标准负责。在诚实、效率和有效性这三方面中,有效性放在

---

① 彭锦鹏:《全观型治理:理论与制度化策略》,载《政治学论丛》(台湾),2005年第23期,第76页。

最高地位，以使诚实与效率不与这一目标相冲突。

为了实现责任感，需要在管理、法律和宪法层面等三个层次上予以制度保障。首先，在管理层次上，通过审计、支出控制、预算计划、绩效评估和政治监督来寻求责任感；其次，在法律层次上，通过司法审查所忽略的行政法、民法，以及法律争端可供选择的诸如特别行政法庭、准司法管制者等寻求责任感；最后，在宪法层次上，通过界定官员对立法机构的责任，以及通过非正式的宪法规范寻求责任感。[①]

针对各种公共问题对民众带来的巨大损失，地方政府应该防患于未然，避免和根治各种问题出现。因此，作为有责任的地方政府，它不仅是公共问题的"救火队"，更要具有预防性。预防性政府的特点有：一是具备关注政策问题的能力，关注问题的演进、发展、成熟的时间维度和成本的优先权；二是能够在问题循环前介入调停，预防问题的产生和恶化；三是改变科层组织、私人组织、服务使用者和广大社会公众的文化，塑造相互信任的理念。"在成员间组成相互合作和信任的积极的组织间关系是重要的"，整体性治理的中心焦点"是提供整合政策和实践以满足公众的切实需求"。[②] 其工具手段，既可以通过信息、说服和救济，也可以使用指挥、激励和供给等。

最后，政府间协作制度的建立。 英国地方政府间协作制度是个逐渐加强的过程。自1979年保守党执政后，英国就已经建立府际治理的制度，但政策的重心是强化中央政府对地方的管理，而不是鼓励地方间的合作。1979年到1996年间，保守党尝试建立起区域性的地方管理体制，先后建立了"区域办公室"、"具有内阁部长的区域政府"、"区域层级中的准政府组织"等制度。随着跨域性公共事务的增多，1997年工党执政后积极推动地方自治发展，提出以伙伴关系的方式，促使政府之间，以及政府部门和私人部门、非营利组织三者之间，跨越本位主义而相互合作，为大众提供更好的公共服务。

2001年英国政府提出"地方战略伙伴"（Local Strategic

[①] Perri 6, *Towards Holistic Governance: The New Reform Agenda*, New York: Palgrave, 2002:241.

[②] Perri 6, "Housing Policy in the Risk Archipelago: Toward Anticipatory and Holistic Government", *Housing Studies*, 1998, 13 (3):368-370.

Partnerships）计划，将其作为一项国家政策。目的在于满足由不同辖区政府与民众共同合作解决特定区域的某项功能需要。地方战略伙伴计划下有两种协作方式，一种是中央政府主导型的地方政府协作制度，强调各地方治理主体之间消除行政管辖界限，改善地方治理。在实际行动中，积极推动强化地方政府治理能力，鼓励、促进地方跨区域治理；另一种是地方政府主导型的地方协作制度，包括区域立法机关与都会区管理局、地方策略性伙伴关系等。

此外，自20世纪90年代以来，美国等国家的大都市区治理实践中，地方政府间协作成为一种基本策略，围绕跨地区边界的公共问题，地方政府间形成协作管理网络，建立诸如洲际协议、地方政府间协议、地方政府协会、城市联盟、县议会协会、地区议会协会等合作协议和合作机构，共同应对区域公共问题。

三、整体性治理的策略框架

整体性治理以"问题的解决"为核心，其主要目标是：减少不同政策间相互矛盾和紧张的情况；通过减少不同项目间的冲突或重复，以实现充分利用资源；为公众提供整体的、无缝隙的服务。[①] 整体性治理的策略框架至少包括以下内容：

互动的信息搜寻和提供。通常的行政状况是不同的信息掌握在各不相关的层次、互不适应的行政系统，这使得信息要么常常很难得到运用。在实践中，信息既是行政决策的基础，也是公民参政议政的前提。因此，政府信息系统的一个任务就是让一些具有知识的公民和企业去发现，如何向政府进行表达和报告。同时，互动机制（利用信息技术而不是以纸质为基础的形式）会自动地催促机构人员和系统对人民的需要和偏好采取更整体性的看法。

以顾客为基础和以功能为基础的组织重建。一个例子就是英国的工作与养老金部的养老金服务处，它把所有与老人相关的福利集中起来进行提供。为此，需要把一些功能相近的机构重新组合成部门化的组织，建立大部门式治理。同时，重新在地方机构这一微观层面上建立合作的、以社区为基础的

---

① Christopher Pollitt, "Joined-Up Government: a Survey", *Political Studies Review*, 2003,(1): 35.

结构。

一站式服务提供是组织重建的具体表现。其形式有多种包括一站式商店（在一个地方提供多种行政服务）、一站式窗口（与特定的顾客进行面对面的交往）以及网络整合的服务。对政府机构来说，一站式服务提供的动力在于把一些分散的服务功能集中起来，以便解决一些重复的问题。"只问一次"的方法表明了政府致力于不断使用已经搜集的信息，而不是重复地搜集同一信息。

重塑从结果到结果的服务。从结果到结果的方法确保项目小组着重整个过程，而不是人为地去划分现存机构的边界。例如，加拿大要求把有关长达30页的补助金申请减少一半，通过把现有信息技术系统里的信息（这些信息以前都是分开储存的）集中起来，它们能完全取代表格。①

为此，政府过程应该重塑，使政府决策更加迅速、更具灵活性和回应性。新公共管理只关注于企业化的运作取向，忽略了企业化负面的外部效应；而以服务为基础的整体主义则认真考虑公民和企业的需要，使这些需要适合于追求可持续性的环保组织的要求并使它成为所有公共部门内在运作的一部分。

碎片化的治理。整体性治理作为一种解决方式，它针对的是碎片化状况。从功能上讲，碎片化会产生这些问题：(1)转嫁问题，让其他机构来承担代价。比如学校排斥有严重问题的青少年犯罪，而司法系统则不得不出面解决这一问题；(2)互相冲突的项目。一些机构的政策目标互相冲突，例如惩治和预防犯罪的机构和教养机构的目标都是减少犯罪，但在一些具体领域常常发生冲突；(3)重复。它导致浪费并使服务使用者感到沮丧；(4)相互冲突的目标。一些不同的服务目标会导致严重的冲突，比如，警察搜取可能导致惩罚的证据显然会与那些从事青少年服务工作的人发生冲突；(5)由于缺乏沟通，不同机构或专业缺乏恰当干预或干预结果不理想；(6)在对需要做出反应时各自为政。一些机构认为可以在不与其他机构通气的情况下凭自己的力量解决问题，但最后却并没有满足真正的需要；(7)公众无法得到服务，或对得到的服务感到困惑，他们常常不知道到哪里去获得恰当的服务；(8)由于没有考虑问题的原因，而是强调可得的或固有的一套专业干预，从而导致服务提供或干预

---

① 竺乾威：《从新公共管理到整体性治理》，载《中国行政管理》，2008年第10期。

的遗漏或差距。所有这些问题正是治理中的一些协调、合作、整合或整体性运作想解决的。[1]

对于碎片化现象，整体性治理活动涉及：(1) 政策，从政策制定、政策内容到政策评估与监控；(2) 规章，个人、公司部门规章的内容、组织架构等；(3) 服务，服务的内容、制度安排与影响；(4) 监督，对以上三者的评估与解释等。[2] 整体性治理的策略框架是一个复合体系，既包括组织结构的联合，也包括组织运行机制的整合；既有制度化方面法律规范、政府体制的改革，也有非制度化文化和价值的形成，构成政府的治理理念、组织结构、运行机制和技术系统四个方面的整体性策略框架。[3]

---

[1] Perri 6, *Towards Holistic Governance: The New Reform Agenda*, New York: Palgrave, 2002:48.
[2] Perri 6, *Towards Holistic Governance: The New Reform Agenda*, New York: Palgrave, 2002:28-31.
[3] 胡佳：《跨行政区环境治理中的地方政府协作研究》，复旦大学 2010 年博士研究生论文，第 42 页。

第三章 合作的制度环境

地方政府合作关系存在于具体制度环境背景之下，是正式制度与非正式制度共同抉择之结果。不同制度背景下的地方合作形式与特征各不相同。在阐述制度环境内涵的基础上，本章将重点分析单一制和联邦制下的地方政府合作，并对其进行评价。

第一节 制度环境内涵与制度抉择

一、制度环境内涵

制度经济学认为，制度是由社会认可的非正式制度、正式制度和实施机制组成。[①] 所谓非正式制度，主要包括价值观念、伦理规范、道德理念、风俗习惯、意识形态等。从制度发展的历史来看，不同主体之间的关系在正式制度建立之前，主要是依靠非正式制度来维持。即使是在现代社会中人们社会生活的大部分空间活动也是受到非正式制度的影响；所谓正式制度，是在人们有意识地创造一系列法律法规、政策规定和契约等；所谓实施机制，一般是制度的具体落实机制。实施机制的建立主要基于交易的复杂性、人的有限理性和机会主义动机、合作各方的信息不对称。

威廉姆森提出了一个关于制度环境、治理结构和个体的三级互动分析框

---

① [美]道格拉斯·诺思：《制度、制度变迁与经济绩效》，刘守英译，上海三联书店1994年版，第5、6、7章。

架。① 制度环境是游戏规则，对行为主体至关重要；治理结构中应考虑各种备择组织方式，如市场、混合体制、等级制和公共机构等；个体行为受到有限理性支配，遵循着理性机会主义的规律。"超越交易成本经济学意味着，分析所关注的是制度环境、治理结构和个人之间的互动关系。"② 因此，制度环境是分析地方政府间合作关系的重要内容。

各国的地方政府间合作有很大差异性。那么，地方政府间合作的选择，主要受哪些制度环境影响呢？一般说来，地方政府间合作抉择并不只受单一因素的影响，它往往是多种因素综合作用的产业，只受各种因素发挥影响的作用大小和程度不同而已。各国不同的地理环境、社会因素、政治因素、经济因素、历史和文化因素，都对地方政府间合作的具体选择具有重要影响作用。它是在既定的制度环境中形成的，并在与制度环境的相互作用中得到调试和发展。制度环境包括这些内涵：

地理环境。地理因素是地方政府间合作抉择的重要变量。古希腊政治思想家亚里士多德在分析如何选择理想政体时，就曾经指出优良的政体选择应该考虑到各国的地理环境。③ 孟德斯鸠也从自然和地理因素分析了领土面积对政府间关系的影响。④ 托克维尔指出，联邦制度的创立就是为了把因国家之大而产生的好处和因国家之小而产生的好处结合起来，美国联邦制的建立和保持，主要应当归功于国家的地理环境。⑤

自然环境对地方政府间合作的影响，更多地表现为间接影响，它往往通过社会经济和历史等因素发挥作用。一般说来，地理临近的辖区由于文化观念的相似、工农产品结构的相似，以及经济上的密切往来，这些为合作提供了便捷条件；同时，地理环境的单一性和相似性，容易形成中央集权体制，地方政府间合作受中央政府影响较大；地理环境的多元性和差异性，容易形

---

① [美] 奥利弗·威廉姆森：《治理机制》，王健等译，中国社会科学出版社2001年版，第414—416页。
② [荷] 约翰·克劳奈维根编：《交易成本经济学及其超越》，朱舟、黄瑞虹译，上海财经大学出版社2002年版，中文版序。
③ [古希腊] 亚里士多德：《政治学》，吴寿彭译，商务印书馆1983年版，第378页。
④ [法] 孟德斯鸠：《论法的精神》上册，许明龙译，商务印书馆2012年版，第124—131页。
⑤ [法] 亚历西斯·托克维尔：《论美国的民主》上卷，董果良译，商务印书馆1988年版，第181—189页。

成地方分权体制，地方政府间合作受中央政府影响较小。

社会因素。社会因素是指社会上各种事物，包括社会制度，社会群体，社会交往，道德规范，国家法律，社会舆论，风俗习惯等等。它们的存在和作用是强有力的，影响着人们态度的形成和改变。社会因素对地方政府间合作的影响，更多地表现为间接影响，它通过社会制度而对府际关系产生影响。

例如，阻碍人力资源自由流动、影响区域一体化进程的最大障碍因素是户籍制度。户籍制度是国际通行的人口管理制度，各国政府都很重视。但在国外，户籍登记只是对人的出生、居住、职业、婚姻等基本信息进行的管理，不仅不存在不同社会成员之间的不平等，而且人们极力避免因身份不同而遭受不平等待遇。然而，中国的户籍制度除了执行人口的信息登记职能之外，还与就业、医疗、住房、教育等多项社会福利待遇密切相关。特别是在城乡二元结构的社会背景下，是身份、地位与待遇的象征。户籍制度成为阻碍人口流动和区域合作的极为重要的影响因素。

政治因素。政治因素尤其是一国的宪政制度、政府组织形式、政党制度、公民参与、利益集团等因素，对府际关系的模式选择具有直接影响，它们甚至具有立竿见影的明显效果。一国宪法关于政府组织形式的原则性规定，关于中央政府与地方政府的权限划分，直接影响并制约着府际关系模式的基本根据。[①]

利益集团影响着地方政府间合作。利益集团竭力影响着地方政府的政策制定和政策结果。利益集团的活动使得地方官员不得不关注本地区的利益，不得不在政府政策的形成过程中，尽可能地把本地区的利益要求纳入到政策框架之中。政府政策的调整会影响政府间合作关系。例如，利益集团处于保护某一产业的利益诉求，可能会对政府施加地方保护的产业政策要求，从而形成了市场割据的地方保护局面。

经济因素。经济因素既是指影响企业营销活动的一个国家或地区的宏观经济状况，主要包括经济发展状况、经济结构、居民收入、消费者结构等方面的情况；也是指一国家或地区的经济管理制度和经济联系状况。就本质而言，府际关系是不同层级政府之间的财政和利益分配关系，这种分配关系

[①] 杨宏山：《府际关系论》，中国社会科学出版社2005年版，第68页。

受制于既定的经济管理制度和经济发展状况。经济因素虽然置身于政治制度之外，但它对府际关系的制约作用却相当直接。

例如，在计划经济制度下，由于中央政府掌握国民经济的计划决策权，控制着绝大多数社会经济资源，实行中央集中协调的经济管理模式，由于地方政府缺乏管理自主权，对中央政府依赖性很大，大体上扮演着中央政府附庸或派出机构的角色，地方政府间合作关系的活动有限。而在市场经济制度下，不仅政府与市场、政府与企业之间具有角色区分，而且中央政府与地方政府关系呈现分权协作的发展趋向，地方政府具有更多管理地方公共事务的权利。因此，在市场经济制度下，地方政府间合作更富有活力。

历史与文化因素。任何国家的现实府际关系结构，都要受到历史和文化因素的影响和制约。历史和文化因素对地方政府间合作关系的影响是渐进而持久的过程。历史和文化因素规定着社会成员的价值观念和行为方式，从而对府际权力和利益分配具有重要的影响作用。

新制度经济学运用文化因素来解释经济增长，认为诸如信任、信用这样的文化能够促使成员产生理性行为，增加人们重复交易的几率，减少监督成本并降低摩擦成本，从而有利于资源优化整合。在地方政府间合作和区域一体化实践上，长三角地区的创业文化融合与冒险文化融合促进了该区域经济一体化，而加拿大土著居民的文化背景对其融入加拿大社会与经济生活的融合方式具有很大影响。[①]

二、制度抉择

地方政府间合作的制度抉择具有如下特点：

第一，地方政府间合作是在分析组织内外环境的基础上的一种理性抉择。地方政府间合作中的理性抉择，从管理学的范畴来看，也是组织根据周围环境的变化而做出的管理行为。例如，权变理论学派就认为，在组织管理中要根据组织所处的环境和内部条件的发展变化随机应变，没有什么一成不变、普遍适用、"最好的"管理理论和方法。权变管理就是依托环境因素和管理

[①] Neary, J.P., "Corss-border mergers as instruments of comparative advantage", *Review of Economic Studies*, 2007(74):1229-1257.

思想及管理技术因素之间的变数关系来研究的一种最有效的管理方式。因此，从权变管理理论出发，地方政府间合作行为要获得理想效果，就必须分析组织内外环境，在这基础上再做出决策。

这种制度环境是指一系列与政治、经济和文化有关的法律、法规和习俗。在地方政府间合作中，制度环境是指各种行为主体在长期交往中自发形成并被无意识接受的行为规范。影响地方政府间合作行为的制度，既包括正式制度，也包括非正式制度。通过这些制度安排，使得地方政府合作行为在追求自身利益的增进受到特定的限制。

第二，地方政府间合作，从本质上讲是关于公共产品与服务供给方面的合作。地方政府的公共管理与服务水平影响着该地区的经济发展，因此，提升公共产品与服务水平成为地方政府的基本职责。哈佛教授理查德·库珀教授把政府公共管理与服务概括为四方面：一是守夜人（night watch man），强调政府维护国家主权和国防安全，以及建立法律基础与法律秩序；二是社会保障（social security），为公民提供最基本的生活保障，提供就业机会；三是调整生产结构（structure of production），也就是经济结构与宏观调控的作用；四是约束个人行为（personal behavior），如对人口生育的控制。政府职能的变化与发展，与社会、经济的发展几乎同步。它们之间是相互影响、相互制约的。地方政府总是寻求最合适的公共管理方式，来提高服务水平，创造自己的竞争力。

地方政府间合作的重要目的，就是通过合作行为来提供更好的地方政府公共产品和服务，以此来吸引可流动性要素的流入，从而来推动本辖区的经济与社会发展，获得更高的民众满意度。地方政府在公共经济部门中的活动主要是组织、生产和提供地方公共产品和服务，而地方公共产品和服务的质量好坏将直接促进和制约辖区内流动性要素的流入或流出，从而影响地方经济的发展。通过地方政府合作，可以更为便捷地、低成本地、高效率地提供公共产品和服务。

第三，地方政府间合作的制度抉择，是节约合作成本的治理抉择过程。所谓地方政府间合作的治理结构，指确定合作方式的各相关主体之间的关系，涉及相关主体间的具体制度安排。根据制度经济学与合作治理理论，协调地方政府间合作的治理制度主要有市场机制、科层制与合作治理三种方式。科层制是指通过官僚制的等级体系,直接控制地方政策制定和执行。由于这一模式以官僚权力和上下级层级关系的纵向模式为特征;市场机制主张以市场来提供公共物品和服务,关注的是短期目标和最大化产品,政府、企业和社会组织等主体参与到地方政府间合作;合作治理是科层制和市场机制的折中,它通过组织之间的由于长期的相互联系和相互作用而形成的一种相对比较稳定的合作结构形态。① 其具体内容见表3-1。

表 3-1 不同治理机制的特征[②]

调控方式	市 场	科 层	合作治理
规范基础	协议和财产权	雇佣关系	资源交换
沟通方式	价格	常规	关系
独立程度	不独立	独立	不独立
交换媒介	价格	权威	信任
冲突解决和协调方式	价格竞争和说服	规则和命令	对话
文化	竞争	服从	互惠

节约合作成本是不同形式的治理结构的共同功能,是通过寻求不同的治理结构而实现。正如威廉姆森所言,交易的属性不同,相应的治理结构即组织成本与权能就不同,因此就形成了交易与治理结构的不同配比。③ 所以,交易主体采取何种交易方式,不同取决于交易成本的比较,而且取决于交易与治理结构的不同配比。在不同的交易方式下,交易成本是不同的。在地方政府间合作的治理机制抉择过程中,由于节省合作成本可以增加合作各方的经济收益,因此为了降低合作成本而进行合作方式的不断选择,其最终结果会选择合作成本低的合作方式。

---

① 洪世键:《大都市区治理:理论演进与运作模式》,东南大学出版社2009年版,第63—66页。
② Rhodes, R.A.W., "Foreword:Governmance and Networks", In: Gerry Stoker ed., *The New Management of British Local Governmance*, London: Mac millan Press Ltd., 1999.
③ [美]奥利弗·威廉姆森:《资本主义经济制度》,段毅才、王伟译,商务印书馆2009年版,第538页。

第二节 单一制下的地方政府合作

单一制国家的地方政府关系具有以下基本特征：(1)中央政府统一行使全部国家主权，统辖全国各级地方政府；(2)全国只有一部宪法，只有一个国家权力机关体系；(3)地方政府的立法和行政权限来源于中央政府的授权和委托，不得与中央法律和政令相抵触或冲突；(4)地方政府是中央政府的下属或代理机构。它们依中央政府的意志和需要而设立。地方行政机关的各种权力受中央权力统辖，地方自治被限制在统一的国家权力之内，是从中央政府权力中分离出来的一部分由地方行政区域享有的权利；(5)中央政府统一行使外交权，统辖国防决策权和军队统帅权。任何地方政府都不能分享外交权，不能独立与外国缔结条约或协定，不能指挥和调动军队；(6)地方政府可以就如何善治与中央政府讨价还价，但无权宣布脱离中央政府管辖。① 单一制国家的地方政府合作特点和发展状况，离不开这些基本特征。

一、中国的地方政府间合作

新中国成立初期，受各种因素影响，中央高度集权，中央对地方实行严格的政治控制和经济管制，政治经济一体化。在这种体制下，地方政府变成了中央政府的附属物，完全听从于中央政府，缺乏自主性和独立性，其积极性受到了严重的抑制。中央政府的"条块"资源配置方式，使得资源无法横向流动，阻断了地方政府间联系的物质基础与合作领域。澳大利亚学者奥德丽·唐尼索恩将这种独特的经济现象相当贴切地比喻为"蜂窝经济"。② 美国学者托马斯·P.莱昂斯对中国经济分割化趋势从体制的角度进行了剖析，指出中国各地区之间的商品交换、流通、和分工合作关系被地区间的分割切断，导致资源利用的低效率以及严重浪费现象，这是中国的计划经济体制造成的。③ 总之，在高度中央集权的管理体制下，由于缺乏合作的内在动力和物质基础，

---

① 谢庆奎、杨宏山：《府际关系的理论与实践》，天津教育出版社2007年版，第32页。

② [澳]奥德丽·唐尼索恩：《中国的蜂窝状经济：文化革命以来的某些经济趋势》，载《走向21世纪：中国经济的现状、问题与前景》，江苏人民出版社1995年版。

③ Thomas P. Lyous, "Explaining Economic Fragmentation in China: A System Approach", *Journal of Comparative Economics*, 1986(10), pp.209-236.

地方政府间合作被阻在所难免。

随着渐进式改革的逐步深入，中国从经济到政治乃至整个社会都随之发生了根本性变化。在此期间，各地方政府间联系开始日趋紧密，这得力于中央政府的体制改革、政策驱动以及各地方政府的积极响应。地方政府间合作的发展，离不开体制改革的推动以及中央政府的转型政策驱动的制度背景：

一是体制改革的推动，主要是分权化和市场化改革。在分权化方面，分权化包括行政性分权和经济上分权。行政性分权允许地方政府在中央给定的范围内发挥自主创造性，进行不同方式的政策实验；财政分级核算、收入分成，在经济上使得地方政府有了追求经济绩效的动力。在市场化方面，所谓市场化是指资源配置方式由政府行政分配向市场调节的转化，因此市场化程度的基本含义主要体现在市场配置资源功能在整个社会范围内发挥作用的程度。为了实现市场化，这就要求资源的配置主要靠计划转变为基本上靠市场，建立和形成统一、开放、竞争和有序的市场体系，完善市场调控体系和法律制度，并逐步形成产权明晰、自主经营、自负盈亏的市场主体。分权化和市场化改革，这些变化有利于促进地方政府间横向关系发展。

二是中央政府的专项政策驱动。中央政府通过各种政策性努力来促进地方政府间合作。具体措施包括：(1)提出区域经济合作的指导思想和原则。例如，在经济技术协作方面，重视"以市场为导向、以企业为主体、以效益为中心"。在资源基础上联合与协作方面，强调"优势互补、各展所长、互惠互利、共同发展"。(2)制定和实施专项规划。(3)分配下达行政性对口支援任务。(4)制定优惠政策，重点鼓励中、东、西部三大地区之间开展经济合作。(5)促进区域经济合作组织和网络的建立与发展。(6)提供资金、信息和中介服务。[①]

在上述背景下，中国地方政府间合作的发展历程，经历了启动（1982—1986年）、沉寂（1987—1989年）、重新启动（1990—1999年）、快速发展（2000—至今）等四个阶段。特别是进入新世纪以来，随着区域经济活动一体化日益增强，地方合作也随之开展得如火如荼。中国地方政府间合作，具有这些特征：

特征一：合作组织类型众多，且形式多样化。目前中国的主要合作组织

---

① 张紧跟：《当代中国政府间关系导论》，社会科学文献出版社2009版，第141页。

有如下类型：一是省级层面的省市间的经济协作区：如长三角经济区、东北经济区、五省区经济协调会、西北五省区经济技术协作联系会、三峡地区经济开发区等；二是省市毗邻地区经济协作区：如嫩江流域经济区、湘桂毗邻地区经济协调会、闽浙边区三地一市经济技术联谊会等；三是省内经济协作区：如闽南经济区、苏扬两地经济技术协作网、浙东经济技术联谊会等；四是城市间技术与经济协作网络：西北五城市经济技术联系会、长江沿岸中心城市经济协调会、十五城市横向经济联合恳谈会等；五是跨地区的对口援助：如北京市支援内蒙古自治区，天津市支援甘肃省，上海市支援云南省等。

地方政府间合作组织不仅数量诸多，而且形式亦多样化：(1)高层联席会议，如武汉经济协作区市长联席会议；(2)城市政府联合体，如辽宁沿海城市经济区联合体；(3)非政府组织合作论坛。这些非政府组织在加强区域合作理论和实践宣传、探讨总结和交流区域合作经验和对策方面做了大量工作，而创办刊物和组织研讨会是两种最主要的方式；(4)区域内经贸协调会，如西南五省七方经济协调会；(5)跨经济区的地方政府联合；(6)签订协议与意向书；(7)采取联合行动，如京津冀三省市联合防治森林病虫害的行动；"非典"和"禽流感"期间部分省市的联合行动等；(8)设办事或联络机构，如四川开县从1992年起在成都、上海、重庆、新疆和晋江建立了6个办事处，以帮助输出的农民工解决问题。

特征二：合作领域深化，内容不断扩大。地方政府就这些项目广泛开展合作：(1)基础设施建设。各地方政府就水电、高速公路、铁路、港口等设施，展开全面深入合作；(2)环境保护。针对环境污染的外部性，需要地方政府间就跨界污染进行协调；(3)旅游资源的开发与整合；(4)贸易一体化。以降低物流成本、加快周转速度为宗旨，力争实现区域通关一体化；(5)产业结构转移和升级。为了资源优势互补、提高区域竞争力，地方政府间就产业结构调整问题进行协商与合作；(6)搭建信息服务平台，就社会医疗保障、人力资源、自然要素等事项予以信息技术服务。

特征三：制度化水平逐渐提高。长期的合作实践得出这样的结论：地方政府合作能否有效运转，取决于能否建构良好的制度环境、合理的组织安排以及完善的合作规则。其中，制度环境是基础保障，组织安排是结构保障，行为规则是具体的激励与约束保障。① 当前地方政府间合作逐渐成制度化、程序化，主要体现在这几个方面：一是创建府际间合作的长期互动机制。长期互动机制使政府间减少道德风险与逆向选择，有利于在心理上培育就合作事宜的互动之互相期望；二是共同遵守的合作公约日趋成熟，内容包括信息公开与披露制度、开放共同市场、统一开发利用自然资源、统一整治和保护环境等各方面；三是监督与约束机制。在合作方发生纠纷的时候，有可以依据的法律、具有仲裁权的协调机构和组织。

特征四：推动模式的多元化。 当前地方合作机制大体上可以概括为三种模式：一是互利模式，其基本条件是合作的各方均可从合作中获益；二是大行政单位主导模式，其基本条件是在合作各方中有一方获益多，以至于它可以单独承担地方合作的成本；三是中央诱导模式，其基本条件是中央要求地方之间合作或制定鼓励地方合作的政策。② 但是，当前的地方政府间合作类型主要以互利模式和中央诱导型为主，而大行政单位主导模式相对较少。

互利模式最大特点就是地方政府之间的地位是平等的，参与方从合作中获益。但是，合作的形成和维护需要经过充分的讨论和协商，因此合作的谈判机制显得非常重要，这就使相关各方需要有一个场所，平等地表达自己的意愿；与之相对应，中央诱导型的地方合作在中国具有特殊的功能。长期以来，地方合作被中央政府当做缩小地区发展差距的一种手段。省之间的对口支援和对口帮扶一直在中央的安排下进行。

特征五：积极培育区域合作文化。 以地方合作为基础，积极宣扬互相依存、共同发展的区域价值理念。例如，长三角洲地区就一直努力在打造"共赢长三角"、"一小时经济圈"等长三角合作文化。从狭义角度理解区域合作文化，是指在一定的经济文化背景下，在一定的区域范围内，各地方之间长期生成、发育起来的彼此间互相信任、相互团结、彼此依存的价值观念、精神理念以及行为规范。在现实中，合作文化被认为是联系地方合作关系的重要纽带。它不仅促进了人们自发的横向合作网络的形成，以及互惠规范的建立，而且还有效地防范和克服了人们在区域共同体生活中的"机会主义"行为。

---

① 陈胜勇、马斌：《区域间政府合作：区域经济一体化的路径选择》，载《政治学研究》，2004年第1期。

② 杨龙：《地方政府合作的动力、过程与机制》，载《中国行政管理》，2008年第7期。

特征六：以目标实现为导向，以问题解决为准则。当前地方政府间合作的一个重要特征就是日益务实，人们逐渐抛弃那种"只闻雷声不见下雨"的形式主义，期望通过对地方间合作来解决实际问题、提高整合效应的期望。参与方围绕合作任务，精心安排，扎实推行；即便是合作中发生冲突，也力求理性解决。例如，当地方政府间合作发生冲突时，除了通过行政命令、行政裁决等传统方式与策略外，更强调功能整合，通过地方政府间行政协议、行政契约的方式发展合作关系，达到地方政府间的整合效益。注重实效的合作原则也进一步推动了各方的行动积极性，形成合作与绩效之间的良性循环：地方合作使得目标实现、问题解决、提高政府绩效；而这些合作成绩又进一步激励地方政府投入到合作活动中来。

二、法国的地方政府间合作

法国是欧盟成员国中地理面积最大的国家，也是当今世界上典型的中央广泛集权国家。在历史上，法国缺少地方自治的历史传统。法国是在传统农业社会的基础上走向近代国家之路的，其国家治理奠基于封建专制制度之上。[①]但随着国家工业化和城市化的发展，这种中央集权体制开始受到冲击和挑战。第二次世界大战以后，法国开始改变传统的中央集权体制，推动地方政府制度改革。1982年密特朗总统上台执政以后，法国进行了新一轮的地方政府制度改革。这次改革以1982年3月国民议会通过《关于市镇、省和大区的权力和自由法案》（简称《权力下放法案》）为标志，其基本目标是实现地方政府管理的民主化，扭转中央高度集权体制。

在全球化与区域一体化浪潮的推动下，法国也改变了中央集权的传统，而赋予地方以自主权。法国分权化改革使得地方自主权扩大。[②] 与此同时，各

---

① Paul Godt, *Policy-Making in France: From De Gaulle to Millerrand*, London: Pinter Publishers, 1989, p.43.

② 在协调区域经济以及地方利益冲突方面，法国还具有人格化特征。由于法国许多市镇政治家在中央同时担任政府要员，或曾担任政要人。在中央兼职的市镇政治家经常利用其在中央的威望，为该地方的发展提供各方面的便利。雷恩市长埃德蒙·赫福，在担任政府部长（1981—1986）和国民议会议员（1981—1993）之际，力排大区内、省内基督教社会主义党和其他政治对手的反对，努力使中央政府支持该市阿塔兰特科技园的兴建，并把它上升到国家高度，写进1984年的大区规划中，最终反对派也不得不改变态度，支持阿塔兰特科技园。

级地方议会开始朝着地方自治的方向发展，它们获得了更大的自主决定权和自主管理权，给地方政府间合作提供有利空间，开始了现代意义上的新型地方政府合作。

特征一：通过设立行政大区来协调区域经济以及地方发展。 在法国，大区是法国的第一级地方行政单位，负责贯彻国家的经济发展和国土整治政策。大区政府成为中央政府对区域经济发展和国土整治权力下放的接口。设立大区政府源自20世纪50年代，法国在实施经济发展计划和领土整治时，逐渐认识到有必要成立经济大区。1959年法国政府发布法令，确定在本土建立21个大区，每个大区由临近的几个省组成。1972年《大区设立及其组织法》赋予大区为"公权力组织"。1982年《权力下放方案》规定，"市镇、省和大区由选举生产的议会自行管理"，它正式赋予大区"地方自治团体"的地位。例如，大巴黎地区是法国全国经济资源高度集中的区域，在行政上，巴黎大区的不同区域又分别隶属于不同的省份。这样在巴黎大区内部也存在着行政区和经济区的冲突问题，出现"双重区域"的特征，为促进大巴黎地区的经济融合，法国政府注意进行各省之间的协调，突破行政边界对于经济资源有效配置的阻碍作用。

随着法国地方自治运动的深入，各级地方政府（大区、省和市镇）的权力范围得到进一步确定，而发展经济、争夺资源的竞争也愈演愈烈，对大行政区的区域经济功能的呼声也更加强烈。需要国家代表（大区区长和省长出面），把各方利益趋于一致。在法律规定国家和地方共同分担某些职责的情况下，需要由省长或大区区长与省议长或大区议长共同主持决策机构，并指定负责人，来督促地方政府各尽其职。在编制城市开发的中、长远发展方针时，当地的大区区长和省长，在与负责制定城市规划文件的地方议员协商的基础上，通常以成立共同政策委员会、举行圆桌会议的方式，邀请大区代表、省代表和其他相关市镇，特别是处于同一地貌（城市集中地区、山区高原、滨海地带）的其他地方政府代表及有关地方驻外机构的代表参加，寻求他们的支持与建议，避免与其他相关地方政府、中央部门的规划及总体利益相矛盾。比如里尔市进行"欧洲化的里尔"工程时，就与北加莱海峡（le Nord-Pas de Calais）大区、北部（Nord）省、加莱海峡（Pas-de-Calais）省等地方政府和一些国家机构通力合作，推动该项工程的顺利开展。对于市镇政府的行政违法行为，大区长和省长拥有事后行政监督权，能向当地行政法院提起对该市镇政府的诉讼。

特征二：在市镇层面组建多样化的市镇联合体，实现彼此之间的资源共享、互惠互利。① 每个联合体统一成立"市镇联合体委员会"（etablissements publics de cooperation intercommunal, EPCI），作为各联合体的法定公共管理机构，为联合体内的市民提供由法律规定的服务。为促进各成员市镇间的民主、合作机制，法国政府规定市镇联合体委员会应该由所有成员市镇的市镇长或议员代表组成，委员会主席则由上述代表选举产生（一般由中心市镇的市镇长担当）。各成员市镇的代表数按一定的市镇人口比例分配，但中心市镇的名额不能超过委员会总数的一半。在市镇联合体委员会内，按职权分设各个专业委员会。如奥尔良联合体委员会由22个市镇的议会派议员参加，每个市镇最少一名，然后在此基础上每1500人增加一名，奥尔良市镇长担任委员会主席。该联合体委员会下分设基础设施交通委员会、经济发展委员会、领土整治卢尔河委员会、社会和谐委员会、环保委员会、人力资源委员会和财政合同政策委员会等七个专业委员会。各成员市镇代表平等地进入至少一个专业委员会，专业委员会的正职与副职在成员市镇代表间分配。②

市镇联合体委员会负责编制地域协调发展纲要（SCOT，2000年前称为总体规划纲要SD）。地域协调发展纲要是协调各专项规划、保证公共政策和谐统一的重要工具，它不仅需要考虑与空间利用相关的所有问题，而且是联合体内分别具有经济发展、交通规划、环境保护等职能的各专业委员会政策制定的指导性文件。同时，地域协调发展纲要也是一个展示联合体发展前景的文件，在10至15年的发展期限内，提出符合可持续发展要求的规划方案。因此，在具体制定政策的过程中，市镇联合体委员会通过与各成员市镇合作、对话的互动过程，尽量兼顾所有成员市镇，尤其是贫困市镇的利益，推动整个联合体的协调发展。如图卢兹联合体委员会在决定是否启动TAT工程时，广泛征求了各市镇代表的意见。由于大多数代表都认为该政策只有利于图卢兹市

---

① 金蕾：《法国地方治理体系中的市镇政府》，浙江大学2005年学位论文库，第26—28页。
② 詹成付：《走进奥尔良市政联合体》，载《中国民政》，2004年第7期。

镇的利益，不利于其他市镇的发展，联合体委员会就否决了该项工程。①雷恩联合体委员会在个别贫困市镇成员反对建立阿塔兰特科技园（Rennes Atalanta science and technology park）的情境下，对反对的市镇做了许多工作，不仅从科技园有利于整个市镇财政、经济和社会发展的视角来说服贫困市镇代表，还允诺将科技园的一半收入上缴给联合体，让贫困市镇也能从中分一杯羹，最终得到了贫困市镇的支持。②

市镇联合体一般包括必须职能（compulsory competencies）和任选职能（optional competencies）两大部分。以跨市际联合体为例，它的必须职能是经济发展、城市规划、住宅建设、反贫困、减少失业和防止青少年犯罪等，这是每一个跨市际联合体都必须执行的；而它的任选职能如公路建设、停车场、废水处理、水资源分配、环境保护、文化和体育设施等，则可根据不同跨市际联合体的实际情况选择执行。在财政方面，委员会如果愿意，可以设立区域职业税，其税率有别于各成员市镇分别确定的税率，经济活动位于联合体区域内的企业必须按统一的税率缴纳。跨市际联合体委员会和都市共同体委员会还拥有两种土地税、一种居住税的征税权。收入归整个联合体拥有，并在联合体范围内统一调配。如图卢兹联合体征收职业税后，把它的70%按上缴前的比例分配给各市镇，剩余留给联合体，用于联合体的各项开支。这样可尽量避免成员市镇为引进外资而开展的恶性税收竞争，缩小成员市镇税收间的差异，减少不平等。此外，国家还给予联合体一定数目的财政补助，增强联合体的财力。

特征三：积极发挥中央政府在地方政府间合作的作用。主要表现在这几个方面：（1）通过行政措施和行业发展规划消除地方行政边界对资源优化配置的阻碍。例如在公共交通方面，由于法国是以市镇为主体的地方化管理体制，单独一个市镇在构建交通网络时，无论是从资金上还是从地域空间上都不可能独立完成，只能局限于自身的行政区划。于是，交通行业的快速发展与行

---

① Walter J. Nicholls, "Power and Governance: Metropolitan Governance in France", *Urban Studies*, April 2005, Vol.42, No.4:783-800.

② Burkard Eberlein: "French Center-Periphery Relations and Science Park Development: Local Policy Initiatives and Intergovernmental Policymaking", *Governance: An International Journal of Policy and Administration*, October 1996, Vol.9, No.4:365-367.

政区域的划分产生冲突。为此，法国政府提出了"城市交通服务区"(PTU) 概念，规定如果单个市镇独立组织自己的城市公交，PTU 就是其市域行政边界；如果若干个市镇共同组织建设城市公交网络，FTU 就是这些市镇行政辖区的总和。这样就使法国巴黎大区的公交网络建设发展彻底摆脱了行政边界的束缚和行政管辖的影响，使城市公共交通得以按照网络发展的自身规律和需要进行建设。

（2）通过设立相应的中央机构以协调区域经济发展以及各地在资源配置上的冲突。法国政府在 20 世纪 50 年代设立了计划总署，开始推行五年计划以及中期计划；20 世纪 60 年代，法国先后成立"国土整治和区域行动评议会"及"国土整治全国委员会"等常设机构，负责协调地区整治行动，解决地区发展差距问题；80 年代初社会党执政后，又进一步改革了计划的实施方式，由各地区成立"地区计划委员会"，制定本地区的经济、社会和文化发展计划。中央政府则通过签署"国家—地区经济发展合同"，以多种方式扶持地区经济发展。这些中央机构的重要职责就是协调区域经济的不平衡发展，以及资源在各地的均衡配置。（3）实施国土整治政策。所谓国土整治，主要是指缩小地区间的发展差距，在政府的推动下对国土进行平衡整治。这是二战后法国政府对经济发展进行宏观调控的主要方式之一。为实现区域经济协调发展，法国政府加大国土整治力度，制定了一系列区域经济发展远景规划，重点整治西部、西南部、中央高原和东北老工业区等区域。上世纪 80 年代初社会党执政后，国土整治计划将过去缩小地区差距的目标，扩展到了教育、就业、培训、环保等各个方面。事实证明，法国国土整治政策的实施，对缩小地区差距起到了积极作用，西部地区经济发展明显加快，某些发展中的农村地区和外省大城市的经济活力明显增强。

三、总结与评价

首先，中央集权下的有限合作，这是单一制下的地方政府间合作的最为重要的制度特征。中法两国都是典型的中央高度集权国家，这是诸多主客观因素共同作用下的必然选择。中法两国都有悠久的中央集权制度的传统。两国都在封建社会里形成和发展了专制主义中央集权制。法国是欧洲大陆最典型的中央集权国家，在路易十四"大独裁者"时代就完全奠定了中央高度集权制。中国自秦始皇建立统一的多民族国家以来，统一的中国一直采用中央高度集权制。这种中央高度集权的政治传统深深影响着现代法中两国的政治体制。同时，中法两国都存在民族与地区发展不平衡问题，需要政治上的统一。中法两国都是多民族国家，各民族之间利益冲突需要一个中央权力来调和控制，防止国内民族问题扩大化以及民族分裂势力。尤其是我国，民族问题及地区发展不平衡问题一直是我国政治体制中的重中之重，是各项体制改革所必须首要考虑的方面。

单一制下的地方政府间有限合作，这表现为：（1）合作事务的政策制定权最终归属于中央政府。它将一切领域重大问题的最终决定权集中于中央政府，有利于实现全国的政令统一，有利于破除封建割据势力和各自为政的现象，实现国家立法、司法、行政统一；（2）中央政府是地方合作博弈的最终决定者。单一制只有一套权力系统和政府体系，从中央到地方的机构设置整齐划一，不存在二元权力机构之间的法定分权和彼此博弈。（3）中央政府是区域一体化的有力推动者。尽管地方政府间合作，有利于区域性公共事务的管理，有利于区域市场的实现。但是，地方政府间合作的效率有限。由于单一制实行统一的经济政策体系，这为破除了地方各自为政的小经济体系提供了体制保障，更有利于消除了商品自由流通的国内障碍，有利于建立统一和竞争性全国市场体系。

然而，单一制下地方政府间合作是有限的，这也带来很大弊端。例如，中央政府事无巨细大包大揽，制约了地方政府的主动性和创造性；高度集权的体制容易导致官僚主义和个人专权以及体制腐朽和制度僵化，这些都限制了地方政府间合作的发展。

第二，由于地方政府合作的政策自主选择空间较大，合作条件下的地方政府具有机会主义行为的较大可能性。 当前，分权体制下的地方政府拥有诸多权力，其合作手段与途径选择的自主空间较大。其原因有二：一是中国的地方政府在正式的财政制度之外存在大量非正式的财政关系。对于大量存在的预算外收入，地方政府具有事实上的决定权和支配权。在进行基础设施建设时有相当大的自主决定权；二是地方政府有一定的政策制定权，能根据实际情况，制订富有弹性和切合自身需要的税收政策、引资政策。

制度经济学中的"机会主义"（opportunism），源于描述"经济人"具有机会主义倾向,即人在实现自我利益的考虑和追求时,具有随机应变、投机取巧,为自己谋取更大利益的行为倾向。地方政府间合作中,地方政府为了追求自身利益,在转轨时期各项制度不完善的前提下,极有可能采取机会主义行为的做法,如地方保护主义、基础设施的重复建设、优惠政策的过度供给等行为。地方政府的机会主义行为给合作秩序带来许多不利因素。

最后,合作重点逐渐由非制度化合作转向制度合作,由无序合作转向有序合作。处于政治经济体制改革进程中的地方政府间合作表现出许多非制度化、不稳定的过渡性特征。一方面,是中央政府角色"缺位",未能及时提供有效的政策或制度保障。虽然地方政府的自主权日益增大,但在单一制国家的制度背景下,中央与地方政府之间仍然是领导与被领导的关系,地方政府的府际合作离不开宏观环境上的相关改革和制度保障。因此,中央政府应当在宏观层面上积极进行职能转变与制度创新,包括在税制、政企关系、自由市场、社会保障等方面,为府际合作创造良好的制度环境。

另一方面,府际合作的组织形式制度化程度相对较低,其组织形式相对较为松散。例如,中国府际合作很多都是靠地方领导人来推动的,一旦地方领导调动便容易使合作机制架空;而且当前我国的府际合作,还停留在各种会议制度与单项合作机制和组织,一般采取集体磋商的形式,缺乏一系列成熟的、制度化的机制与组织。

随着地方政府间合作的深入,有关地方政府合作的机制将进一步健全;随着市场经济体制改革的进一步深入和完善,一个统一、开放、竞争、有序的大市场必将形成;随着依法治国、依法行政进一步实施,地方政府的机会主义行为必然会减少;随着民主政治的发展和公民社会的成熟,"第三部门"对政府行为的监督与约束也将越来越大。这些都有利于地方政府在合作中采用有利于维护有序合作的行为,推动合作从无序走向有序。

第三节 联邦制下的地方政府合作

在当今世界上,总共有20多个国家实行联邦制,其中的代表性国家有美国、加拿大、俄罗斯、德国、瑞士、奥地利、巴西等国家。这些联邦制国家虽占世界近200个国家中的极少数,但却占了世界领土总面积的二分之一和世界总人口的三分之一。联邦制的地方政府关系具有以下基本特征：(1) 各成员政府是独立的主权政府，保持着内政和外交的独立性；(2) 各成员政府没有设立最高立法机关和行政机关，没有创立统一的武装部队，也没有确立统一的赋税和预算制度；(3) 联邦一般设有协商机关，其成员由各成员国的政府首脑（或派员）组成，其职能是商讨涉及各成员国的重大事宜；(4) 联邦活动以各方签订的条约为基础；(5) 成员国有权选择在适当时候自由退出联邦。①

一、美国的地方政府间合作

政治学意义上所言的美国地方政府，指州政府以下的各级承担着公共服务功能的组织。据统计，在美国 50 个州之下，共有 83166 个地方政府，主要包括：县、乡镇、自治市、学区和其他特别区，加上数以万计的准政府组织，所有这些组织单位，构成了庞大的、有机的美国地方政府体系。② 显然，地方政府和州政府都是区域合作的重要角色。

地方政府间合发展的制度环境，最大特点是地方自治。美国的政府系统由联邦政府、州政府和地方政府三个层级组成，分别具有各自独立的政府权威和管辖领域，实行多中心治理和法定分权体制。美国各级政府实行自下而上的自治体制，在宪法范围内，一切都由选民说的算。各州和各地地方政府都有自己的法律。选举产生的地方政府官员不仅仅有市、镇长和议会议员，地方政府重要部门的领导人也是由选民直接选举产生的。自治式的社区管理和独立的学校管理区；美国在市政府下设有若干个"居民服务中心"或者叫做"小市政府"，他们在各自的区域内为当地居民提供服务。在美国，基础教育是地方政府最关注的内容，几乎所有的学校管理区不仅在行政上，而且在财政上也是独立于地方政府的。同时，地方政府的决策过程透明公开。其决策特点一是听证，二是公开，三是重大问题要提交全民公决。美国地方政府有一个共同特点，那就是每个地方政府都有几百名选民参加各种委员会、理事会来参与决策，尽管其投票率较低。③

---

① 谢庆奎、杨宏山：《府际关系的理论与实践》，天津教育出版社 2007 年版，第 50 页。
② [美] 文森特·奥斯特里姆等：《美国地方政府》，井敏等译，北京大学出版社 2004 版，第 1 页。
③ 高新军：《美国地方政府的治理：案例调查与制度研究》，西北大学出版社 2005 年版，第 2—21 页。

随着经济的飞速发展和人口的迅猛增长，美国地方政府之间的合作程度也呈上升的趋势。那些地理位置上相邻的地方政府，合作关系十分重要。尤其是在公共安全领域里，这种合作的重要性更为突出。例如，在美国一些大城市的市郊，相邻的市政府都签有互助条约，保证在必要时提供援助。这类条约规定，如果在大规模的自然或人为的灾难影响下，一个市政府的领导层不能执行其功能，临近市政府的市长或最高行政长官（CEO）会来帮助处理日常工作。由于此类条约都由地方政府的议会正式签署，他们都具有法律效力。

美国地方政府治理的理念，已经由传统的以权威为主的旧地方主义，转变为强调权力或资源互依和区域合作的新地方主义。美国学者 Christensen 把美国地方政府间伙伴关系的类型，从各自独立运作到政府机关合并，并分为七种不同程度的合作关系：交换信息；共同学习；评估与商讨；共同计划；共同负担财务支出；联合行动；合资经营。[1] 各地方政府希望能够跨越行政区域的界限，通过以政策议题为导向，建立伙伴关系，整合资源以发挥协同作用，进而提升整体区域的竞争优势。

美国地方政府间合作的形式多样化，涌现出非正式合作（informal cooperation）、府际服务契约（inter-local service contracts）、合作协定方式（joint-powder agreements）、正式或非正式的组织间合作（formal and informal interagency collaboration）、城市联邦制（federate government system）、兼并（annexation）、区域性的特区及管理局（regional special districts and authority）等地方间政府的多种合作模式。特别是对那些资本密集型的、规模效益明显的、影响面较大的公共问题，人们则寻求建立跨县、跨市或跨市县的特别区。政府间合作不仅有横向的，即地方政府间合作，也包括纵向的合作，即地方政府同州政府之间的合作也在不断地加强。正是这种有效的合作，较好地解决了地方政府间的矛盾冲突。

地方政府间合作，往往围绕跨地区性公共物品的供给而形成合作网络。这种合作网络通过政府间协议，即本地政府与其他政府所作的安排，旨在向本地公民提供服务。合作网络主要有三种形式：（1）政府间服务合同。由本

---

[1] Christensen, K. S., *Cities and Complexity: Making Intergovernmental Decision*, London: Sage, 1999.

地政府向另一个政府（向本地居民提供了某种服务）支付费用。有半数以上的市、县政府签订了政府间服务合同。合作服务最多的是监狱、排污处理、动物管理和税收。(2) 联合服务协定。两个或更多的政府之间为共同规划、融资和向所有居民提供某种服务而签订的协议。60%的市和54%的县签订了这种共同服务协定。提供最多的服务是图书馆、警察和消防部门之间的通讯、消防和垃圾处理。(3) 政府间服务转移。将一个政府的职责长期转让给另一个实体、政府、私营公司或非营利组织。职责转移的领域多在公共工程和设施、卫生和福利及普通政府和金融。

当政府间合作发生矛盾或需要合作各州进行自我协调，这种协调通常是通过签订具有约束力的双边或多边法律协定或行政协议来实现。各州所签契约受美国法律保护，具有法律效力。洲际协议应用于各领域中，包括环境污染、自然资源保护、能源的开发利用、公共事业、税收和洲际审计等。在服务领域，最近也有突飞猛进的发展趋势，例如，心理健康、高等教育、精神问题等。[①]洲际协议被各州视为政府间合作的上优途径，成为各州用来解决地区间合作最重要的手段之一。

在地方政府间合作中，采取灵活多样的措施来限制和防范彼此过度竞争而造成的损失。除了美国联邦政府在税收法中严格限定各州和各地区发行免税工业债券和工业发展债券的权力、以减少国家税收的流失和抵制地方不顾经济风险的冒险投资行为之外，各州与地方常采用"收益—支出"的评价，要求投资方提供业绩报告等手段来抑制恶性竞争、协调利益冲突。通过规范恶性竞争，进一步推动了地方政府间合作关系的发展。

二、加拿大的地方政府间合作

加拿大的政治体制属于君主立宪制，英国女王是加拿大官方意义上的国家元首，其权力仅限于国家宪法和法律所规定的范围，其地位由联邦政府的总督和省政府中的副总督代表。加拿大又是联邦制国家，在联邦制度下，制定和执行法律的宪法权力分给了联邦政府和多个有选举权的政治单位。"在

---

① 何渊：《洲际协议——美国的政府间协调机制》，载《国家行政学院学报》，2006年第2期。

加拿大，地方政府是一个宽泛的概念，包括城市和许多经常被称为中介组织、董事会和委员会之类的地方性专门组织。多数人倾向于将地方政府和市级政府等同起来。"① 为了使研究更加贴近现实，以下论述将市级政府纳入到地方层面中进行分析研究。

加拿大是一个联邦制国家，其地方政府是指联邦政府和省政府以外的其他政府。"加拿大的地方政府主要由市政府即村、镇、城市，以及农村地区的县或者说市区（Municipal Districts）和学区组成。"② 加拿大的地方政府是一个十分复杂的体系，不同形式的地方政府有着不同的组成方式和不同的职能。

市政府（Municipality Government）。加拿大的城市和中国的城市概念不同。加拿大的城市绝大多数很小并具有乡村的特点。一般认为，城市包括市、镇、村等多种类别。但是，加拿大统计局把1000人以上的居民点作为城市，按照这个标准，加拿大有4600多个城市，大约三分之一在魁北克省，萨斯喀彻温省位居第二，有800多个城市，纽芬兰省有接近500个，安大略省有450个左右。③ 市级地方政府是加拿大地方政府最普遍、最主要的形式。市级地方政府的组织形式分为两种：议会委员会制度和市行政管理制度。从省政府的角度看，市级地方政府的职能分为两部分：授权的职能、自愿行使的职能。授权的职能是省政府要求地方政府必须履行的职能，如治安、社会福利等职能。自愿行使的职能是地方政府根据本地情况、政府财力等因素自行决定行使的职能，地方政府只要不违法，可以行使任何职能。

地方行政区（Regional Districts）。在加拿大，城市与城市之间的区域，单个城市往往不能管理，而这些区域也需要提供政府服务。为了对这些地区进行管理和服务，地方行政区应运而生。地方行政区的管理结构基本相同，由选民选出的理事会行使职能。地方行政区的职责有两个方面，一是履行省

---

① ［加］理查德·廷德尔、苏珊·诺布斯·廷德尔：《加拿大地方政府》，北京大学出版社2005年版，第2页。

② ［加］梅尔维尔·麦克米兰：《加拿大西部的农村地方政府》，载沙安文、沈春丽主编：《地方政府与地方财政建设》，中信出版社2005年版，第398页。

③ ［加］理查德·廷德尔、苏珊·诺布斯·廷德尔：《加拿大地方政府》，北京大学出版社2005年版，第2页。

政府授权的职能；二是履行向各选举市服务的自愿职能。省政府授权的职能相对较少，一般只包括行政区的规划、发展战略等公共性的事务。向各选举市服务的自愿职能一般不需要得到市或者选民的同意就可以提供，这些服务通常包括商业管理、集会控制、宵禁管理、排污、老年人住房供给、电气化管理、洪水控制、健康中心管理、家庭看护、码头管理、居民身份证管理、旅游市场管理和受害人援助等很多方面。①

土著民族特别区（Aboriginal ethnic special zone）。加拿大的土著民族包括许多不同的民族，包括印第安人、因纽特人等②。土著民族特别区是在土著民族居住的地方建立的一种普通的、综合性的地方政府。包括印第安特别区、因纽特特别区等。这些特别区的职能和市的职能接近，包括征税、制定评估财产税和业主补助金的法规等等。

特殊的地方政府（Special local government）。包括学校特别区、地方医院特别区、地方图书馆特别区、发展特别区、岛屿责任区，以及多种形式的城市委员会、社区卫生服务社团、水使用者社区、局部地区和地方社区等地方政府组织。

加拿大地方政府间合作，具有以下特征：

首先，治理理念由管理到合作的转变，强调政府合作和重组。加拿大地方政府的改革主要以公民为中心、更加贴近居民需求宗旨。地方公共事务的治理绝不能仅仅依靠地方政府，需要将视野扩展到与其他层级政府、私人部门、志愿部门和市民的合作。地方政府采取出售、公开竞争或委托等方式，将原来由政府承担的职能直接交由私人来承担，或者将部分地方政府的职能交由准自治的、非政府组织去承担。

政府合并与重组，是加拿大地方政府间合作的重要形式。在20世纪后期开始，省政府开始推行城市合并，目的是建立足够大的单位来承担职责下放。如温尼伯格附近的9个市级政府合并成了一个近70万人的大都会区，新多伦多市由六个相邻的城市合并而成，人口达到了240万，比加拿大5个省的人

---

① Katherine A. Graham, Susan D. Phillips, and Allan M. Maslove, *Urban Governance in Canada*, Toronto, Harcourt Brace & Company, 1998, p.130.

② 阮西湖：《加拿大民族志》，中国社会科学出版社1986年版，第92页。

口总数还多。推行地方政府合并的依据是：合并会产生节约。但是，合并带来的利弊得失争论不断，对合并是否明智合理仍然众说纷纭，莫衷一是。从有利的方面来看，行政费用减少，城市合并有利于推行统一的政策，带动整个区域的经济和社会服务的发展。①

其次，地方政府积极寻求自治，通过合作减少行政成本。相对于中央政府权限而言，地方政府权限涉及的法定范围是地方政府管辖的地域范围和地方政府管理的事务范围。地方政府行使权力时，不能超越法定的地域范围和事务范围。②根据1867年《不列颠北美法案》(British North America Act)和1982年《宪法法案》(Constitution Act)，加拿大地方政府的职责由省政府规定，地方政府受省政府的领导和管理。③由于地方政府权力不具有主权性，地方政府的存废、地方政府权限范围的确定和变更，都不取决于地方政府自身。省政府通常通过法律规定地方行政建制，确定地方政府单位的层级，划分或变更地方行政区域。地方政府是治理法定范围的政府单位，它治理的地域范围只能是法定的行政区域，它的治理权限只能在所管辖的法定行政区域内存在，不能超越省政府划定或认可的行政区域。地方政府制定的地方性法规等只在地方政府所辖行政区域内具有效力，对其他行政区域不产生效力。此外，加拿大的省政府有权以法律的方式划定地方政府对社会公共事务的权限范围。这种权限划分主要取决于社会公共事务利益所涉及的范围，社会公共事务所涉及的地域，处理社会公共事务所导致的结果和影响等。

为此，地方政府积极争取地方自治，寻求最大的财政支持。从20世纪90年代开始，加拿大府缩减了对省级政府的转移支付，将一些与省级政府分享的权力如农业、林业、自然资源等，逐渐加大省级政府分享的比例。相应地，

---

① 但是合并也带来了后遗症，如多伦多市级政府经过十年的磨合仍然不能彻底地融为一体，政府的工作效率不升反降。同时，原来工酬不相同的城市合并后工会要求同工同酬，劳工费用大幅上涨。因此，更多的观点倾向于合并的弊大于利。很多研究者以种种数据来证明，大的地方政府并不是更有效的政府，地方政府的合并不但没有达到节约的目的，更使得市政支出节节增长，政府部门的回应性也有所降低。资源的使用在一个大的地区可能倾向于公平，但是毫无疑问，对原住地区的居民来说，这也是对资源的掠夺，削减了创造更多的资源的积极性。

② 徐勇、高秉雄：《地方政府学》，高等教育出版社2005年版，第62页。

③ 在加拿大，联邦政府有关地方政府的决定和政策，都必须通过联邦政府与省政府的协议来贯彻。王立民：《加拿大法律发达史》，法律出版社2004年版，第75页。

省也缩减转移支付并把责任下放到地方政府，按照"受益原则"实施了一系列的职能重配、下放与解除。地方受益的服务主要由地方政府提供，全省公众普遍受益的服务或地方政府不能提供的服务由省级政府提供，从而减少职能重叠，减少省级政府的管制，增加地方政府的自主权。

考察安大略省重组的模式与经验，发现它在改革过程中主要遵循的重要原则就是有利于节约。在大多伦多城市合并过程中，合并的支持者一再强调的是克服割裂、减少重复和促进节约。安大略省市政事务部反复强调，"通过地方重构调整，安大略省的各个城市正在消除浪费和重叠，以更低的成本提供更好的服务"。安大略省经过地方合并之后，城市委员会的数量减少了2000人；而新多伦多城的合并，使政府开支每年减少至少三分之二。

加拿大地方政府间合作的成功经验之一，在于设置独立的议事协调结构和订立行政协议。为了面对共同事务，一般设置常设机构。例如，加拿大环境部长理事会（简称CCME）创立于1961年，是为推动环境治理跨部门协调而专门设立的机构。它由联邦10个省和3个大区的共14位环境部长组成，每年召开两次会议讨论环境问题。这种议事协调机构设有比较规范的规章制度和常设执行机构。比如举行常规的会议，作记录，写愿景和目标声明，向全体成员和广大公众进行报告。这些机构有成本预算和来自相关利益部门或组织的固定投入，这是组织正常运行的物质保证。所有参与方都要有所贡献，不仅仅是金钱，这些贡献还可能包括信息和知识、劳务、影响力、测定和社会许可、技能和专门知识。

行政协议也成为地方政府间合作的基础。行政协议是对有共同目标且需要协作的政府部门合作事务的安排，涉及相关主体的权利和义务，是跨辖区协作长期的制度化安排和合作的开始，它以地方政府主动、自愿、信任为前提。加拿大政府的跨辖区协作机构都有行政协议式的文件，这是地方政府间合作的行动依据。例如，西部平原省份水资源理事会相关部门就参加了比例分配总协议，该协议建立起现今跨边界东向河流水资源管理的框架；加拿大火灾管理资源是在加拿大跨机构互助资源共享（MARS）协议的正式基础上建立的。总之，加拿大地方政府间合作协议的运用范围广泛，从环境保护到交通管制、从对服务领域的规范到刑事正义的实现，从传统的边界纠纷的解决到河流及水资源的管制。

三、总结与评价

联邦制下的地方政府间合作，最大的特点就是地方自治。 不同地区的人们为了实现共同的经济利益、政治利益和安全利益等目标，产生了横向联合的愿望和要求。联邦制下地方政府间合作的特征有哪些？最重要的是地方自治，具体表现为制度化法制化的分权和政策与政治下放。

联邦制能够有限减除中央集权对自由权构成威胁。通过把权力授予州政府与地方政府，使得每一级政府各自在其范围内具有最高权力。最接近民众的州政府和地方政府事实上起着制约国家政府的作用。和国家政府相比，民众本能地感到州政府和地方政府是他们所能控制的。无论在理论上还是实践上，联邦制都在限制权力的框架下，满足了地方和国家的需要。联邦制通过政策和政治下放，能够满足解决地方自治问题的需要，有助于民主。

联邦制下的地方政府有利于扩大人们对政治与政府的参与，从而促进不同利益相关者在地方合作中的利益实现。美国、加拿大是地域辽阔复杂的国家，也是一个移民国家，不同的种族、民族和宗教把不同的文化和道德价值带到社会、经济和政治中。如果没有有利于表达分歧和满足不同需要的机制，对这样一个国家实行民主管理会困难得多。在联邦制国家中，公民对区域性公共事务的意愿表达，让更多的人参与决策过程，有利于满足与实现区域共同利益。

当然，联邦制下的地方政府合作也不是完美无缺的。首先，联邦制最大的危险在于政府间关系处理不当可能引起地区分离主义，有的甚至可能导致地方分裂甚至国家解体。其次，联邦制的政府间结构复杂，政府运作费用庞大。联邦制国家同时存在着两套互不统属的政府体系，联邦政府和各成员政府分别制定有各自的宪法，分别设立有彼此独立的立法、行政和司法机关。这种双重政府体系使政府组织结构十分复杂，政府运作开支十分庞大。最后，联邦制相对松散的府际结构使得行政管理呈现出相对松散的特征。

联邦制下地方政府间合作的另一特点，就是多途径的协调机制。 这种多途径，主要表现在参与主体的多元性、协调方式的多样性这两个方面。联邦制下地方政府间合作，强调地是多元主体参与。在地方合作过程中，中央政府、地方政府、区域协调机构、企业、居民等，都是参与者、管理者和服务者。这种地方治理体系结构意味着在合作性公共事务的生活中，存在着政府、市场和社会这三种力量。这些力量分别作为独立的决策主体围绕着特定的公共问题，遵循一定的程序和规则，参与共同关注的议题。

联邦制下的地方政府间合作，其协调方式既有以行政权威为背景的府际协议、行政裁决与协调、财政手段等，也有以市场和社会的协调模式。例如，公民社会参与和监督政府招商引资行为，有效督促各级政府的权力合法运作，防止地方政府合作的机会主义行为；同时，公民社会通过影响政府的政绩评价标准，改变各级政府过于重视经济发展的行为。

市场途径也是协调地方政府间合作的重要机制。地方政府间合作中，不少内容涉及到统一区域市场和产业合作的；而市场机制的完善，必须遵循市场自身的规律。为此，除了依靠行政力量外，还必须是价格、竞争等市场机制来实现资源配置。因此，要健全市场机制，消除各种地方性的法律法规，实现生产要素在区域内自由柔性流动；同时，在资源的优化配置与合理分工的基础上，促进产业结构科学化、合理化、高级化。

第四节 比较与启示

一、比较

世界各国的地方政府合作关系具有多样性，有是在单一制国家下，有的是在联邦制国家下。任何地方政府间合作，都是在既定的社会环境中形成，并在与环境的相互作用中得到调试和发展。然而，即使是实行同一类别的地方政府间合作关系模式，由于不同的地理环境、社会因素、经济因素、历史和文化因素影响，具体情况也有所差异。在此，对单一制和联邦制下的地方政府间合作进行比较。

在合作主体上，单一制下的地方政府间合作，应该是以政府为主导的、市场与社会共同参与的府际合作关系模式；而联邦制下的地方政府间合作，更多地表现为政府、市场与社会共同参与的府际合作关系模式。上述合作模式的主体差异，是由制度环境决定了选择该模式的必然性：一方面，单一制国家下的中央政府（上级政府）拥有配置资源的绝对性权力，地方政府必须服从中央政府（上级政府）的裁决与调解；其二，由于中央政府在资源配置中处于的主导地位，市场机制和企业的主体性地位没有完全确认，同时公民社会尚未成熟，这些条件都决定了地方政府间合作中的政府主导地位。

与之相反，联邦制下的制度环境却大相径庭。在合作机制上，单一制下的地方政府间合作模式主要以行政权威为背景来进行协调。其具体手段，有行政调解与裁决、区域产业规划、财政手段、区域性组织机构、府际间协议等途径。因此，单一制下的地方政府间合作，更多地是依靠行政力量在推动；而联邦制下的地方政府间合作模式，是多途径的综合运用，包括政府、市场、社会等多种力量在推动，而不仅仅只有政府。

在合作绩效上，单一制下的地方政府间合作有利于各地区统筹发展，下活全国"一盘棋"；通过行政强制手段来对合作矛盾进行控制与解决；增加政府间的信任，使地方政府之间的行为更具有可预见性。然而，单一制下的地方合作还带来一些消极效应：如地方政府具有追求利益最大化、采取机会主义行为的天然属性；"本位主义"阻碍了区域合作；由于中央政府角色"缺位"，未能及时提供有效的政策或制度保障。因此，地方政府间合作在某种程度上低效率的现象。

联邦制下地方政府间合作更强调地方治理。在跨域公共事务的治理中，主张多元利益主体的合作治理。联合国全球治理委员会的研究报告认为，"治理是个人和公共或私人机构管理其公共事务的诸多方式的总和。它是使相互冲突的或不同的利益得以调和并且采取联合行动的持续的过程。"① 因此，联邦制下的地方政府间合作，与在单一制背景下相比更具有活力。

联邦制下的地方合作也不是完美无缺的。联邦制最大的危险在于政府间关系处理不当可能引起地区分离主义，有的甚至可能导致地方分裂甚至国家解体。由于联邦制国家同时存在着两套互不统属的政府体系，即联邦政府和州政府分别制定有各自的宪法，分别设立有彼此独立的立法、行政和司法机关。这种双重政府体系使政府组织结构十分复杂，联邦制相对松散的府际结构使得行政管理呈现出相对松散的特征。同时，由于受活动范围与领域的限制，且自治性与倡导性有限，法治化程度较低，公民社会在区域性公共事务的治

---

① 参见全球治理委员会：《我们的全球伙伴关系》，牛津大学出版社1995年版，第2页。转引自俞可平：《治理和善治引论》，载《马克思主义与现实》，1999年第5期。

理实践中受政府干预较多，不少非政府组织往往仅限于体制外活动，其作用的发挥有限性显而易见。

二、启示

通过对单一制和联邦制下的地方政府合作经验的梳理和总结，至少可以得出以下启示：

首先，地方政府间合作的推动力，政府、市场和社会均是重要因素。 针对跨界污染、交通拥挤、生产要素流动等问题，上述跨域性公共事务日益呼吁地方政府间合作。自由主义所带来的"市场失灵"，需要政府规划和引导作为补充。在政府合作的过程中，不同政府要制定好战略规划，避免资源的重复使用和浪费。更为重要的是，规划和引导还体现在区域产业结构的合理规划。现实表明，产业结构的相同化，导致产业竞争加剧，并进引发一步导致地方保护主义、市场割据和生产要素的浪费等，这增加了政府合作的交易成本。因此，通过规划和引导来调整产业结构，无疑显得十分重要。

公民社会是地方政府间合作的重要推动力。借鉴公共选择理论，充分利用市场机制运作提高区域公共服务质量，即对于地方政府间共同关注的问题，如公用事业的建设问题、环境保护和公共卫生问题、公共安全问题等，各地政府可以"利用私人组织或半私人组织来提供公共服务"，通过政府间协议、合同外包、政府间服务转移等形式，向民营公司、非政府组织、非营利组织等购买服务的方式来解决，以此来满足合作局域社会民众的多样化需求，以竞争来促合作与发展。因此，非营利性组织等公民社会也是推动政府间合作的重要力量。

其次，有效的协调机制是地方政府间合作成功运转的制度保障。 这至少包括两个方面的内容：一方面，完善相关有关地方合作的法律制度的建设。"政府合作的制度短缺引发了大量的短期行为和盲目举措。"[1] 在地方政府合作过程中，要制定相关的法律法规。通过制定区域合作的法律法规来保持区域政策的一贯性和继续性，这也是国外市场经济国家通行的做法。英国区域政策

---

[1] 陈瑞莲、孟华、张紧跟：《当代中国的区域行政研究：缘起与发展》，载《公共管理研究》，中山大学出版社2002年版，第213页。

的开端就来自于1934年的《特别地区法》，以后区域政策的法制基本上就是通过一系列有关立法来实现的。而法治化也是美国协调地方政府合作的显著特点。每一领域问题的解决都是先行立法。地方政府的合作范围、合作方式，利益冲突的协调手段和程序等，都需要有相关的法律规定，这样才能保障政府合作的长期和有效发展，要不可能陷入恶性循环的竞争泥潭。

另一方面，建立相关协调机构是地方政府间合作有的组织保障。建立协调机构协调地方政府合作，几乎是所有人的共识。这是因为，地方政府间合作中存在着冲突与矛盾需要相关组织协调，而这些合作事务的协调、决策的落实和贯彻等亦需要一个机构来实现。纵观合作协调机构的实践运作，有两点值得强调：(1)协调机构应该建立在政府自愿和平等订立的契约之上。也就是这一协调机构要有权威性，其决策得到各方政府的支持和服从。这样，才能发挥协调机构的作用。(2)协调机构有自己的独立的财政来源和工作人员。机构的中立性是其权威性性的来源之一，一个具有明显倾向的机构，其决策和裁判很难得到服从。而有独立的财政和工作人员，是保持机构独立和公正的必要条件。汉密尔顿名言："就人的天性而言，对一个人的生存有控制权，就是对这个人的意志有控制权。"机构和团体也是这样。

最后，关注利益协调与整合是地方政府合作的另一重要发展趋势。利益协调是地方政府间合作的核心，建立和完善利益补偿机制对于地方政府间和谐关系构建至关重要。当前地方利益冲突的内容，集中表现为地方官员的晋升竞赛，产业结构的淘汰与升级、技术创新的扩散效应、人力资本的流失与获取、自然环境的破坏与保护。地方合作中恶性竞争、机会主义行为时常发生，这与利益协调机制低效密切相关。

经验表明，地方政府间合作关系与是否有完善的利益冲突与协调机制是直接相关的。因此，唯有健全利益协调与整合机制，才能使地方政府间合作关系持续、健康、深入发展。这就须解决以下几个问题：一是思想观念上，实现由传统的狭隘地方主义向相互依存、既竞争又合作的新型地方主义转变；二是地方利益的形成机制上，要妥善处理和解决中央政府与地方政府之间的权力集中与权力下放如何实现平衡、财政分税制下的税源与税种的合理化、区域经济内产业结构的合理布局等问题；三是利益协调的制度设计上，要创新一系列新型的利益分享机制与利益补偿机制，形成一整套制度化的议事和决策机制，以合理协调整个区域的经济发展利益，实现整体利益与局部利益的统一；四是机构设置上，设立切实可行的组织形式，为利益协调机制的执行提供有力保障。

第四章 合作的实质

"只有现代自由社会通过广泛促进跨界合作才能使合作利益在和权力利益的抗争中赢得上风。合作的可能性越多,合作利益便越会最终战胜权力利益,因为着眼于和平的赢利机会从长远来看比起通过使用强制或暴力形式对'政治租金'进行投机要有利得多。"① 地方政府之间往往通过合作的方式来达到双方的共赢。地方政府间合作是地方间依存关系发展的必然抉择。关于地方政府间合作的本质,有利益博弈学说、区域创新学说、跨域公共物品供给学说和区域公共政策学说。

第一节 合作本质的概述

一、利益博弈学说

地方政府间合作的过程,实际上就是成员主体利益不断冲突、妥协和协调的过程。地方政府间合作每前进一步,都蕴含着成员主体的利益重新调整和再分配,需要找到新的利益平衡点。尤其对政府而言,利益关系是政府之间关系中最根本、最实质的关系。政府间关系"首先是利益关系,然后才是权力关系、财政关系、公共行政关系。"② 因此,通过分析利益关系,在一定

---

① [德]米歇尔·鲍曼:《道德的市场》,肖君、黄承业译,中国社会科学出版社2003年版,第601页。

② 谢庆奎:《中国政府的府际关系研究》,载《北京大学学报(哲学社会科学版)》,2001年第1期。

程度上可以揭示地方政府间合作的普遍规律。

有文献用"绝对收益"与"相对收益"的概念，对地方政府政府合作进行利益分析。绝对收益（absolute gains）是指地方政府通过合作所能够获得的实际收益，是一种相对于成本的所得；相对收益（relative gains）则是指各地方政府通过合作所能够获得的相对于其他参与者的收益，它是一种合作参与者相互比较的结果，强调的是相互间的不平衡。合作收益在参与者之间分配不均，如果自己收益为负，也即自己在合作中的利益是相对受损的。绝对收益与相对收益对地方政府是否参与合作以及参与合作的程度具有重要影响。①

在对地方政府间合作进行利益分析研究时，必须合理确定利益相关者的内涵，进而为保障利益相关者的权益，构建利益相关者共同治理模式。由于地方政府间合作涉及中央政府、地方政府、企业、公民和非政府组织等诸多利益相关者，因此，合作过程中利益互动与利益博弈显得复杂。学术界关于利益博弈的学说诸多，大致可以梳理如下内容：

利益博弈的形式与内容。（1）地方政府间竞争是利益博弈的重要表现形式。布雷顿（Breton,1996）认为，政府间的合作关系与竞争关系，是府际关系的基本内容，而竞争性是政府的本质属性。政府间竞争中存在许多难题亟需解决，例如公共物品和服务的掠夺性定价、负外部性溢出、贸易壁垒、同盟勾结等问题。这些问题的解决，单凭通过地方政府间的合作机制很难建立起稳定的竞争，而需要中央政府来监督竞争。②（2）在内容上，利益博弈更多表现为区域公共事务的共同问题。在地方政府间合作进程中，由于区域公共问题引致的区域公共物品和区域外部性问题，诸如"搭便车"和"拥挤"现象、"公地悲剧"等。就具体内容而言，利益博弈集中表现在地方官员的晋升竞赛、产业结构的淘汰与升级、技术创新的扩散效应、人力资本的流失与获取、公共服务水平均等化、自然环境的破坏与保护。

利益博弈的分析工具。(1)区域经济学。地方政府间合作通常与区域一体

---

① 彭彦强：《基于行政权力分析的中国地方政府合作研究》，南开大学2010年博士研究生论文，第24页。

② Breton, Albert, *Competitive Governments: An Economic Theory of Politics and Public Finance*, Cambridge: Cambridge University Press, 1996.

化联系在一起，而区域经济学则是专门探讨区域经济发展的学科。围绕区域合作与协调发展，产生了诸多理论与学说，例如增长极理论、点轴开发理论、圈层结构理论、网络开发理论、区域产业梯次推进理论、空间结构理论等，这些理论从不同侧面解释区域合作与协调发展，代表人物有胡佛、弗农等人；(2)公共选择理论与博弈论。公共选择理论主要研究是集体行动问题，是一门介于经济学和政治学之间的新兴交叉学科。公共选择理论的基础是"经济人"假设，代表人物有布坎南、奥尔森等人。(3)新区域主义。新区域主义强调治理、讲求自愿合作、聚焦网络构建、注重过程、强调跨部门安排的做法。新区域主义有"治理而非管理；跨部门而非单一部门；协作而非协调；过程而非结构；网络化结构而非正式结构"的特征。[①] 新区域主义的代表人物有赫特纳、塞维奇和沃格等人。

利益博弈的治理机制。在理论上，对利益博弈的治理机制主要有三种：一是科层制，强调依靠行政权威来对博弈冲突进行规制，例如用行政裁决或行政协仲裁来协调利益矛盾，或者建立权威性的协调机构就博弈问题进行磋商与解决；二是市场机制，通过市场化的手段来协调利益博弈。从经济学意义上讲，市场机制主要通过包括价格机制、供求机制、竞争机制、风险约束机制、利率机制、工资机制等要素之间互为因果关系、相互制约的联系和作用对利益博弈进行制约；三是合作治理。合作治理试图超越"国家干预"与"市场调节"的两难选择，认为网络结构能有效克服上述两种协调机制的弱点，即超越国家和市场的多种自主组织及中间管制形式。[②]

二、区域创新学说

演化经济学是研究区域创新的重要工具。地方政府间合作关系，是不同个体、个体与整体之间的互动主义。霍奇逊(Hodgson)认为，任何社会经济

[①] 张紧跟：《新区域主义：美国大都市区治理的新思路》，载《中山大学学报（社会科学版）》，2010年第1期。

[②] Keith G. Provan, Patrick Kenis, "Modes of Network Governance: Structure, Management, and Effectiveness", *Journal of Public Administration Research and Theory*, August 2, 2007, JPART 18:229-252.

现象都不能仅仅由原子式的独立个体来解释，还必须包括个体间的互动关系（例如，制度），而这些关系的存在和变化是不能完全由个体的微观动机来解释的。① 因此，在社会与经济系统中，个体与制度是共同存在的，演化经济学的方法论应该是个体与制度的互动主义。这意味着一方个体的偏好和行为决策是受到制度的塑造和影响，另一方个体具有能动性能够选择或推动制度的演变，个体与制度之间存在相互反馈的关系。

熊彼特认为，创新在内容上，至少应该包括新产品开发、原料或中间产品的新类型、新市场建立、商业组织的新形式出现等。② 从系统科学的角度看，区域创新系统是个复杂的大系统，涉及区域内各要素以及结合方式。"创新是复杂的过程，它们是典型地依赖于新的社会技术构造、新的市场结构、新的主体、新的制度共同发展的过程"。③ 在内容上，创新系统的研究是以技术创新和制度创新为主要对象，研究所有影响创新产生、扩散和使用的，重要的经济、社会、政治、组织与其他方面的因素，以及如何由这些因素构成个创新效率高的有机整体。从演化经济学的角度来看，系统创新包括三个阶段，即特定环境与组织中创新的产生、社会技术体制对创新的选择和社会技术背景下的创新选择。

在地方政府合作中的创新层面，既有政府、企业等个体层面上的管理创新和技术创新，也有产业聚集性等区域层面上的创新。一方面，政府间通过合作，可以就公共物品和服务的供给，进行不断的管理创新和技术创新。在地方合作与区域企业一体化过程中，企业通过彼此沟通、联系，就有利于知识的传递和扩散；另一方面，在地方政府合作中，区域创新系统的运行导致产业集聚，而产业簇群聚集于特定的区域，形成空间集聚。区域创新系统的空间集聚过程以创新中心为源头，通过创新的梯度推移或反梯度推移，从核心区扩散到边缘区。

---

① Hodgson, G.M., "Meaning of Methodological Individualism", *Journal of Economic Methodology*, 2007, (14).

② [美]约瑟夫·熊彼特：《资本主义、社会主义与民主》，吴良健译，商务印书馆2002年版，第146—147页。

③ Jochen Markard, Bernhard Truffer, "Technological innovation systems and the multilevel perspective: Towards an integrated framework", *Research Policy*, 2008(37): 596-615.

不少学者从历史的视角对跨域公共物品供给的创新形式进行了分析。尼古拉斯·亨利对美国地方政府间合作采用了区域的途径进行规划。其区域改革运动从1900年至今,经历了五个阶段,从大都市地区的规划,历经国家规划、州以下的区域主义、大华盛顿远离、绿色规划直到现在的复合型合作。合作领域和主题从最初的城市建设到交通规划、经济发展、固体废弃物、土地使用、住宅、水质量基础设施的改善以及自然资源发展到环境规划和保护等。跨域公共物品的供给,既有微观的邻里治理模式,也有中观的地方政府间合作协议。① Meek指出,在美国大都市管理中,出现了联邦—州—地方统治范式向全球—区域—邻里治理范式的转移。②

在演化进程中,技术创新和政策创新是共同演化的。纳尔逊(Nelson)强调,技术和制度应该被理解为共同演化的。这是因为技术进步的速度和特征受到支撑它的制度结构的影响,制度创新也是强烈地以新技术在经济体系中是否和怎样被接受为条件的。纳尔逊认为,制度可以被理解为相关社会群体所掌握的标准化的社会技术,是一种协调联合操作的知识。同时,技术就不再是先前所理解的物质技术,还包括社会技术。在技术创新和扩散过程中,物质技术和社会技术是相互交织在一起的。③

值得强调的是,这种技术创新和政策创新。在本质上是属于知识创新,或者制度创新。哈耶克认为,所谓制度,就是为一种社会成员自发创造的并自愿遵守的共同知识的集合。在知识分工的条件下,分散的知识必须通过某种方式进行合作,才能够为大众所共享并促进社会经济的发展。以知识共享而形成的合作方式就是让不同形式的制度和谐共处,它构成了人类合作秩序的基础。④ 诺斯强调,制度提供人类在其中相互影响的框架,使协作和竞争的

---

① [美]尼古拉斯·亨利:《公共行政与公共事务》(第八版),张昕等译,中国人民大学出版社2002年版,第655—664页。

② Meek J.W., "Policy network: Implications for policy development and implementation", *A Journal of Faculty Papers*, 1998(11).

③ Nelson, P.R. and Sampat, B.N., "Making sense of institutions as a factor shaping economic performance", *Journal of Economic Behavior & Organization*, 2001(44).

④ [英]哈耶克:《法律、立法与自由》(第一卷),邓正来译,中国大百科全书出版社2000版,第54页。

关系得以确立,从而构成一个社会特别是构成了一种经济秩序。① 换而言之,"制度知识的功能在于通过提供'公共知识'减少博弈中的行为不确定性"。②

三、跨域公共物品供给学说

地方政府间合作,在本质上也是跨域公共物品与服务的一种供给方式;跨域公共物品的外溢性,也是诱使政府间合作产生的重要原因。众所周知,公共服务和公共物品具有非竞争性和非排他性,因此地方政府在辖区内提供时,不可避免地产生外部性。在地方本位主义思想下,对于正外部性不愿分享利益,而负外部性不愿承担责任。这就引发了地方政府间的恶性竞争和利益冲突,导致了大量的资源浪费、环境污染与破坏等。为了避免"公地悲剧"的现象和"搭便车"的行为,通过政府间的互动合作,共建跨域公共产品与服务的供给体系。

美国布鲁金斯研究所城市与都市政策中心主任布鲁斯·凯茨认为,日益严峻的环境、社会和治理问题,与区域密切关联的,因而需要区域性的解决方案,从而也需要打破政府之间、政府与社会之间权力界限的强有力的联盟。这个联盟的形成对于区域主义至关重要。区域主义者强调,通过政府间协议和公私部门合作的模式,一方面可以通过重组大都市区地方政府结构,建立大都市区政府,统一规划大都市地区的公共服务,以规模效益为标准,提供服务的效率和水平;另一方面,通过税收分享,解决中心城市的经济社会问题,从而改善整个大都市区的投资环境。同时,借助联邦政府的财政援助项目和州政府的相关立法,调整政府间协作,实施有助于大都市区经济、社会和环境协调发展的政策。③

跨域性是地方政府间合作的重要特征。这里的跨域包括管理权限、地方范围和组织边界的横跨。合作治理的对象是跨域性的公共事务和公共议题,

---

① LOASBY B., *knowledge, Institution, and Evolution in Economics*, London and N.Y.: Routledge, 1999, p.195.

② 汪丁丁:《制度成本,博弈均衡与知识结构》,见《在经济学与哲学之间》,中国社会科学出版社1996年版,第60页。

③ 转引自罗思东:《美国大都市地区的政府与治理:地方政府间关系与区域主义改革》,厦门大学2005年博士论文,第10页。

从经济发展到公共服务，从资源互助到人才交流，从公共事务常态管理到突发事件应急应变等领域，表4-1列出了政府间服务合作中最经常提供的服务。为了适应这种跨域性的治理环境，传统的科层制必须改革，由注重纵向的金字塔型的组织结构逐渐转向横向关系的联动与合作发展。

表4-1 政府间服务合同中最常提供的服务

与自治市签订的合作	与县签订的合作
警察/消防交流	精神健康
图书馆	图书馆
污水处理	警察/消防交流
火灾预防与控制	监狱/拘留所
监狱/拘留所	固体垃圾处理
固体垃圾处理	老年人项目
紧急医疗/医护	紧急医疗/医护
动物控制	公共健康诊所
娱乐设施	规划/分区
供水	火灾预防与控制

资料来源：马斌：《公共服务中的政府间合作》，载《学习时报》，2009年5月4日，第006版。

跨域公共物品供给是一种多中心治理模式。所谓"多中心"，根据文森特·奥斯特里姆的观点，多中心治理结构意味着在地方的社会生活中，存在着民间的和公民的自治、自主管理的秩序与力量，这些力量分别作为独立的决策主体围绕着特定的公共问题，按照一定的规则，采取弹性的、灵活的、多样性的集体行动组合，寻求高绩效的公共问题解决途径。[①] 多中心治理体系结构意味着在地方政府间合作中，存在着政府、市场和社会这三种力量。中央政府、地方政府、区域协调机构、企业、居民等，都是跨域公共物品与服务的参与者、管理者和服务者。

跨域公共物品供给也是一种网络治理。所谓"网络化"，是由多个独立

[①] ［美］迈克尔·麦金尼斯主编：《多中心体制与地方公共经济》，毛寿龙译，中国人民大学出版社2003年版，第113—116页。

的个人、部门和企业为了共同的任务而组成的联合体，它的运行不依靠传统的层级控制，而是在定义成员角色和各自任务的基础上通过密集的多变联系、互利和交互式的合作往来完成共同追求的目标。①"网络化治理"可以说是跨行政区合作的最高境界。它既强调了同级政府内的跨部门合作，又把公私部门以及与公民的联系纳入其中。通过强调制度化、经常化和有效的"跨行政区"合作以增进公共价值。②

在地方政府间合作中，跨域公共物品的供给模式主要有：中央政府主导下的地方政府合作模式、地方政府间平行合作协调模式和多元驱动网络模式。（1）中央政府主导下的地方政府合作模式。地方政府间合作是通过中央政府的行政命令或政策支持的方式而得以实现，这类模式往往是通过中央政府成立跨行政区域的协调机构或者要求地方政府成立具有一定权利的区域治理机构。虽然中央政府是主导，然而主角仍然是地方政府。地方政府在中央的推动下，彼此之间互动和协商。（2）地方政府间平行合作协调模式。地方政府基于自身利益的追求，具有主动合作的意愿，因此该模式下合作主体具有更强的自愿性，是平等的主体基于互信互利而主动寻求的合作协作。在这一模式下，中央政府不直接干预主导，而是赋予地方政府更多的自主权和选择权，具体形式也更加灵活。（3）多元驱动网络模式。合作的参与主体包括政府、企业、非政府组织和公民。特别是非政府组织和公民社会的力量不断壮大的背景下，全社会对于地方政府间合作的认同和需求不断提高。这一模式下，地方政府间合作的动力源自于广泛的议题驱动，合作领域更扩大，治理模式更加多灵活多样。③

四、区域公共政策的学说

区域公共政策是地方政府间合作对区域公共事务有效治理的基本实现路

---

① Ravid S. Achrol, Philip Kotler, "Marketing in the Network Economy", *Journal of Marketing*, Vol.13, p.146.

② [美]斯蒂芬·戈德史密斯、威廉·D.埃格斯：《网络化治理——公共部门的新形态》，孙迎春译，北京大学出版社 2008 年版，序第 2 页。

③ 张成福、李昊城、边晓慧：《跨域治理：模式、机制与困境》，载《中国行政管理》，2012年第3期。

径。正如戴维·伊斯顿所主张的那样：公共政策作为一种权威性的价值分配方案，是通过规范和引导公私部门、公民个人的社会行为，来有效地分配自然和社会各种稀缺资源。对某一具体政策而言，价值分配则是在与该政策直接相关的群体和个体范围内进行。[1] 具体而言，在地方政府间合作中，各利益相关者对区域公共事务进行充分的意愿表达、利益博弈和妥协，最终形成正式的区域公共政策。因此，通过对区域公共政策及其政策过程的研究，将进一步揭示地方政府间合作的逻辑进程。

经济学家弗里德曼（John Friedmann）认为，"区域政策处理的是区位方面的问题，即经济发展'在什么地方'。它反映了在国家层次上处理区域问题的要求。只有通过操纵国家政策变量，才能对区域经济的未来作出最有用的贡献"[2]。阿姆斯特朗（Harvey Armstrong）与泰勒（Jim Taylor）认为，"区域政策可定义为一组政策工具集，这些政策工具组合在一起是为了实现某些目标"[3]。此外，区域公共政策还被定义为"所有旨在改善经济活动地理分布的公共干预……实际上试图修改自由市场经济的某些空间结果，以实现两个相关的目标：经济增长和良好的社会分配"[4]。虽然上述对于区域公共政策的学理界定各有侧重，但它们都有着共同的逻辑起点，那就是区域公共政策是针对区域公共事务而采取的一种管理手段。

根据公共政策理论，区域公共政策一般包括公共政策问题的形成、公共政策的确立和公共政策的执行等关键环节。(1) 公共政策的形成。包括问题觉察、问题界定和方案研究设计等阶段；(2) 公共政策的确立。方案的提出后，就进入方案确立的流程。在这一阶段，不同方案将被比较、选择，最终选择一个多数认可的方案作为执行的依据；(3) 方案的实施。各利益主体为了实现地方政府间合作的目标，通过各种措施和手段作用于区域利益对象，使区公共事务有效治理得以实现。

---

[1] [美]戴维·伊斯顿：《政治体系：政治学状况研究》，马清槐译，商务印书馆1993年版，第21页。
[2] John Friedmann, *Regional Development Policy: A Case Study of Venezuela*, MIT Press, 1966:5.
[3] K. Armstrong, and J. Taylor, *Regional economics and policy*, Oxford: Blackwell, 2000:196.
[4] N. Vanhove and H. L. Klaassen, *Regional Policy: A European Approach*, London: Saxon House, 1980:43.

曼瑟尔·奥尔森分析了集体行动的逻辑，或许这将给区域公共政策的制定与实施予以借鉴。奥尔森认为，从理性的和寻求自我利益的行为这一前提可以逻辑地推出集体会从自身利益出发来采取行动，这种观念事实上不正确的。如果一个集体中的所有人在实现了集体目标后都能获利，由此也不能推出他们会采取行动以实现那一目标，即使他们都是有理性的和寻求自我利益的。①显然，按照奥尔森所描述的集体行动的逻辑，由于区域经济圈内涉及众多的利益主体，这无疑给确定利益协调方案带来很大困难。因此，区域公共政策确立过程中的困难向研究者们提出了研究课题，即人们必须回答研究是哪些政策能够顺利通过审议，形成为最终的公共政策。这就要求区域公共政策必须满足这些要求：一是方案应该在广泛依赖各方专家和顾问力量的基础上，依据科学程序，运用科学的方法和技术作出的；二是方案必须充分了解和反映各方利益要求、全面权衡各方利害关系，让各方都能从抉择中得到自己想要的东西，从而最大限度地实现双赢或多赢的结局。

第二节 利益博弈

地方政府间合作的本质就是相关主体的利益协调。在地方政府间合作中，不同利益主体围绕利益这一主题，彼此间展开博弈与互动；而推进与发展地方政府间合作，必须分析相关利益主体的博弈策略。本小节分析了地方政府与中央政府、地方政府之间，以及企业、公民社会、合作协调机构的利益互动与博弈。②

一、地方政府与中央政府间博弈

在地方政府间合作中，中央政府是合作发展的推动者、合作纠纷的裁决者和协调者，因此，地方政府与中央政府的关系复杂。一方面，地方政府是中央政策的执行者，在自己的辖区内落实中央的宏观调控任务；另一方面，

---

① [美]曼瑟尔·奥尔森：《集体行动的逻辑》，陈郁译，上海人民出版社1995年版。
② 汪伟全：《区域经济圈内地方利益冲突与协调：以长三角地区为例》，上海人民出版社2011年版，第五章第三小节。

中央政府又是资源分配的重要配置者，特别是与地方利益关系最为直接和密切的货币与财政、产业调控手段，基本上全部掌握在中央手中。因此，争取中央政府的政策扶持，一直是地方政府战略目标。

围绕着利益问题，地方与中央的博弈关系，用"上有政策，下有对策"形象地反映。具体而言，在财政上交基数核定时，地方要求降低上交任务而多留于地方，以增强地方实力；对财政下拨，则要求尽可能多拨一些，甚至不惜隐瞒地方政府税收的真实情况；中央多给有利于地方利益的政策，而地方有制定地方政策的更大的权力和余地。[①] 因此，地方在与中央的博弈中，基本上遵循了实现自身利益最大化为基本原则。

产业调整是地方政府间合作的重要内容。由于产业利益涉及诸多方面，如相关企业的发展、上缴的财政税收、就业人数、企业带动周边商业发展、相关行业的联动等。因此，产业发展是地方利益的重要体现。当某项产业投资能快速拉动经济增长时，任何一个地方政府都不能主动退出投资竞争，否则将要失去不投资带来的地区利益的损失。中央政府为了宏观经济结构合理性，就产业结构进行区域规划，并凭借地方政府合作的形式予以实现。然而，通过分析地方政府与中央政府间博弈的行为，发现产业结构的规划调整难以实施。

在产业结构调整中，中央政府采取产业政策比较贴近现实。中央政府会发布产业政策，行动在先，而地方政府对该产业有两种选择策略（进入，放弃）。在第一阶段，由中央政府进行选择，发布明确产业政策；第二阶段，由地方政府选择。如图 4-1 所示。图中右方括号内的数字分别表示地方政府和中央政府的收益水平。图中空心圆点表示位于该节点上的局中人将首先选择策略；实心圆点表示位于该节点上的局中人已经具备了所有信息，轮到他进行策略选择。

在上面收益分布下，如果中央政府鼓励地方政府发展某产业，地方政府当然会选择"进入"，收益为 100，总收益＝地方收益＋中央收益＝300 为最大；如果中央政府限制地方政府发展某产业，地方政府受地方利益驱使，同样会

[①] 管跃庆：《地方利益论》，复旦大学出版社 2006 年版，第 80—87 页。

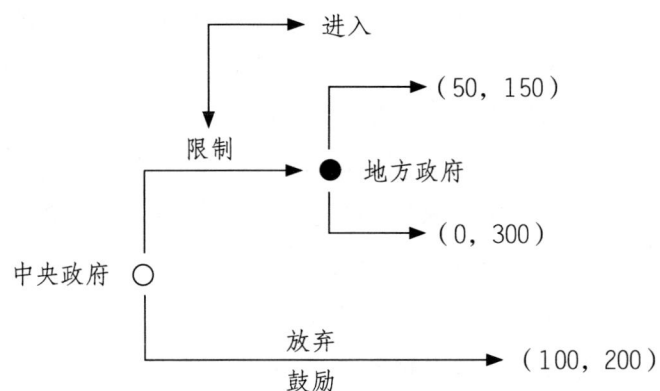

图 4-1 完全信息动态条件下的地方政府与中央政府间的博弈

选择"进入",尽管从总体上没有达到收益最优(50＋150＝200),但地方政府在与中央政府博弈时也不会选择"放弃",使整体利益最优(0+300),因为此时地方政府的收益为 0。

以上模型的政策表明,中央政府仅有产业政策是不够的,还需要有具体的产业协调机制,即"利益分享机制"和"利益补偿机制"。例如,上述模型中,如果中央政府进行利益分享补偿,给地方政府补偿60,则地方政府就会选择"放弃",进而实现最优均衡(限制、放弃),总收益同样也能达到最大(300);与此同时,在产业结构调整时,地方政府的利益维护与实现也有自身规律。地方经济扩张的有着"理性经济人"的发展欲望。在这种前提下,地方政府为了维护与实现自身利益,千方百计地设法规避中央政府调控。"上有政策、下有对策"、"打擦边球",使中央政策难以有效落实。①

二、地方政府与利益博弈

卢梭在《论人类不平等的起源与基础》中曾用集体猎鹿为例,说明了地方政府的行为对其他地方政府的影响。卢梭说:"假如有一群猎人要共同猎鹿,他们都明白自己必须坚守自己的岗位,才能集体达成任务;但是假定一只兔子经过其中一位猎鹿人的身边,那人一定会毫不犹豫地去追那只兔子,当然,

---

① 沈立人:《地方政府的经济职能和经济行为》,上海远东出版社1998年版。

大家能不能捕到雄鹿的问题，根本不在他的心上。"① 猎鹿游戏充分说明地方政府行为有逆向选择的自利倾向，即遵循着公共选择理论中的理性"经济人"假设。在地方政府合作中，为了吸引和获取各类资源，地方政府以理性"经济人"的原则采用机会主义行为。

地方政府间合作的制定和实施，是建立在各地方政府对于合作策略的高度认可基础上的。而在制定和认同这一策略之前，必然有一番利益博弈，因为合作策略的初始制定过程就是原有利益格局打破和再塑的过程。"互动策略型博弈模型"将有效分析地方政府与地方政府间的博弈过程，探究各自的博弈策略，以及它们之间达成合作博弈的基本条件。②

表 4-2 互动策略型博弈模型

地方政府（乙）	地方政府（甲）	
	合作	欺诈
合作	(10, 10)	(3, 8)
欺诈	(8, 3)	(6, 6)

"互动策略型博弈模型"认为，地方政府间合作过程中，地方政府是各自行政辖区的利益主体，有独立的利益意识。在合作策略的设计上，都会按照各自的目标函数，以自身效用的最大化作为决策的最终取向。博弈的基本规则是：博弈有两个局中人，地方政府（甲）和地方政府（乙）。

该模型（表 4-2）假定地方政府（甲）与地方政府（乙）各自追求自身效用最大化，均想在地方合作中形成有利于自己的条款。假定在合作方案制定和认可过程中，各方都以共同利益为重，避免相互欺诈，进行坦诚合作，则双方各自会得到 10 单位的收益。如果甲乙双方仍固守于本地区利益，相互欺诈，进行不合作博弈，则各自辖区收益不变，为 6 个单位。如果一方选择合作博弈策略，而另一方选择欺诈，并因此得以分享对方的原有利益，则选择合作策略的一方将损失 3 个单位的利益，欺诈一方将因分割对方利益而得到 2

---

① [法]卢梭：《论人类不平等的起源与基础》，高修娟译，上海三联出版社 2009 年版。
② 金太军：《从行政区行政到区域公共管理：政府治理形态嬗变的博弈分析》，载《中国社会科学》，2007 年第 6 期。

个单位的收益。具体情况如表。

由于博弈的局中人都是理性人，在博弈中采取何种博弈策略是建立在对对方博弈策略的准确预期上的，而事实上，双方在无法准确判断对方的博弈策略条件下，各自最优的策略选择必然是欺诈。因为选择欺诈，最坏的结果也能保持原有的收益不变，这种策略也是对对方欺诈策略的最佳回应。这是一种典型的非合作博弈。"纳什均衡"是必然的博弈形态，而"囚徒困境"则是必然的一种博弈结果。

需要指出的是，如果在地方政府（甲）和地方政府（乙）之间可以达成具有约束力的协定：甲采用第一行策略，乙选择第一列策略，博弈过程将有所变化。策略型模型将包括如下策略：如果对方签约保证选择第一行（或者列），本身将签约保证选择第一列（或行）。当然，展开的博弈模型也应表明上述可能性，而甲乙双方达成协定的可能性取决于以下几个约束条件：(1)甲乙双方是否存在比较大的共同利益；(2)达成协议的交易成本大小；(3)是否存在外在强制力；(4)是否存在相应的组织推动。而在这些条件都不具备的情况下，达成协定的可能性并不存在，其结果必然是现在所呈现的，产业同构、地区封锁和地区大战，甚至是"霍布斯丛林"的恶性局面。①

上述的博弈行为仅是一次性博弈的分析，然而重复性博弈的结果却可能截然相反。美国政治学博士阿克塞尔罗德（R. Axelrod）设计了一个非常有趣

---

① 当然，不能仅仅依据上述这一博弈分析，就断定各地方政府不存在达成共识的可能性。以上的博弈分析如果建立在一系列假设条件基础上的，实际情况可能有较大不同：(1)博弈主体数目的假设。为了分析的便利，本文将博弈的局中人仅仅设定为两个，而实际区域成员的数目可能要多于两个，在三方或多方博弈情况下，博弈局中人的策略选择会有较大不同。仅以三方为例，假定区域内三个地方政府进行博弈，且这种博弈是多次的、动态的，则对合作中的任何一个地方政府而言，如果另外两个地方政府采取合作的博弈策略，而自己选择欺诈的博弈策略，则无法获得整个合作发展的成长利益。相反，另外两方将共同分享合作发展而获得的成长利益，理性的第三方也会考虑采取合作的博弈策略，比较短期的欺诈收益要比长期的合作收益低得多，况且这种欺诈收益往往具有很强的不稳定性和惩罚成本支付。(2)博弈策略的绝对假设。为了便于建立博弈模型，将地方政府在合作方案制定问题上的博弈策略，界定为绝对的合作或绝对的欺诈。实际上，在合作方案的制订、协商的不同阶段和不同层面，各地方政府是既竞争又合作的，并非觉得的竞争或合作是绝对的。(3)博弈过程的假设。在此将地方政府间的博弈看做一次性博弈，即这一博弈的最终结果决定其是否接受合作利益分配方案。而实际上地方政府认同合作利益协调方案的过程是长期的、动态的，地方政府间的博弈也必然是多次的、动态的，即博弈并非一次性博弈而是重复性博弈。

的博弈模型。在一次性"囚徒困境博弈"中,对局双方总是选择"零和博弈"式背叛策略来结束游戏。但是,如果这个游戏是多次重复的,那么,结果是完全不同的,可能产生了"非零和博弈"的行为。事实上,在经过规定的两个程序间 200 次对局博弈后,博弈双方的"一报还一报"策略大获全胜。所谓"一报还一报"行为策略是指,在双方对局中,一个对局者在第一步采取合作策略,在以后各步都是在对方每一次背叛之后就采取一次背叛策略。① 因此,可以从中看出,在经过多次博弈和重复博弈之后,即使是基于个人的利己主义要求,选择合作也是维系未来关系的最佳策略。

三、企业与利益博弈

在相互依赖理论的背景下,企业仅仅依靠自身的资源和力量来解决问题是远远不够的,只有通过相互资源信息的交换与共享,采取有效的集体行动,才能实现其利润的最大化。资源依赖的互补性要求企业必须要与外部环境各建立相互依赖关系,而地方政府间合作为其提供了途径。在地方合作的过程中,有利于企业获取先进技术和稀缺资源,提高自身的竞争力。同时,合作过程中可以相互学习,进而使其自身都进一步发展壮大。

市场经济的发展要求融合成一个互相依存的有机统一的市场,这就必须打破地区分割和市场封锁,实现不同市场主体的权利平等和机会均等、商品和要素自由流动。然而,由于企业利益和地方政府利益有着千丝万缕的联系。特别是在转轨市场的体制不成熟,为政府干预市场与企业提供了巨大空间。琼(Oi Jean,1992)对中国财政改革后地方政府行为的演变进行了深入的经验描述,将地方政府推动、协调地方企业发展经济的行为定义为"地方政府公司化"。② 沃尔德(Walder,1995)针对中国不同层级政府之间的组织特征,更进一步提出了"政府即厂商"的理论。③ 因此,企业的经营活动,特别是国有企业的经营活动,和地方政府利益难以区分。

---

① 孙柏瑛:《当代地方治理:面向 21 世纪的挑战》,中国人民大学出版社 2004 年版,第 90 页。
② Oi Jean,"Fiscal Reform and the Economic Foundations of Local State Corporatism in China", *World Politics*, Vol.45, No.1, 1992, pp.99-126.
③ Walder, A.G.,"Local Governments as Industrial Firms: An Organizational Analysis of China's Transition Economy", *American Journal of Sdciology*, 1995, 101(2), pp.263-301.

在地方合作中，企业之间存在竞争博弈。市场经济的发展要求企业突破其行政区划界限而寻求广泛的合作，然而，企业是一个具有自身利益的经济主体。为了追求其自身利益的最大化，合作的出现还存在着相当大的不确定性。这种不确定性主要表现在合作博弈中的竞争行为。从合作过程中的利益冲突来看，在合作的过程中，企业追求其利润的性质不会改变。在利益的激励和驱动时，企业不仅仅只是采取互惠合作策略，企业之间还存在竞争博弈，为争夺市场、生产要素、技术而竞争。

为了获得竞争优势，企业除了依靠产品创造、制度创新之外，还可能向政府寻租。企业的寻租行为尽管会增加企业的经营成本，但它却从寻租中得到了巨大回报。国外的调查数据表明，向政府官员寻租是企业的一种经常性的行为。仅仅在美国华盛顿特区一地，就有数以万计的人全身心地投入游说国会和联邦政府的执行机构。《财富》200强（Fortune 200）之中65%的CEO平均每两周至少要去华盛顿一次[1]；世界银行的调查显示，大多数发展中国家的企业都可能行贿，并且贿赂花费占销售额的比重甚至有的达到9.3%。[2] 然而，企业从寻租中得到了巨大回报。企业寻租过程中形成的保护——扈从关系，会在相当大的范围内扭曲政策，使政策的制定和实施向特定企业倾斜。例如，政府通过授予垄断权力、税收减免、制定市场限制，或者结成卡特尔来压制竞争。这种寻租行为产生的保护——扈从关系损坏了市场效率，违背社会公平与正义，削弱政府的公信度。

当市场经济平等竞争的市场秩序和环境尚未真正形成时，法制不健全、无法可依、有法不依、执法不严的情况普遍。市场主体之间的不正当竞争、盲目地追求自身的经济利益使得市场经济秩序环境存在着许多不足之处。这些因素阻碍了企业参与地方政府间的合作。同时，政府和市场、政府和企业关系尚未理顺也不利于合作的实现。政企不分使得企业缺乏竞争的活力、经营效率低下，导致政府机构臃肿、人浮于事、滋生腐败等。只有形成独立运转的市场主体，使企业真正成为独立的法人实体和市场竞争主体才有利于地

---

[1] [美]詹姆斯·D.格瓦特尼、理查德·L.斯特鲁普、卢瑟·S.索贝尔：《经济学：私人与公共选择》，梁小民、梁砾译，中信出版社2004年版。

[2] 世界银行：《2005年世界发展报告：改善投资环境，促使人人受益》，中国科学院—清华大学国情研究中心译，清华大学出版社2005年版，第40页。

方政府间合作的实现。

四、公民社会与利益博弈

公民是地方政府间合作的主体之一。在当代地方治理实践中，地方政府正在开放和选择更多的参与途径，吸引公民参与地方公共政策的制定和执行过程。公民社会的参与对公共利益的体现和地方治理绩效具有积极的意义。例如，公民在地方治理中扮演的角色有地方选举的投票者、公共服务的享有者或消费者、表达利益取向、参与社区公共服务提供，成为政府共同生产公共服务的合作伙伴；非政府组织能够提高政治系统的代表性和回应能力，可以增进政府与公民之间的相互了解和信任。因此，公民社会是地方政府间的合作中的重要主体。

在治理过程中，政府同其他行动者一道共同加入到公共政策过程之中，政府只是作为行动者之一。在地方政府合作的组织网络中，已经不存在某种绝对性的支配力量，各种参与主体站在同一条水平线上。这种治理观点，根据Kooiman（1993：258）的看法，是产生一种社会——政治系统中的结构或形态。这种结构或形态乃是由所有参与的行动者彼此互动、相互干预努力的结果或者一种共同的成果。换言之，政策结果不再仅是政府行动的产生，而是政府部门、私营组织和志愿部门共同作用的结果。[①] 公共议题治理的主体不仅仅局限于政府，更是来自于政府以为的社会公共机构与私人行动者。

从公民社会参与合作的动力因素来看，其动力因素也是多种多样的。公民参与地方合作，既有源于有识之士对地方存在的严重问题即潜在危机的自觉意识，也有社区公民依托于有组织的横向拓展的联合行动来解决问题的责任感，还有建立在公民慈善心和公益心的基础之上，基于同情和善良的意愿而自发形成网络互助。[②] 公民的共同兴趣与爱好、传统（如以家庭、宗族为中心）的邻里关系，这些均是地方治理中公民参与因素。此外，在地方政府间合作中，非政府组织可以发挥公益精神、社区联系、组织灵活和善于创新的特点，使

---

① Jan Kooiman, *Modern Governance: New Government-Society Interactions*, London: Sage Publications, 1993, p.258.

② 孙柏瑛：《当代地方治理：面向21世纪的挑战》，中国人民大学出版社2004年版，第223页。

得其在政府失败和市场失灵的情况下,发挥着其弥补政府和市场的独特作用。

然而,基于理性人的假设,公民社会的角色冲突会影响地方合作的实现。以跨域河流污染治理为例,当地方政府之间形成网络治理模式的合作时,政府、企业、第三部门、公民等是跨域污染治理的主体。公民作为合作的主体之一,应该积极参与该合作中。公民要从自身做起,以自己的切身行动来保护河流的清澈,提出相关的政策建议,发挥公众的监督作用等等。但是,公民的角色冲突会导致合作的失败。例如,公民不仅仅是社会中的一员,同时作为企业的法人,这样保护环境和追求企业利润最大化产生了矛盾:作为企业的法人,在相关法律法规及政策的约束下,不得不对污染排放进行处理。但是处理这些污染排放需要一定的成本,为了使自己成本最小化,相关的排污企业可能会存在减小或者根本不进行相应的污染治理而不被发现和处罚的侥幸心理。这种机会主义行为导致虽然企业拥有大量的排污设备但大都空置不用,只是表面上应付监督检查工作,各种偷放、超标排放的现象仍然存在。这样,该公民并未参与到河流环境保护的合作中来。

正如市场有"市场失灵"、政府有"政府失败"的现象,介于市场与政府之间的第三部门同样会出现"志愿失灵"的现象,这也不利于整个合作过程。"志愿失灵"是非政府组织的内在局限性。萨拉奇指出了非政府组织的缺陷:慈善不足、非政府组织的家长作风、非政府组织的业余性、非政府组织对象的局限性以及非政府组织的官僚化倾向和组织目标的转移等等。第三部门自身的内在局限使得。同样,"搭便车"的倾向、制度的匮乏和协商交换中的不确定性同样阻碍了第三部门在地方合作中的功能发挥。

五、合作协调组织与利益博弈

合作协调机构是地方合作与区域一体化的必然产物。它既是解决科层组织的"行政区"界限与区域经济活动的开放性两者之间矛盾的理性结果,又是满足单个行政主体难以应对区域公共事务急剧增加的现实需求。地方政府间合作的协调机构,在治理公共事务方面发挥重要作用。在地方政府间合作的利益博弈过程中,有关合作协调机构应该思考这几个问题:

一是合作协调机构的权力来源及其属性。如何处理合作协调机构和中央政府、协调机构与地方政府这两组关系?在与中央政府间关系中,中央政府扮演的是权力来源与规范约束角色。中央政府既是协调机构的权力源泉，是中央政府"权力下放"到合作协调结构；同是，中央政府又是协调机构运行的监督者，对协调机构予以约束与规范。这是由于地方合作的目标和政策可能偏离国家利益，需要中央的规范与约束。基于协调机构的重要作用，应赋予这一机构与其职能相匹配的权力、资源和责任，理顺其与中央政府及其相关职能部门的关系。

协调机构与地方政府这两者间关系。在现实中有两者模式：地方自发形成的自愿性协调机构与地方约定而成的约束性协调机构。前者如美国的区域委员会，各地方政府在自愿、平等的基础上，对合作事务（包括利益冲突）所形成的相互关系。这类协调机构与各地方政府是一种对等性关系。同时，对于合作协议，成员方履行契约只有道义责任而无强制规定，也没有规定拒不履行契约义务时的惩罚措施；与之相对应，地方约定而成的约束性协调机构，如法国的市镇联合体委员会。这种协调机构与各地方政府间关系属于非对等性，且合作协议必须强制履行。假如地方政府没有履行协议规定的义务，协调组织则会采取通报批评、行政撤职、财政罚款等惩罚措施。

那么，究竟是哪种类型的合作协调机构较为合适呢？答案是世界上没有放之四海皆宜的协调机构类型，唯有适者才最有效率。任何一种类型的协调机构，皆是在具体的制度环境中产生的，尽管其生成方式有主动或诱导之分。但是，一个值得注意的现象是，有强制执行力的约束性协调机构比无强制性的自愿性协调机构更富有效率。美国政府间关系咨询委员会在回顾政府联合会的发展历程时认为，政府联合委员会（Councils of Governments，简称COGs）是区域治理中一种非常薄弱的合作机制。"这些COGs的普遍缺陷是在财政上过分依赖于成员政府，有时对私人领域的依赖性也很大。那些服务于跨州的大都市区的区域性组织则遇到了最严重的管辖权问题。那些导致COGs成员关系破裂以及退出的问题主要包括：不公平的会费负担；中心城市与郊区对问题的看法不同；由某个大政府所统治；在种族、经济发展、交通和财政资源上的冲突。"[①] 因此，如果区域委员会享有更多权威，那么通过区域委

---

① Howard W. Hallman, *Small and Large Together Governing the Metropolis*, Berverly Hills Sage Publications, Inc., 1977.

员会来实现区域治理将更为有效。

二是合作协调机构运行规范化与多元化。运行的规范化表现为制定保障协调机构的法律法规。用法律法规来规范和保障合作协调机构的行为，这也成为地方合作的普遍趋势。例如，在美国田纳西河流域的治理开发中，由美国国会通过了《田纳西河流域管理局法》，对管理局的权力、任务等有明确的规定；在日本的北海道开发中，日本政府制定了《北海道开发法》，具体规定了区域开发机构的设置、开发计划的目标、实施开发计划的进程以及开发的经费预算等。实践表明，通过法律法规的方式，可以将整个地方合作的程序、目标以及协调机构的职能权限等明确规定，同时就合作过程中可能发生的分歧冲突设定协调的依据，以确保整个合作过程顺利实施。

此外，协调机构运行过程中多方参与，且特别重视利益整合。这是因为地方合作问题涉及到多方利益相关者，有企业、社区居民、非营利组织等，而不仅仅只是政府。因此，地方合作不是单靠某一协调机构，而是多元治理模式，各利益相关者积极加入，实现对合作性公共事务的共同治理。例如，欧盟之所以能够有效运行，与大量的利益相关者加入合作性公共事务离不开。诸多的社会性利益团体、商业性利益团体、工会联盟和环保团体，如民间的区域协会，法、德和爱尔兰的农场主利益集团，"欧洲"企业家联盟，欧洲商会，意大利商会等等，都在其中扮演着各自的角色，表达出自身的利益诉求，各种利益集团之间存在复杂的跨国网络关系，这些利益团体在区域协调政策制定的各种不同层面上都可施加影响。[①]

第三节 知识创新

地方政府间合作是一种创新行为，是一个学习、搜索和选择的过程。美国著名管理学家彼得·德鲁克认为，创新包括技术创新和社会创新。技术创新是在自然界中为某种自然物找到新的应用，并赋予新的经济价值；社会创新是在经济与社会中创造一种新的管理机构、管理方式或管理手段，从而在资源配置中取得很大的经济价值与社会价值。社会创新不同于技术

---

① 陈瑞莲：《欧盟国家的区域协调发展：经验与启示》，载《政治学研究》，2006 年第 3 期。

创新，社会创新的难度要比技术创新的难度更大[①]；经济合作与发展组织（Organization for Economic Co-operation and Development，简称 OECD）认为，国家创新系统是"由公共部门和私营部门的各种机构组成的网络，这些机构的活动和相互作用决定了一个国家扩散知识和技术的能力，并影响国家的创新表现。"[②] 因此，基于地方政府间合作的视野下，在此论述公共领域的公共服务创新和以企业为主体的技术创新。

一、公共服务创新

公共服务的创新，往往是从公共服务的公共服务市场化、公共服务社会化和公共服务均等化等方面予以阐述。基于西方新公共管理改革实践以及治理的行动逻辑，萨瓦斯指出，公共服务的提供与生产之间有着明显且重要的区别，作为提供某种公共服务的决定（掌舵）仍由诸多地方政府来承担，但生产任务（划桨）则可以通过契约外包、特许经营、放松管制、补助、凭单、志愿服务、自我服务等民营化途径交由私营企业、志愿组织甚至个人来完成。[③] 迈克尔·麦金尼斯等人还设想了通过地方政府间合作的方式来解决一些地方政府自身无法低成本实现的公共服务。具体内容见表 4-3。基于地方政府间合作语境下的公共服务创新，体现在公共服务的组织创新、公共物品的供给创新、公共服务的理念创新等三个方面：

公共服务的组织创新。在地方政府合作中涌现出大量的新型合作组织，有非正式合作、合力协议、府际服务契约、正式或非正式的组织间合作、区域政府联合会、城市联邦制、兼并等形式。这些新型合作在资源共享、信息互补等方面，发挥着积极作用，有利于更为便捷和快速地提供高效的公共产品和服务。

公共服务的组织创新形式有：非正式合作（informal cooperation），各地方政府通过非正式的协力合作及行动，进行地区性的发展与建设，这是

[①] 转引自胡志坚：《国家创新系统理论分析与国际比较》，社会科学文献出版社 2000 年版，第 7 页。
[②] 石定寰：《国家创新系统：现状与未来》，经济管理出版社 1999 年版，第 185 页。
[③] [美] E.S.萨瓦斯：《民营化与公私部门的伙伴关系》，周志忍译，中国人民大学出版社 2002 年版，第 68—107 页。

一种最简单易行的府际合作方式。在非正式合作制中，政府人员间是以非正

表 4-3　地方政府公共服务合作的选择方案

（1）经营自己的生产单位 例子：一个城市自己拥有消防或者警察机构。
（2）与私人公司签约 例子：一个城市与一个私人企业签约提供扫雪、街道维修或者交通灯保养服务。
（3）确立服务的标准，让每一个消费者选择私商，并购买服务 例子：一个城市签发许可证提供出租车服务，或者拒绝垃圾收集公司来清扫垃圾。
（4）向家庭签发凭单，允许他们向任何授权供给者购买服务 例子：管辖单位签发食品券、租用凭单或者教育凭单，或者建立医疗补助项目。
（5）与另外一个政府单位签约 例子：一个城市政府，从县政府那里购买税收估算和收集服务，从特别卫生管区那里购买污水处理服务，从邻近城市的学校董事会那里购买特别假期教育服务。
（6）某些服务由自己生产，其他服务则从其他管辖单位或者私人企业那里购买 例子：一个城市有自己的巡逻警察力量，但从县行政司法长官那里购买实验室服务，与若干邻近的社群一起共同承担共用的调遣服务，向私人急救公司付费提供紧急医疗运输服务。

资料来源：［美］迈克尔·麦金尼斯：《多中心体制与地方公共经济》，毛寿龙、李梅译，上海三联书店 2000 年版，第 113 页。

式的方式合作，而不受正式模式的法规限制；府际服务契约（inter-local service contracts），指地方政府以签订契约的方式，共同提供各地方政府所需的服务或其他合作事宜，该方式通常在大都会使用；合力协议（joint-powder agreements），这是由两个或以上的地方政府，根据共同协议进行服务的规划、财政的分配及执行的合作，将服务一视同仁，送及参与合作协议的所有地方政府辖区[①]；政府联合会（councils of governments），这是

[①] 例如，美国许多中小规模的自治市会依赖自己的警力来提供基本的警察服务，比如日常巡逻和接受警报，同时还向临近的市或服务交叠的县签约警察派出服务，向县治安官约拘留服务。有些城市可能联合使用州犯罪实验室和全州的广播通讯设施来确认刑事嫌疑犯。这些合力协议的参与方，共同享有某些公共产品与服务。

一种在美国各地区盛行的地方政府合作模式，此为一种多功能的地区性的合作机制，通常由地方政府自愿或州政府规范成立；城市联邦制（federate government system），此为该区域内地方政府，以联邦的方式组合而成为的法定管理机构[①]；兼并（annexation），指将临近的地方政府加以合并，由中心城市为主逐渐向郊区扩大兼并的方式；区域性的特区及管理局（regional special districts and authority），这些区域性的特区政府是由州政府所设定的，主要功能是提供区域或都会区内的某种共同需求的服务功能，如公共运输、卫生下水道处理、污染控制、供水等。[②]

公共物品的供给创新。首先，公共物品的供给创新体现在供给效率上的提升。不同属性的公共物品，其供给形式不同而导致供给效率差异。劳动密集型服务如警察巡逻和教育，由小型到中型的组织承担最有效率；资本密集型服务如污水污物的收集、处理和排放，则通常是由服务于较大地区和人口的公共设施来承担才最有效率。通过地方政府合作，选择合适的公共物品供给形式，从而实现公共物品和服务供给的最优规模经济。

其次，公共物品的供给创新，还体现在供给主体的多元性。通过地方政府间合作，改变了过去公共物品单纯由某一辖区政府提供的方式，而改为由多个行政主体来提供。特别是在经济全球化的背景下，资金、技术、劳动力等各种生产要素流动性日益增强。单纯靠某一行政主体已经难以满足流动性的要求，实现跨域管理成为必然选择。因此。在涉及劳动力的社会保障、跨界环境污染治理、统一市场等问题上，需要多个地方政府共同参与。当然，这种供给主体的多元性，还包括政府、市场、社会共同参与。

最后，公共物品的供给创新，还体现在供给形式上的灵活性。有政府间服务合同的形式，由本地政府向另一个政府支付费用。合作最多的是监狱、

[①] 优点在于能防止人口过于集中在中心都市；行政事务因性质而划分，有利于工作效率的提高；且都会联盟的建立，可以划分行政工作，因此可以避免业务重复。缺点则为都会区的范围不一定等于郡（县）之和，因此实施上仍有困难；且因在原有地方制度上再加一层机构，体制复杂，人力编制和预算均会增加，更易造成权责混淆不清。

[②] 这些地区性的特区或管理局有三种特性：须通过州立法规范并牵涉区域地方政府的功能转移（functional transfer）；它是一个独立、专业而且政府功能完备的组织；它的营运情形，须向特区公债拥有者、地方政府及消费民众负责。

排污处理、动物管理和税收；有联合服务协定，即两个或更多的政府之间为共同规划、融资和向所有居民提供某种服务而签订的协议。涉及图书馆、警察和消防部门之间的通信、消防以及垃圾处理等公共服务；有政府间服务转移，即将一个政府的职责长期转让给另一个实体、政府、私营公司或非营利公司。[①]这些灵活多样的公共物品的供给形式，为满足公民需求提供了保障。

公共服务的理念创新。在地方政府合作中，有利于形成联合治理的理念。传统地方主义认为，地方政府是自主存在的实体，视本辖区地方利益和意志表达、维护和实现最为根本，因此，传统地方主义下的地方治理过于强调地方政府在地方事务治理中主导作用而忽视了与其他地方政府合作，导致了地方政府在地方治理中孤立和封闭，限制了府际间的合作以及市场的统一。以资源或权力开放、互赖和合作为特征的联合治理理念逐渐兴起并呈趋势。

理念创新是指革除旧有的既定看法和思维模式，以新的视角、新的方法和新的思维模式，进而用于指导公共物品的供给实践。由于各地的共同利益领域不断扩大，地方内政与地方外政之间的界线不再清晰，许多问题都上升到跨行政区层次。各地都因区域公共问题而形成了相互依存的命运共同体，每一个地方政府都受到其他地方政府行为的影响，政策选择的结果部分地取决于其他参与者所作的选择，收益也部分地取决于其他成员的行为。因此，双边或多边的政府合作或联合治理便提上议程。而在联合治理时，"合作共赢"成为公共物品供给的基本原则。

在公共物品供给中的联合治理，更多地是指基础设施领域（包括公路、铁路、航运、机场、轨道交通等城际交通设施合作，以及能源水利、天然气管道、污水处理、通讯信息网络等）等方面的合作供给，以及跨域河流的治理、区域生态恢复与重建等领域的合作治理。而合作主体，包括政府合作、社会合作和市场合作。

二、技术创新

经济合作与发展组织（OECD）认为，创新是不同要素之间复杂的相互作

[①] 张紧跟：《当代中国地方政府间横向关系协调研究》，中国社会科学出版社 2006 年版，第 161—165 页。

用的结果，技术变革是通过系统的各种反馈循环实现的。对创新而言，重要的不仅仅是投入，创新主体之间的联系即知识的流动也非常重要，而地方政府间合作有利于知识的流动。"创新和技术进步是创造、传播、应用各种知识的行为者之间错综复杂关系的结果。一个国家的创新绩效很大程度上取决于这些角色如何相互联系起来成为一个知识创造和使用的集合体。"[①] 地方政府间合作，使得知识在不同地区的传播、聚散，从而促进技术的创新。

地方政府间合作，有利于为技术创新提供良好的制度环境。通过地方政府间合作，制定区域公共政策来消除知识流动的障碍，纠正技术创新中的系统失效和市场失效；同时，通过地方政府间合作，建立不同地区的产、学、研合作计划和网络计划，建立创新中介机构，促进知识的产生；通过地方政府间合作，推动不同地区的企业、大学和公共研究实验室之间的相互作用，促进人员流动和知识与技术向企业的扩散。总之，地方政府间合作是技术创新的重要推动力。

企业是技术创新的核心。尽管技术创新的角色包括企业、大学和公共研究机构以及在这些角色中工作的人们。他们可以采取合作研究、人员交流、专利共享、设备购买等形式以及其他各种渠道，获得和实现技术创新。但是，"创新系统的核心是企业、企业组织生产和创新方式、企业获得外部知识来源的途径。这些知识源可能是其他企业、公共或私立研究机构、大学和中介机构，既有地区性的，又有全国性和国际性的。创新企业是在企业与其他机构合作与竞争的复杂网络中运作的，建立在风险以及与供应商和顾客的密切关系之上。随着经济活动日益知识化，大量不断增加的、具备特定技能的各类机构成为知识的生产和传播者。"[②]

地方政府间合作有利于后发地区实现技术跨域。技术跨越是指后进地区吸收国内外先进技术，进行模仿创新，跨越技术发展的某些阶段，直接应用新技术，开发新产品，形成具有竞争优势的产业，在技术和经济方面迅速追赶先进区域。美国经济历史学家格申克龙（Gershenkron）在研究工业化后来者能够追赶工业化先行者的原因和实现追赶目标的途径时，提出了后发优势

[①] 石定寰：《国家创新系统：现状与未来》，经济管理出版社1999年版，第188页。
[②] 顾新：《区域创新系统论》，四川大学2003年度博士研究生论文，第20页。

的观点。他认为后发国家或地区，可以引进先进国家的技术和装备，替代有关技术和装备的研究与开发，从而加快工业化的进程。①

基于地方政府间合作的视野，关于技术创新中的知识流动，在企业和产业簇群之间、在以不同产业簇群为特色的区域之间存在显著差异。技术创新系统中的知识流动主要有以下几种途径：(1)企业间合作。企业之间的相互作用，主要是联合不同地区的企业进行合作研究和其他技术合作。企业是创新的主体，区域创新系统中最重要的知识流动是由企业间的技术合作及其相互之间各种形式的联系；(2)科研院所、大学和企业间合作。不同地区之间的科研院所和大学机构，拥有各自的优势和劣势。通过彼此合作，可以实现优势互补。科研院所和大学作为企业创新的主要知识来源，其知识储备向企业流动，是技术创新系统中一种重要的知识流动。这种流动主要体现在企业作为技术需求方，科研院所或大学作为技术供给方之间的合作。(3)技术扩散。面向企业的知识和技术扩散，包括产业新技术的应用以及通过机器与设备的技术扩散，是技术创新系统中传统的知识流动的重要类型。(4)人员流动。人员流动是人员在系统各要素内部或要素之间以及向系统外的流动。人员是意会知识(tacit knowledge)的载体，人员的流动以及由此导致的意会知识的流动是技术创新系统的主要流动形式。②

---

① 胡鞍钢：《知识与发展：中国新的追赶策略——写于建国 50 周年》，载《管理世界》，1999 年第 6 期。

② 顾新：《区域创新系统论》，四川大学 2003 年度博士研究生论文，第 79—83 页。

第五章 合作创议

地方合作创议是整个合作过程的起始阶段，地方合作创议也遵循着公共政策的基本过程。在公共政策理论中，习惯性把政策创议这一过程称之为政策制定的前期阶段。参照哈罗德·拉斯韦尔《政策科学》把政策过程分成了七个阶段的原理，即信息、建议、法令、执行、实施、评价和终止，政策创议就处于前两个阶段。[①] 美国学者金登认为，"政策问题首先不是被总统、国会、或者其他决策者提出的，而是这些问题如何成为问题，在什么样的群体中成为了问题，当这些被发现后是怎么引起利益者注意的。"[②] 这清晰地解释了什么是政策创议，即公共政策的发现阶段。本章将分析合作创议的机理、创议的动因和实践类型。

第一节 合作创议的机理

在公共政策学中，政策创议（Policy initiatives）是公共政策的倡导与建议。基于地方合作的政策创议，既有原始的地区差异原因，也有经济利益最大化和比较成本最低的诱惑。本小节将分析合作创议的逻辑机理。

[①] Daniel Lerner and Hard D. Lasswell, *The Policy Science: Recent Development in Scope and Method*, Standford University Press, 1951.

[②] [美]金登：《议程、备选方案与公共政策》，丁煌、方兴译，中国人民大学出版社2004年版，第196页。

一、合作创议理念

地方政府间合作如何实现,重要的是通过改变独善其身的想法,树立起自身利益是建立在他人利益基础之上、自身发展状况与他人的发展状况"唇齿相关"的意识,在互利互信基础上以实现整体的利益。因此,合作与互赖理念,是地方政府间合作的前提和基础。

相互依赖理论认为,跨域性公共事务的有效治理需要政府间合作。跨国界的货币、商品、人员和信息的交往急剧增长,然而,这种相互联系并不能表示国家与国家之间的相互依存关系。只有在交往活动没有持续或者不存在而需要彼此付出代价时,这就存在相互依赖关系。① 对此,不少学者通过逻辑演算,分析了第三方冲突、关税、外交援助、国家大小等对国家间冲突或合作的影响。他们认为改善贸易条件的合作策略会减少冲突,而恶化贸易条件的因素(如关税等)会增加冲突。因此,贸易与"净冲突"两个变量之间存在负相关关系,国家或地区间的冲突将切断双边贸易往来,减少预期收益并降低福利。② 这种贸易关系更为直接地反映了彼此间的相互依赖与合作。

地方政府间合作是提升地方和区域的整体竞争力的必然选择。经济全球化和区域一体化是当代世界经济发展的两大潮流。地区经济与社会的发展不仅仅取决于其自身的潜质,更多地受到所在区域影响,以及受到参与全球化程度的制约。因此,整合与协同正成为地方政府间关系的主流。尤其是在全球竞争的背景下,以整体合力参与竞争,这是在激烈的竞争环境中生存发展的必然选择。

合作与互赖关系有助于规避信息不对称及其引致的风险。所谓信息不对称是指在经济博弈中的一些参与方拥有而另一些参与方不拥有的信息,或不同的参与方所拥有的信息的量与质存在差异。由信息不对称所引发的风险可概括为两类,即道德风险与逆向选择。因此,地方政府间合作的信息交流和信息畅通,可以有效规避这种潜在的或显性的矛盾与冲突。

---

① Robert O. Keohane, Joseph S. Nye, *Power and Interdependence*, Addison Wesley School, 1977, p.8.

② Polachek S.W., "Conflict and trade", *The Journal of Conflict Resolution*, 1980, 24(1):55-78.

然而，相互依存与合作中并不排除主体之间在利益分配时的矛盾和冲突的可能性。相互依赖理论认为，合作与依赖关系并不以完全均等互利为特征。正如该理论的代表人物基欧汉和奈在《权力与相互依赖》所描述的那样，"有几个年幼子女的父母都知道，烤制大馅饼并不能防止孩子们为分多分少而争吵。"① 分配收益还是互相依赖重要问题之一。经济和生态相互依存的政治中，即使合作带来大量的利益时，主体之间的竞争还是客观存在的。因此，在地方政府间合作中，需要相关制度来设计利益分配问题。

二、合作创议动力

共同利益成为地方合作的内在驱动力。地方间合作不仅是被动地从生产要素禀赋差异和经济技术水平梯度平衡角度展开的，其主观能动性在于建立整合各方的共同利益基础。在市场经济条件下，各地方都在自己所拥有的生产要素使用上追求利益最大化，所以地方整合发展必然是利益驱动下的一种战略选择。获得社会经济和生态环境效益的双赢是地方整合的动力源泉。地方合作的共同利益趋向一般体现在以下四个方面②：

直接经济利益。由于地方在自然资源等方面差异性存在，这导致了地方间合作与整合行为发生的内在基础。"差异——分工——合作"是社会经济发展进步的基本规律和原动力。对其动力机制的理论解释，斯密—李嘉图的成本学说和赫克歇尔—俄林的要素禀赋学说认为，分工可以促进劳动力生产效率的提高，而地域整合是与地域分工相伴而产生的。这是因为地方差异存在的普遍性，使得地域分工过程中经济发展的专业化倾向日益突出。伴随着地方竞争的加剧，这客观促使地方相互依赖程度的加深。由于各自发展利益的需求，地方之间在分工的基础上必然开始寻求合作。地方之间通过优势互补、优势共享或优势叠加，把分散的经济活动有机地组织起来，把潜在的经济活力计划出来，形成一种合作生产力。通过合作所获得的经济综合优势所产生

---

① Robert O. Keohane, Joseph S. Nye, *Power and Interdependence*, Addison Wesley School, 1977, p.9.

② 王士君：《城市相互作用与整合发展》，商务印书馆2009年版，第49—50页。该作者仅提到直接经济利益、产业链和生态环境等三个方面。

的经济效益是分散条件下所难以取得的。合作为分工提供了保障，可以冲破要素区际流动的种种障碍，强化地方间经济联系，形成区域整合空间内有机经济网络。地方政府为追求经济利益最大化，在共同区域空间内不断增强城市间的经济协调和关联，积极进行基础设施网络化、旅游业等资源共同开发等联合活动。

产业链延伸。产业结构演化和转换的规律表明，产业或产品存在梯度性的城际转换和延伸，通过不同发展梯度地方之间的产业承接，促进生产要素的合理流动和优化配置，进而调整和优化不同地方产业结构。发达地区可以将技术成熟、生产成本高的产业转移到欠发达地区，这在产业发展上有两层涵义：一是对欠发达地区而言，可以通过承接发达地区转移出来的产业而提升自己的技术水平；对于发达地区而言，则延伸了自己原有的产业链条。因此，通过地方政府间合作，有效地调整了产业结构，也有利于产业"错位"发展，避免过分"同业竞争"。例如，在中国长江三角洲地区，上海经济发展已进入后工业阶段，一些轻纺产业和重工业需要转移，而江浙地区的经济尚处于工业化阶段，这样城市间产业结构的配套性与互补性就十分明显，通过城市产业整合，形成产业的专业化分工，从而有利于各自产业结构的调整和升级。

生态环境最佳。创建良好的人居环境是地方整合发展的既定目标之一，而良好的人居环境的标志性指标就是最佳的生态环境。在可持续发展新理念下，城市生态环境建设已经不仅仅是城市内部环境整治问题，而是涉及环境要素所及的广泛区域及其中的各个城市。当前生态跨界污染的原因有二：一类是天然污染，即来自大自然地壳运动所产生的对生物圈自身的破坏，在当前的科技水平下，这一污染无法有效预测、防止与控制；另一类是人为污染，即由于人类的生产和生活过程中人为产生的污染，这种污染往往是基于个体利益需求的产物，它们都能使局部环境的构成和形态发生改变，恶化环境质量，影响和破坏周围人群正常的生产和生活条件。事实上，由一个地区生产和生活所产生的跨界污染对其他地区居民或生产者所造成的损害，往往是基于他们追求利润最大化的结果，这种损害本质上并不是源于有意识的行为，而是源于生产和生活中排放的无意识的污染残余物。因此，只有通过相关地区的有效合作，实现环境污染的跨界治理，才能真正有效解决生态环境恶化问题，使得人居环境得到改善和提高。

政绩提升。地方政府间合作也是地方官员基于政绩提升的考量。根据公共选择理论,地方政府也是追求经济利益最大的理性人。地方官员围绕政绩展开积极竞争。由于公共职位的稀缺,通常考虑将有限的公共职位给予那些政绩突出者,借此最大化满足社会需求。那么,如何获得良好的政绩呢?地方政府间合作是提升政绩的重要途径。地方政府既可以通过统一区域市场、调整产业结构来发展地方经济,也可以通过生态环境的跨界治理、基础设施的综合利用等获得民众支持。尽管在地方合作中,地方政府不仅有激励去做有利于本地区经济发展的事情,而且有同样的激励去做不利于其竞争对手所在地区的事情。尽管这种"双面"做法对地方政府间合作造成极大破坏,但却无法否定地方政府合作在提升政绩的积极作用。

三、合作创议的关联形式

美国学者罗德奈利(D. A. Rondineili)对城市之间和城市与地区之间的各种形式空间联系,分成了自然联系、经济联系、人口移动联系、技术联系、社会相互作用联系、服务传递联系以及政治、行政和组织联系等七种类型,其具体情况见表5-1。根据现实的实际情况,在此将合作创议的关联形式归纳为经济互补性合作、基础设施共建共享、生态环境建设和保护等三种模式[①]:

经济互补性合作模式。地方合作如城市整合一样,其动机和目标有很多。在不同的历史时期、不同的区域背景、不同的城市群体之间,其所发生的整合行为模式也不尽相同。然而,对经济利益的追求和经济利益最大化,往往是地方整合行为发生的原始动力和共同目标。经济互补性的合作模式有两种类型:一种是生产要素的互补性整合,另一种是产业的互补性整合。

经济互补性的合作的诱发性因素主要有:(1)生产要素流动。生产要素的互补性整合主要是指地方之间因为土地、资本、技术和劳动力等生产要素禀赋的差异而可能形成的相互供给关系。生产要素流动一方面依靠市场机制的作用,但是行政手段也是资源配置的重要途径。(2)产业结构互补。地方之间由于产业的差别而形成的产品和服务的供给关系。由于要素禀赋和历史等方

---

① 王士君:《城市相互作用与整合发展》,商务印书馆2009年版,第54—70页。

表 5-1　罗德奈利的近域城市空间联系理论

类　型	表现形式
自然联系	公路、铁路、水运状况及生态系统相互依赖状况。
经济联系	市场分布形态，原料和中间产品流动状况，资金流动状况和生产联系（包括向前、前后联系）状况，消费和购物空间形态、流动情况，部门和区域间物资流动及交叉联系情况等。
人口移动联系	暂时和永久性移民情况，通勤人员流动情况。
技术联系	技术相互依赖情况，灌溉系统、通讯系统状况。
社会相互作用联系	人员出访状况，亲属间的往来联系，礼仪和宗教活动模式，各社会集团成员相互交往状况。
服务传递联系	能源流动网络状况，信用和金融流通网状况，教育、培训及有关的联系状况，健康服务系统状况，职业、商业和技术服务的方式，交通服务方式。
政治、行政和组织联系	政府预算流动状况，组织间的相互依靠性，权力——批准——监督三者关联的方式，司法事务处理方式，非正式政治决策链情况。

资料来源：转引自陈才：《区域经济地理学》，科学出版社 2001 年版，第 243 页。

面的原因，某地方所拥有的产业有限，或者在某些产业上具有优势，因此具备产业输出或输入的需求。(3) 城际贸易。商品贸易是获得更多比较优势利益的重要手段。(4) 统一市场体系。市场机制是地方合作发展的主要驱动力。只有市场发育成熟、市场体系健全、市场规则合理，区域资源才能得到优化配置。(5) 企业集团化。企业采取多种联合形式，有效突破城市间的行政壁垒，解决城市群体经济发展的结构性矛盾，形成跨地区、多方位、多层次的协作。

基础设施共建共享模式。科学、高效率的基础设施网络建设对于城市群体的持续、快速、健康的发展非常重要。现代城市相互作用关系的整合要求基础设施相互衔接、协调，实现网络化、区域化。地方政府间合作的基本内容，就是实现基础设施的合理衔接和共建共享。通过基础设施的共建和共享，使各地方共同分担责任和利益，摆脱仅从自身利益出发的局限性，避免了基础设施重复建设或者短缺的局面。

基础设施共建共享的实现路径有：(1) 城际交通走廊。这里的交通线路包括铁路、水道、公路、管道等设施。通过合理规划,实现近域地区之间交通运输线路与沿线地带的科学组合。(2)信息高速公路。企业、学校、医院、政府、娱乐场所等相关主体的信息,通过信息网络建设,从时间和空间上把不同城市的经济与社会生活紧密联系在一起,为地方合作发展提供了必要条件。(3)城市生命线系统。城市水安全系统、能源安全系统、防灾系统和对外交通系统的互动和联系,进一步提升和实现城市公共安全的保障。

生态环境建设和保护模式。生态环境问题发展到今天,已经不再是单纯一国一地、一城一池的内部事务,而是早已跨越了国界和区界限制的共同公共事务,已经渗透到地球生态系统的各个组成部分。如温室效应、气候变化、臭氧层破坏、酸雨、生物物种锐减、土地沙漠化、淡水资源短缺、水质恶化、海洋污染、核污染、外层空间环境问题等并非局部问题,而是全球共同面对的环境威胁。由于环境问题发生的机制极为复杂,对环境问题的解决需要在时间上、空间上采取同步、统一的措施方能奏效;唯有整合各方的生态环境行为,共同合作,才能有效治理和保护地区生态环境。

第二节 创议动因类型

在研究地方政府间合作的创议动因,根据动因的性质,可分为诱致性动因和强制性动因;根据动因的内容,可为地域差异、共同市场、生态环境、共同利益和不整合态等。[①] 在此,将地方政府间合作创议动因的类型概括为经济与社会型、流域治理型、城际贸易型、资源合作型、海湾合作型和公共安全型等六种类型。

一、经济与社会型

经济与社会型是一种全方位型的地方政府间合作。按照地方政府合作的关联形式,它既包括生产要素和产业互补、基础设施共建共享,也包括生态环境建设和保护。在地方政府间合作关系从无序到有序的过程初期,往往会在某一领域里、基于某种单纯的目的、借助某一契机建立起某一类型的合作

---

① 王士君:《城市相互作用与整合发展》,商务印书馆2009年版,第45页。

关系。但是随着地方合作与区域一体化的发展，相互作用关系会愈来愈融合，整合面会愈来愈宽，必然会突破单一的或经济、或者基础设施、或者生态环境的整合界限，形成多方位的整合发展关系。

这种全方位的地方政府间合作，对利益相关者的影响广泛。对于政府而言，各地方政府为了政绩需求与地方经济发展，主动投身区域经济活动，积极参与区域分工与协作；对于企业而言，各市场主体和生产要素按照自然地域经济内在联系、商品流向以及社会发展需要而形成地方联合；对于当地居民而言，当地居民通过地方合作与区域经济一体化，更为便捷地享受到一体化的公共产品与服务、更低成本的商品和良好的生态环境。

中国长江三角洲、珠三角经济圈、武汉经济圈和长沙经济圈等地方合作，主要表现为经济与社会型的合作创议动因。以长江三角洲为例，由江苏省、浙江省和上海市组成的长江三角洲地区（简称"长三角"），成为中国经济发展速度最快，经济总量最大的区域，被誉为"中国乃至世界经济增长的发动机"和"全球六个超级大城市群之一"。该城市群（如上海、杭州、南京、苏州等）综合发展实力已经接近或基本达到现代化水平，其市场机制成熟，对外开放水平高，外向型经济发达。城市之间已经形成"一小时经济圈"，形成了铁路、公路、河运、海运、航空等多种运输方式组成的立体交通运输网。长三角区域合作已经被确定国家层面的战略决策，使之成为"亚太地区重要的国际门户，全球重要的现代化服务业和先进制造业中心，具有较强国际竞争力的世界级城市群"。①

经济与社会型合作创议具有这些特点：一是市场的开放性。统一开放、自由竞争的市场是经济与社会型合作创议的重要内容。生产要素自由流动是市场资源配置的基础。各地区和经济主体为了自身的快速发展和良性循环，就必须在同其他经济主体之间不断地物质、能量、信息等的交换中实现自身经济的快速发展和良性循环。开放性是各地区和经济主体得以不断运动和升级的必要属性，也是地方合作与区域一体化的重要驱动力。

二是制度的整合性。在更深层次意义上，地方政府间合作还表现为不同制度的整合，而制度统一性是衡量地方合作是否成熟的根本标志。为此，各

---

① 《长江三角洲地区区域规划》，见国家发展与改革委员会网站：http://www.sdpc.gov.cn。

地方政府应按经济一体化和法制协调的要求，对以往的地方性法规和规章进行清理，对不符合要求的依法予以废止或修改。同时，制定合作性公共事务的制度法规，能够有效地解决地方保护主义问题，消除内部贸易壁垒，使生产要素得到合理有效的流动。

三是基础设施的共建共享。在地方合作与区域一体化中，基础设施的系统性要求各类基础设施相互协调形成一个有机整体。然而，各级政府对于经济效益明显的基础设施，如交通设施、供水、供电等建设热情高，争着上项目；而对经济效益不明显，但环境和社会效益明显的基础设施，如污水处理、环境卫生、园林绿化等建设热情不高。因此，这就造成了前一种类的重复建设，而后一种类的短缺与不足。为此，在地方合作中必须从整合资源的角度出发，构建协调发展的基础设施科学体系。

基础设施的共建共享主要包括这几个方面：一是交通基础设施。这里的交通线路主要是包括铁路、水路、管道、公路等运输方式，通过合理的规划，实现城市之间的科学组合；二是网络信息高速公路。学校、医院、政府、企业、娱乐场所等相关主体的信息，通过信息网络建设，从时间上和空间上把不同地域不同时间的各主体有效地联系在一起，实现了信息平台的共建共享；三是城市生命线系统。城市水安全系统、能源安全系统、防灾系统和对外交通系统的互动和联系，进一步提升和实现了城市公共安全的保障。

二、流域治理型

流域治理型主要是指地方政府共同拥有同一片水域或者是同一片流域，为了保护和治理该流域内的生态环境问题，联合起来进行综合协商，制定出相应的规章制度和治理措施，对流域进行整治的一种地方合作类型。例如，中国的太湖水域治理、长江中上游天然林保护工程、黄土高原的水土治理工程和三北防护林工程，以及美国的田纳西河流域等。表5-2列出了中国有关跨区域环境污染的重大事件。

流域治理型产生的原因有二：一方面，污染的共同性决定了治理的统一性。环境污染是流域各地方造成的，其不良的影响也是波及整个流域地区的，共同治理就显得尤其必要；另一方面，地方政府独立开发和管理不能实现其

表 5-2 中国近十年来跨区域环境污染事件

时间	事件
2001.11	江浙交界水污染,爆发了惊动中央的特大突发性水事纠纷。
2002.10	云南省南盘江柴石滩以上河段突发严重水污染事件,造成上百吨鱼类死亡,下游柴石滩水库3亿多立方米水体受污染。
2004.3	四川化工股份有限公司第二化肥厂将大量高浓度氨氮废水排入沱江支流毗河,导致沱江江水变黄变臭,氨氮超标竟达50倍之多。污染发生后,50万公斤网箱鱼死亡。沿江简阳、资中、内江三地被迫停水4周,影响百万群众。
2004.7	由于受淮河上游大雨影响,河南周口和安徽阜阳等地相继开闸放水,造成闸内积存污水下泄,污水团流经洪泽湖,导致江苏盱眙县等地水产品经济损失超过3亿元。
2005.4	清水江跨界污染问题引发重庆和湖南等乡镇群众的暴力维权事件。
2005.11	松花江发生重大跨行政区水污染事件。
2006.11	四川泸州电厂发生柴油泄漏事故,部分柴油流入长江,污染带顺水而下进入重庆境内,泸州市城区停水。
2007.7	上游山东境内的化工企业排污造成下游江苏沭阳水危机。
2007.5	太湖、巢湖、滇池暴发蓝藻危机。
2009.1	苏鲁交界邳苍分洪道砷污染事件。
2009.8	湖北黄梅县企业排放的污水致安徽省宿松县龙湖出现大面积死鱼。
2010.7	福建紫金矿业紫金山铜矿湿法厂污水池突发渗漏环保事故,受到污染的水沿福建汀江进入广东境内,闽粤跨界水域受污染。
2011.2	浙江嘉兴因上海金山区化工厂事故致臭气弥漫整个市区,有市民闻到臭气后有眼睛疼痛、恶心、呕吐等身体不适的症状。
2012.1	广西龙江河镉污染事件,使得沿岸及下游居民饮水安全遭到严重威胁。
2013.3	上海黄浦江松江段水域漂浮近万头死猪,而死猪的源头是浙江嘉兴。

资料来源:作者根据相关资料整理而成。同时参考了胡佳:《跨行政区环境治理中的地方政府协作研究》,复旦大学2010年博士毕业论文,第3页。

项目目标,需要流域内各方力量共同努力,通过合作与协调来实现。例如,实现河流航运目标、下游对径流质量和数量的控制要求目标等。

以中国太湖流域为例，自 20 世纪 80 年代以来，太湖周边的工业化和城市化进程加快，使得该地区成为了长三角地区的核心区域之一。然而，高速增长和高速发展的背后带来的却是太湖流域环境质量的不断下滑，最后太湖成为了名副其实的污水池。2007 年的太湖蓝藻事件，其实就是一个最好的实例。太湖的蓝藻事件直接导致了无锡的饮用水危机，同时也使太湖流域周边的省市和上游的地区受到了不同程度的影响。

　　太湖流域的治理绩效，来源于沿湖流域的地方政府的合作治理。只有认识到共损共荣才会倾力合作，单凭某一地方政府的努力是取不到明显的效果。为此，无锡、苏州、常熟等政府制订出台了治理太湖、保护水源的规章制度，同时临近的上海和浙江的也积极配合。只有形成区域发展共同体，使太湖流域的环境治理、生态建设成为联结各方的共同利益纽带，才能形成有效的流域治理。

　　美国田纳西河流域的治理经验值得一提。美国田纳西河流域管理局(The Tennessee Valley Authority，简称 TVA)，就是经美国国会批准授权成立的、对田纳西河流域进行开发与管理的机构，它既享有政府权力又具有私人企业灵活性。《田纳西河流域管理局法案》第 4 部分对田纳西河流域管理局规定了一系列的权利：(1)岸线管理。全局有 11000 英里岸线，分为 4 种管理类型：洪水淹没权岸线、TVA 所有居民可通行的岸线、TVA 所有且共同管理的岸线、TVA 所有且管理的岸线。管理局有岸线流域转让土地一切用途变更的审批权。(2)土地管理与规划。管理局有权管制沿线的土地利用、开发与保护。主要管理方式有：流域工作组、建设许可证、公告、岸线管理政策、河岸修复、文化资源管理组、土地复垦等。(3)洪水减灾。洪水减灾主要通过蓄洪解决。管理局已建成数十座防洪大坝，拦截洪水于水库之中，有效地降低了洪水的破坏作用。(4)环境保护。除日常土地管理开发时维护栽种本地生物群落、避免外来物种，防止河岸浸蚀，治理水土保持之外，还有逐渐扩大无污染发电比例，开展污染治理，保护大气质量，以及改善河流水库水质等活动。实践表明，TVA 是现代政府主导流域管理最早最成功的例证，"是美国历史上第一次巧妙地安排整个流域及其居民命运的有组织尝试"。[1]

---

[1] 刘绪贻：《田纳西河流域管理局的性质、成就及其意义》，载《美国研究》，1991 年第 4 期。

三、区际贸易型

地方合作与区际贸易两者之间存在着密切的联系。区际贸易主要是发生在地区与地区之间，通过制定相应的规章制度，对相应的商品减免关税，或者实行税收优惠，为使双方的贸易商品能够通畅的在地区之间展开贸易。显然，贸易是地方之间经济联系的反映，产品或服务交易的流向和流量体现地区之间相互作用关系的路径和强度。因此，通过区际贸易往来可以进一步明确地方合作的方向和目标。

当市场发育到一定程度上，必然要求在区域上空间界限一系列突破。这是市场发展的必然规律，也是区际贸易型合作创议的根本动因。通过地方政府间合作，完善要素市场体系。这是因为，要素自由、充分流动，既是区域协调发展的重要前提条件之一，也是要素市场成熟的主要标志；同时，还须打破行业垄断和地区封锁，要引入竞争机制。

世界六大都市圈几乎都具有区际贸易型的基本特征。纽约大都市圈、北美五大湖大都市圈、东京大都市圈、巴黎大都市圈、伦敦大都市圈以及长江三角洲都市圈，这些都市圈无一不是打破地区封锁、实现区域分工的产物。

区际贸易型合作的实施过程中，一方面凭借基础设施，推进资源的自由流动。特别是纽约、伦敦、巴黎、东京的地方合作与区域一体化过程中，依据平原、港口等天然地理优势，推进城市轨道交通、公路、铁路、航空、通讯等形成了一套立体交叉的基础设施网络系统。这些基础设施网络，极大便利了各种生产要素的自由流动。另一方面是产业的跨地区扩展。产业链是区域经济发展的生命线。从纽约、东京、伦敦、巴黎的规划过程可以看出，准确的产业定位和产业链建立，并按照市场经济规律要求，不断进行产业结构优化配置和建立有效产业链是其形成的必要条件。

四、资源合作型

资源有许多种分类，习惯性称之为的资源主要有：人力资源、矿产资源、技术资源、水资源等。资源的合作主要是把资源丰富地区的资源输送到资源相对匮乏的地区。由于资源分布的时间和空间不对称，因此资源合作型的创议动因，一直屡见不鲜。例如中国的水资源，北方和西北地区的水资源总量不足全国的 20%，而耕地却占全国的 60% 以上；南方地区占有 80% 的水资源，却仅有不足 40% 的耕地。[①]

中国资源分布的时间和空间不对称，还表现在诸多方面。例如，发展工业所需要的能源绝大部分分布在北方地区，而大多的有色金属又分布在南方地区；经济发达地区如长三角和珠三角地区，是资源相对匮乏地区，而资源丰富的中西部地区，却经济发展水平低，资源的利用率低。南水北调工程、西气东输工程、西电东送、北煤南运等跨流域、跨区域的资源调动，为的就是解决资源的空间分布不均问题。

西气东输工程属于资源合作型的创议动因。西气东输工程是指中国西部地区天然气向东部地区输送，主要是新疆塔里木盆地的天然气输往长江三角洲地区。输气管道西起新疆塔里木的轮南油田，向东最终到达上海，延至杭州。途经 11 省区，全长 4000 千米。设计年输气能力 120 亿立方米，最终输气能力 200 亿立方米。于 2004 年 10 月 1 日全线贯通并投产，上述主要是一线工程，还有二线工程是把西北地区的天然气运输送到珠三角地区，我们主要是以一线工程为主。

实践表明，"西气东输"工程将大大加快新疆地区以及中西部沿线地区的经济发展，相应增加财政收入和就业机会，带来巨大的经济效益和社会效益。这一重大工程的实施，促进中国能源结构和产业结构调整，带动钢铁、建材、石油化工、电力等相关行业的发展。沿线城市可用清洁燃料取代部分电厂、窑炉、化工企业和居民生产使用的燃油和煤炭，这些有效改善大气环境提高人民生活品质。

五、海湾合作型

海湾型的区域合作，是指各地方政府分布在海湾沿岸，共同的享有该海湾，同时也分享该海湾的资源。海湾型的区域合作主要是以经济合作为基础，同时也包含着生态、基础设施、社会文化等方面的合作。中国从南到北依次有北部湾的区域合作、杭州湾的区域合作以及环渤海区域合作；国际上，有国家之间的海湾合作形式，如海湾阿拉伯国家合作委员会，其成员国包括阿联酋、

[①] 数据来源于高级中学课本《地理》，中国地图出版社 2008 年版，第 129 页。

阿曼、巴林、卡塔尔、科威特和沙特阿拉伯等国家。

以环渤海合作为例阐述该类型的地方政府间合作动因创议。环渤海处于东北亚经济区的中心地带，是中国北部的黄金海岸；包括辽东半岛、山东半岛、京津冀三省二市，同时可辐射到山西省及内蒙古中部和东部盟市。[1] 该区域被经济学家誉为继珠三角、长三角之后中国经济的第三个增长极，在中国对外开放的沿海发展战略中占有极其重要的地位。然而，环渤海湾长期处于行政割据状态，市场不统一，且区域内的结构功能分区不合理。[2] 虽然区域内各省市已经从理论上开始对环渤海经济合作进行研讨，但由于涉及利益主体的多元化，依靠行政力量的推动尚未有太大的内在冲动，实质意义上的合作尚未全方位开展。

为了推动渤海湾地区交流合作，最先成立了"环渤海地区经济联合市长联席会"。该联席会成立负责日常事务的常设机构办公室，将各省市的财政、金融、经济主管部门、社会科学领域等部门的主要负责人纳入参会人员和办事机构，以利于进行更加紧密、务实的研讨及合作。同时破除地方保护主义，促进区域内跨省产业及经济大连通。在积极协商的前提下，认真执行区域内已经达成共识的相关协议，顾全大局，发挥优势产业，避免了恶性竞争。

区域空间布局的合理化也是合作的重要内容。基于科学的规划，各地方应有合理的定位。北京应建设成为政治、文化、服务、交通中心；天津着力建设成为北方的金融、航运、制造业中心；河北建设成为重要的粮食产区、化工、汽车、钢铁制造业；山东及辽宁各自发挥自己的优势发展特色产业。

---

[1] 全区陆域面积达112万平方公里，总人口2.6亿人，占中国国土的12%和人口的20%。环渤海地区共有157个城市，约占全国城市的1/4，其中城区人口超百万的城市有13个。以京津两个直辖市为中心，大连、营口、秦皇岛、唐山、东营、烟台等沿海开放城市为扇面，以沈阳、呼和浩特、太原、石家庄、济南等省会城市为区域支点，构成了中国北方最重要的集政治、经济、文化、国际交往和外向型、多功能、密集的城市群落。

[2] 环渤海内各城市的功能结构分配不合理，功能分区的重叠，以及基础设施重复建设等。在城市功能定位时，北京重点建设成为政治、文化、服务中心。天津着重打造成为北方的金融、航运、制造中心。但是在城市建设的同时，北京也提出了要建设金融中心，这样就产生了区域内城市功能的重叠；在港口的建设和利用方面，各地之间也产生了恶性的竞争。在天津港的吞吐能力还没有发挥到最大化的同时，河北又提出要建北方另外一个大港曹妃甸。这样在环渤海地区较大的港口就有了天津港、曹妃甸港、秦皇岛港、大连、黄骅、青岛、烟台等港口，这么密集的港口分布，就造成资源的浪费。

经过统一的规划和合理的布局，使得该区域内的产业布局更加合理。比如首都钢铁公司搬迁至河北唐山就是一个很好的区域合理规划的例子。

六、公共安全型

人类社会已进入风险时代，自然灾害、事故灾难、公共卫生及社会安全等各种突发事件频发。由于上述各种突发事件的不确定性、破坏性、跨域性明显，使得单一政府难以应对，建立跨区域指挥尤为迫切。例如，为了应对各类突发事件，长江三角洲地区建立区域应急联动非常必要，具体内容见表5-3。在紧急事态管理（Incident Command System，简称 ICS）理论研究中，对于涉及多个行政区域的突发性事件，建立跨区域指挥（Area Command）尤为迫切。由于区域安全联动的重要功能与作用，美国国土安全部对此赞赏有加，总结了六大优点：将一套目标用于整个突发事件；使用共同的途径制定战略并实现管理目标；信息流程和协调得到改进；所有机构都了解合作的优先权和限制；任何机构的权力都不会受到损害和忽略；在行动预案的安排下完成各自分配的任务，其联合工作都能实现最优化。[1] 显然，区域应急联动在职责分工、资源供给、方案实施等方面具有强大优势。

在国内外不少大城市公共安全治理过程中的合作机制逐渐建立和发展起来，从而极大提高了政府应对危机的能力。以日本东京为例，为了强化东京都的灾害应急能力，东京都与其他地方政府签订了相互援助的合作协定，涉及救灾物资的提供和调拨，公务员的派遣（主要指医疗、技术和技能系统的人员），救援车辆和船只的供应，医疗机构接受伤员，教育机构接受儿童和学生，火葬场、下水管道设施的使用等内容。一旦东京发生灾难，发出援助请求，附近的七个都市县都应该按照相互救援合作的规定，前来救援。如果灾害使得东京无法与外界联系时，根据协定，其他大城市在没有得到东京的救援请求时，可以自主出动救援。除了首都圈之外，东京还与更大范围的大城市政府签订了应急相互救援协定。[2]

---

[1] 夏保成：《西方公共安全管理》，化学工业出版社2006年版，第105页。
[2] 赵成根：《国外大城市危机管理模式研究》，北京大学出版社2006年版，第15页。

表 5-3 近十年来长三角区域应急联动大事记

时间	事件
2003 年	非典型肺炎
2004 年	禽流感疫情大面积爆
2005 年	禽流感、东南沿海海啸
2006 年	自然灾害严重（台风、洪涝、旱灾、风雹、地震、低温冷冻、雪灾）
2007 年	太湖蓝藻事件
2008 年	南方雪灾、汶川大地震
2009 年	手足口病疫情
2010 年	上海世博会
2011 年	温州动车事故
2012 年	"1·6"南京抢劫案
2013 年	禽流感联防联控

资料来源：作者根据相关资料整理而成。

围绕着公共安全议题，中国各地方政府间积极开展合作，其具体内容见表5-4。当前公共安全型合作创议的基本特点：(1)涉及领域有地震应急、海上应急处置、安全生产、公共卫生等各类突发事件；(2)主要内容有信息平台互通、战略规划、突发事件监测预防、应急处置和善后处理协作等；(3)基本措施有建立联合指挥部、联席会议、专题工作小组、工作交流制度、应急物资、救援队伍、应急管理专家的支援等。

特别是在各省交界地处的跨省区合作，有利于社会稳定和矛盾化解。例如，甘肃省华亭县地处陕甘宁三省区交汇处，是全国十三个重点产煤基地之一，由于特殊的地理位置，加上风俗习惯、经济差异等客观因素，华亭县也是一个矛盾多发地。河西河边上游的华亭县山寨乡的村民与下游的宁夏泾源县新民乡的村民的矛盾由来已久。甘河村车家沟社部分村民在河沟中乱扔垃圾，导致河水污染，影响了下游泾源县群众饮水，因水而发的纠纷眼看就要演变为群体性事件。山寨乡司法所的工作人员通过上门耐心细致地说服教育，化解了这一矛盾。司法所工作人员及时将处理结果通报给宁夏泾源县相关部门。华亭县和陕西陇县、宁夏泾源县建立了边界联防联调机制，签订了《接边地

表 5-4 中国地方政府间公共安全型合作创议

时间	机制	内容
2006年	辽宁中部城市群协议合作"应急救援"	城市群中任何一个城市发生安全生产事故,其他六市将联手共同救援"受难"市。实现五大资源共享,即技术资源共享,物质资源共享,人力资源共享,设施设备资源共享,安全生产事故应急救援的支援共享。
2007年	晋冀蒙六城市应急物资紧急调运区域合作运行机制专家论坛	晋冀蒙六城市,在城市发生突发事件之后的应急处理、城市间合作、生活物资与重要生产资料调运。
2007年	鲁西地震应急协作联动区会议	鲁西地震应急协作联动区是按照省地震局的要求于2007年成立的,包括有济南、菏泽、枣庄、济宁、德州、聊城等城市。遵循属地为主、资源共享、优势互补、分工协作的原则,已在鲁西地区地震监测、地震应急、观测资料共享等方面进行了多项合作。
2010年	泛珠城市应急管理合作机制	第五届泛珠三角城市市长论坛,南宁市市长黄方方呼吁:第一,加快制订泛珠三角省会(首府)城市应急管理战略规划;第二,加强泛珠三角省会(首府)城市应急管理合作的协调与沟通;第三,促进泛珠三角省会(首府)城市应急管理信息平台互通;第四,落实好现有国家应急管理法律法规和区域合作框架协议。
2010年	深莞惠签署"应急管理合作协议"	应急管理办事机构在接到涉及或有可能影响其他方的紧急突发事件信息,需要尽早通报相关市应急管理办事机构;对于涉及跨行政区域的紧急突发事件,相关市在必要时建立联合指挥部,共同处置、协同应对;在突发事件发生后,合作方将给予应急物资、救援队伍、应急管理专家等相应支援,并在必要时调拨应急物资和装备。

2011年	"江西省与湖北省应急管理合作协议"签订	明确提出了自愿平等、互助共赢的合作原则，重点在突发事件监测预防、信息通报、应急处置和善后处理协作，以及应急管理工作交流、应急平台建设等方面开展交流与合作。根据合作需要，成立专题工作小组，就一些具体事项开展专项合作。定期或不定期开展应急管理工作交流。
2011年	大连联手环渤海地区12市建立海上应急合作机制	一是建立联席会议制度。根据合作需要，原则上每年围绕一个主题，举办一次环渤海区域海上应急处置联席会议，研究决定区域内海上应急处置合作重大事项，必要时可以召开临时会议。二是设立联席会议秘书处。具体由联席会议主办方的政府应急管理机构承当，秘书长由联席会议主办方应急管理机构主要负责同志担任。三是建立部门、专业指挥部之间的衔接、沟通和落实制度。四是设立专题小组。开展具体的专项合作。五是建立海上应急处置工作交流制度。开展多形式、多渠道的工作交流。

资料来源：作者根据相关资料整理而成。

区民间纠纷联合调解合作协议》，制定了《接边地区民间纠纷联调工作细则》，建立了领导管理、联系协调、上下联动、联合排查、应急处置、督查督办、考核奖惩、信息互通、培训交流、责任追究等十项制度，共同做好了毗邻地区民间纠纷调处工作。华亭县自建立毗邻地区矛盾纠纷联调机制以来，各接边地区联合调解委员会共化解各类边界纠纷103起，避免纠纷激化25起，制止群体性械斗4起，调解率和调处成功率达到100%。[1]

---

[1] 赵志锋、杨俊杰：《接边联调有一件化一件：华亭10项制度稳定三省边界》，载《法制日报（社区版）》，2013年6月2日，第4版。

第三节 创议过程

合作创议过程是由多个因素共同决定的,由参与创议的各方相互讨价还价、妥协与交换,并最终达成协议。根据戴维·伊斯顿的系统方法论,可以把合作创议过程分为问题界定、意愿表达和意愿形成等三个阶段。问题界定是合作动因的基本内容,亦即通过地方合作要解决的问题;意愿表达是合作各方在地方政府合作中的利益诉求表示;意愿形成则是合作创议的意愿经过讨价还价而最终形成。其具体内容可见图5-1。

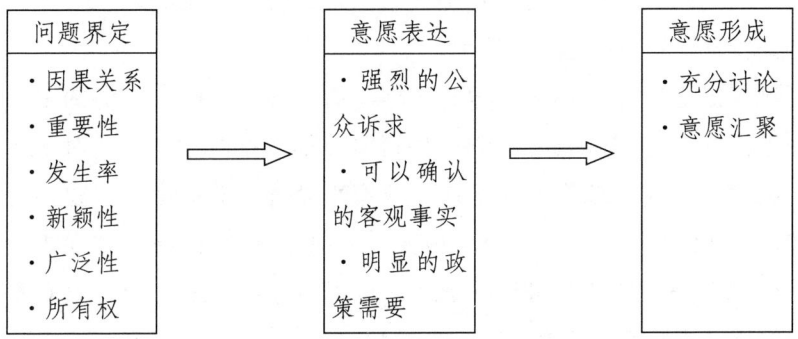

图5-1 问题界定—意愿表达—意愿形成模型

一、问题界定

关于地方合作起源和动力机制方面的研究,现有成果多是从政治学或政治经济学视角切入。理论界一般将地方合作的形成归因于区域外部的权力压力以及区域内部权力关系的变化,认为区域集体行动的形成是一个被动的过程。它要么是抵制区域外势力的一种战略安排,要么是其他成员为约束区域内某一成员实现其霸权意图的一种手段。①

地方合作是各地方政府间相互依存关系的发展和谋求共同利益的必然结果。为了解决经济相互依存中的利益冲突、公共产品供给不足和交易费用上升等问题,地方之间必然会通过协商的方式,共同构建相关机制和规范将合作制度化。在合作创议过程中,更为强调非政府行为体的力量对于地方合作

---

① [美]肯尼思·华尔兹:《国际政治理论》,信强译,上海人民出版社2003年版,第6章、第9章。

的推动作用。同时,更注重分析各种成员主体之间的观念认同、信任机制和交往习惯等因素在地方合作创议过程中所产生的影响。①

在合作创议过程中,问题觉察是问题界定的起点。问题觉察通常是问题形成的开始阶段,是某一个问题被发现,并引发参与者较多关注而准备采取可能行动的过程。一般而言,最早注意到合作问题的往往是企业,由于市场割据、地方保护等原因使得企业通常能够从微观视角觉察到地方合作的必要性;地方政府的官员是第二个注意到合作问题的参与者,因为他们是企业抱怨的对象;第三个注意到地方合作问题的,主要包括各类研究人员、专家学者,他们在各自的研究领域中觉察和确认某些合作性公共问题。此外,一些新闻媒介也是较早注意到问题的觉察者。

问题界定也是一个科学思考的过程,通常是一个较为专业的工作。根据具体问题,可以考虑采取内部研究和聘请外部专家两种方式。对于合作创议的问题而言,如果把该问题交给地方政府来处理,其提出的问题界定不仅受知识和信息的约束,而且不可避免地会受到地方政府自身利益的影响。因此,聘请"外脑"是一个切实可行的选择。外部专家的问题界定更具有专业性,使得问题界定更具有科学性、可操作性。

完整的问题界定通常都有由若干核心要素构成。柯勃等人认为,问题界定至少包括六个要索:(1)因果关系。这是问题界定的关键点。作为与社会公众期待状态偏离的公共问题,它的产生被认为总是有原因的。因此,因果关系的探求通常是问题界定不可或缺的一部分,尽管有时因果关联难以确定。(2)重要性。公共问题是普遍存在的,而政府部门的资源与能力是有限的。因此,如何让公共问题上升到公共政策,往往是问题间竞争的漫长过程。(3)发生率。公共问题的发生率是问题界定的重要方向,它表达了某一问题在受影响及不同程度面临风险的人群中的发生频率。发生率的高低,将影响成为公共政策的可能性。(4)新颖性。倘若一个公共问题被称之为新奇的、史无前例的,那么它通常会引起广泛关注,更有机会进入决策者的视野。(5)广泛性。显然,影响面越广的公共问题,得到决策者重视的概率就会增大。(6)所有权。这是

---

① [美]彼得·卡赞斯坦:《国家安全的文化:世界政治中的规范与认同》,宋伟、刘铁娃译,北京大学出版社 2009 年版,第 7 章。

指公共问题产生后,谁有权力对产生的原因、后果及解决方案加以描述。由于公共问题的属性、强度以及影响力不同,导致诉求解决的渠道和方式的差别。①

二、意愿表达

合作创议意愿的形成,必须满足三条基本前提:(1)是出现强烈的公众诉求,呼吁政府对相关公共问题予以解决。即相关利益者因某种客观事实的存在而遭到利益,或者产生了某种持续的不安或恐惧的情绪,从而强烈地要求政府采取行动、解决问题;(2)存在一种可以确认的客观事实,且该问题解决了可以提高共同利益,或者该问题已经或者即将造成严重危害;(3)形成明显的政策需要,除少数公共政策是政府基于未来某种可能性的估计而作出的预防性的政策决定外,现代政府绝大部分的公共政策都是现实问题的集中反应,而且这些问题都到了非解决不可的地步,且只有在各地方政府的共同参与下才能获得解决。

曼瑟尔·奥尔森关于集体行动逻辑的观点与论述,或许为合作创议意愿的形成提供一种解释。奥尔森认为,从理性的和寻求自我利益的行为这一前提可以逻辑地推出集体会从自身利益出发来采取行动,这种观念事实上是不正确的。如果一个集体中的所有人在实现了集体目标后都能获利,由此也不能推出他们会采取行动以实现那一目标,即使他们都是有理性的和寻求自我利益的。实际上,除非一个集体中人数很少,或者除非存在强制或其他某些特殊手段,以使个人按照他们的共同利益行事,有理性的、寻求自我利益的个人不会采取行动以实现他们共同的或集体的利益。换而言之,即使一个较大集体中的所有人都是有理性的和寻求自我利益的,而且作为一个集体,他们采取行动实现他们共同的利益或目标后都能获益,他们仍然不会自愿地采取行动以实现他们共同的或集体的利益。②

显然,按照奥尔森所描述的集体行动的逻辑,由于地方合作涉及众多的

---

① Roger W. Cobb and Joseph F. Coughlin, "Are Elderly Drivers a Road Hazard? Problem Definition and Political Impact", *Journal of Aging Studies*, Volume 12, No.4, 1998.

② [美]曼瑟尔·奥尔森:《集体行动的逻辑》,陈郁译,上海三联书店1995年版。

利益相关者，这无疑给合作创议的意愿形成带来很大困难。让合作创议的意愿诉求得到充分表达，是合作创议形成的前提和基础。意愿的诉求主要是合作政策的创议时期，政策制定的主体为了达到自身的目的或者说是为了维护自身的利益而表达出来的，希望制定什么样的政策的一种请求。基于合作政策制定的角度，其主体大体上可以分为以下几种类型：政府官员、智囊团、新闻媒介、知识分子、企业家、普通民众。

关于公共政策的创议过程中政府官员所起到的作用，拉斯韦尔的《政策科学》一书中提出了政策过程七环节原理，即信息、建议、法令、执行、实施评估和终止原理。在信息这个环节中他认为，信息的来源是多渠道的，但是只有有用的信息才会被人们所关注。在这一环节中政府官员的作用最大，因为他们手中握有权力。同时普通民众也要积极地发现信息，传递给官员。[1]卡·得洛尔指出，对于公共政策前期应吸收各学科的有益知识而丰富自身、依靠抽象的理论结构与模型，把理论研究与应用研究密切联系起来，把普通的研究方法与个体经验结合起来，多发散思维，更多地吸纳不同个体的看法，才能有更好的公共政策的产生[2]。戴伊提出分析公共政策的八个著名的政治决策模型，其中在精英模型中，他提出了政治精英应当具备战略眼光，对于公共政策的形成起着决定性的作用[3]。上述几位大家都是认为在公共政策创议的议程中，政府官员起着主导性的作用，往往许多公共政策都是由他们发起的，并且是在他们的推动下最终得到大家的认可，形成了公用政策的最初形态。

随着时代不断的变迁和人们参政议政觉悟不断提高，越来越多的群体意识到，需要通过自身的力量去影响公共政策的制定。约翰·金登系统地阐述了政策的溪流理论，也就是多元流模型。政策问题不是首先被总统、国会或者其他决策者权威性地提出，而是这些问题是如何成为了问题，在什么群体中成为了问题，当这些问题被发现后是怎么引起利益相关者注意的，与此同时金登提出了多元流的互动，在不同的政策创议制定主体之间形成了良性的交流平台，

---

[1] Daniel Lerner and Hard D. Lasswell, *The Policy Science:Recent Development in Scope and Method*, Standford University Press, 1951.

[2] [美]叶海卡·德罗尔：《政策科学的构想》，翻译组译，上海远东出版社1996年版，第79页。

[3] [美]托马斯·R. 戴伊：《理解公共政策》，孙彩虹译，中国人民大学出版社2011年版，第379页。

这样形成的议题才具有代表性，才能够被广大人民群众所接纳。①

根据上述不同学者对政策创议过程中的参与主体功能与作用的论述，在此重点阐述精英、媒体和社会民众在地方政府合作中的利益诉求行为：

精英。可以毫不夸张的说，精英是地方合作意愿提出的核心力量。精英人士具有敏锐的洞察力、统筹全局进行战略性思考和谋划的能力，他们一般都能够有力地把握时代的脉搏，预见其发展趋势，掌握工作的主动权。同时精英人士大多都有社会威望，手中握有重要的权力或者是资源，能够影响到一个地区甚至是一个国家政策方针的制定。所以地方合作意愿提出与否，很大程度上是集中在少数精英手中的。那么精英人士主要是包括哪几类人？至少有政治精英、资本所有者和管理层、官僚、知识分子等。

精英人士的合作意愿提出，是一个相互联系、相互作用的过程。对于政治精英而言，地方经济发展的好坏是一个地区政绩的考核标准；对于资本精英而言，地方合作与区域一体化，对于实现资源的自由流通，减少的贸易摩擦，消除地方保护主义，提升产品的国际竞争力是相当关键的；此外，合作创议也离不开知识精英的分析和认证。知识精英通过专业知识、敏锐的洞察力，为地方合作作前期的理论准备和实证调查。这样在三者的共同努力下，地方合作的意愿就能够表达出来。

媒体。媒体是社情民意的"风向标"，能够反映社会舆论的趋向。作为民众和政府官员之间的有效媒介，媒体能够把民众的意愿真实地传递给政府，同时也能够把政府意图传达到民众手中。同时，媒体在传达信息的同时还兼有客观分析，实地考察和认证。媒体甚至会通过各种宣传手段，把媒体的观念进行宣传，引起了管理阶层和民众的注意。因此，在某种程度上，媒体是合作创议的意愿表达的"先行官"。②

---

① [美]金登：《议程、备选方案与公共政策》，丁煌、方兴译，中国人民大学出版社2004年版，第105页。

② 例如，中国的京昆高速公路雅（雅安）—西（西昌）段，由于地势险峻，环境恶劣，迟迟没有动工。在高速公路未开通之前，从西昌到成都坐火车需要10个小时，开车也需要10个小时，这严重影响了西昌民众的出行，同时也不利于西昌旅游事业的发展。最终当地媒体采取了舆论攻势，说明了高速公路对当地经济发展的重要性，同时号召当地民众向政府请愿。并在高速公路沿线地方政府进行游说，向上级政府施加压力。最后在媒体的努力下，高速公路提前2年完成，促进了当地经济的发展和沿线政府间的联系。

民众。民众在合作意愿提出中处于基层位置，但他们又是迫切需要合作的群体。民众由于自身不掌握权力，同时表达的途径和渠道有限，所以往往在意愿的表达中处于最不利的位置。然而，民众对政府官员具有投票的权利，并且意愿真实，所以政府对民众意愿仍然注意和重视。例如，地方合作中大众最为关心的就是环境的污染问题，而环境污染最直接受害者就是生活在周边的大众。因此，他们积极通过集体的诉求，要求解决污染问题。然而，由于污染不是由某一个地方造成的，这就涉及到多个地区。在这样的情况下，地方合作的意愿就提出来。此外，地方合作中对民众而言，意愿最为迫切的就是环境保护、基础设施建设这两个方面。

三、意愿形成

合作创议的意愿是如何最终形成的呢？这至少有这两个阶段：

充分讨论阶段。充分讨论阶段实质上就是各方意见表达、相互博弈、相互交锋的过程。关于地方政府间合作创议的认同是有可能的，只是这种认同过程可能消耗相当大的时间成本、谈判费用和机会成本等，毕竟这一过程是建立在诸多参与者的相互博弈、意见交锋的基础上。在充分讨论阶段，有这几种形式：

合作发展论坛酝酿与讨论。合作发展论坛是地方治理机制的重要组成部分。合作论坛的特点是各抒己见，仅仅代表个人立场，可以视为合作参与者思想的交流。而且这种交流由于具有非官方的色彩，因此能够畅所欲言。尽管是非正式的机制，但是由于合作论坛得到媒体宣传和社会关注，因此往往更容易被大众所认可。

媒体讨论合作意愿。合作创议也可以通过公开媒体的方式发布，这样就可以引起区域内更多人的关注和讨论，这既可以是官方正式的媒体，也可以是一些学术性的刊物。得到更多人的关注，就能够吸收更多更充分的意见，对于合作创议的完善很有好处。此外，更多人关注方案，对于合作方案的最终顺利执行很有帮助，因为充分讨论的方案能够得到更广泛的认可。

地方政府自发协商。通过地方政府间举办的联席会议为主体形式的联合协商模式。地方政府间通过构建横向协商机制，按照互惠互利、平等协商的原则，解决各种跨域公共产品与服务的问题。如以中国长江三角洲地区为例，长三角地区的地方政府间自发的协商已有一定历史，诸多长三角地方合作的议题都是在各级政府首长的协商机制中提出的。见表5-5。

表5-5　长江三角洲地区省级政府合作创议的协商机制

磋商机制	职责与内容
三省市主要领导定期磋商机制	2004年起，三省市主要领导每年定期召开会议，着重磋商事关区域发展的重大战略问题，研究确定区域合作的总体要求和重点事项。
两省一市以副省（市）长级别的"沪苏浙"经济合作与发展座谈会高层会晤机制	大交通体系建设、区域生态环境治理、共同推进自主创新、区域能源大平台建设、区域诚信体系建设、区域旅游合作以及区域人力资源合作。
长江三角洲16城市经济协调会	2004年起每年一次会议，贯彻落实"沪苏浙经济合作与发展座谈会"精神，推进城市间合作，协调城市间的实际问题。涉及交通、信息、生态环境、人力资源等专题。
三省市有关职能部门沟通协商机制	三方人事部门建立"长三角人才开发一体化联席会议制度"；环保部门"污染联防、信息沟通和通报机制"；交通部门"长三角地区道路货运一体化工作联席会议制度"。

资料来源：陶希东：《中国跨界区域管理：理论与实践探索》，上海社会科学院出版社2010年版，第159页。

官员之间的非正式交流。在跨区域公共服务的协商过程中，官员之间的各种形式的非正式关系往往发挥着重要的作用。官员们交流沟通的协商能力，可以作为一种类型的"关系资本"。一个群体抑或一个组织始终是一个社会结构，社会结构仅仅在它能够依赖其成员迥然不同的策略被整合的诸种机制的情况下，才得以存在和持续。① 从这种意义上讲，协商各主体在正式体制之外的磋商沟通——从个人之间的互动关系，通过小团体等非正式这种的线路

---

① ［法］埃哈尔·费埃德伯格：《权力与规则——组织行动的动力》，张月等译，上海人民出版社2005年版，第295页。

或者人们私下之间渠道进行的交流,便是一种非正式的协商手段。这些会晤与互访为各地方政府合作打下进一步集体行动的良好基础。

意愿汇聚阶段。意愿汇聚是合作创议的最终阶段。在公共抉择过程中,要保持很高的透明度和参与性,不同的观点和意见可以在公开场合自由交流和讨论,并达成一致,尽量减少幕后的政治操纵。同时,合作创议的意愿汇聚必须按规定的制度和程序进行。

意愿汇聚必然要涵盖各种不同的利益群体的利益要求,统筹兼顾不同行业、不同群众的利益。埃里克·埃里克森认为,在协商的过程中,"行为体为了协调他们各自的方案,也为了让他们的立场和观点显得合理,在达成协议的过程中向对方学习,有时候为了形成共同的决策甚至不惜改变自己的偏好。"[①] 这种偏好的改变正式协商所追求的效果。但是协商的过程是一个曲折的过程,就算是在某些方面达成一致,在具体操作过程中遇到问题也会重新提到协商的议程之中。当合作者认为协商不能达成一致时,而这种合作又必须持续下去时,他们会选择建立另一个秩序,即仲裁程序,通过一个权威机构来解决协商的难题。

中央政府的政策意图是意愿汇聚的重要途径。特别是在单一制国家中,中央政府以及上级政府设定的制度框架决定了地方治理的空间与治理过程。为了有效推进地方政府间合作关系,实施西部大开发、振兴东北老工业基地、中部崛起等区域发展战略,我国中央政府采取了设立议事协调机构——"领导小组办公室"的跨区域管理模式,见表5-6。中央政府凭借自身独特的协调力量,或者利用中央部委的理论,对区域地方政府之间的矛盾进行协调,加大了地方政府间的交流沟通。

在合作创议的意愿汇聚过程中,中央政府力图通过行政层级控制将权力与国家意志渗入到社会的各个角落,已尽可能地动员一切社会经济和政治资源。[②] 特别是中国这样典型的单一制国家,地方政府更多程度上只是中央政府的附属机构。这样的权力结构决定了在地方政府间横向协商过程中,中央政

---

① [德] 贝亚特·科勒-科赫:《欧盟治理模式》,周弘编,社会科学文献出版社2008年版,第129页。

② 马斌:《政府间关系:权力配置与地方治理:基于省、市、县政府间关系的研究》,浙江大学出版社2009年版,第40页。

府的角色和地位不可或缺，决定着地方政府间横向关系的发展。

表 5-6　中央层面的跨区域协调机构

名　称	主要职责	组织架构	意义或者成效
西部办（2000）	一是研究提出西部地区开发战略、发展规划、重大问题和有关政策、法律法规的建议，推进西部地区经济可持续发展；二是研究提出西部地区农村经济发展、重点基础设施建设、生态环境保护和建设、结构调整、资源开发以及重大项目布局的建议，组织和协调退耕还林（草）规划的实施和落实；三是研究提出西部地区深化改革、扩大开放和引进国内外资金、技术、人才的政策建议，协调经济开发和科教文化事业的全面发展；承办领导小组交办的其他事项。	国务院西部办在国家发改委单设机构，国家发改委主任马凯兼任办公室主任。中共中央、国务院27部门的主要负责人为领导小组成员。下设综合规划组、农林生态组、经济社会组合人才开发与法规组。 组长：国务院总理温家宝	推动了《西部大开发"十一五"规划的出台》
东北办（2003）	四大项：组织贯彻落实中共中央、国务院关于振兴东北地区等老工业基地的方针、政策和指示；审议东北地区等老工业基地的振兴战略、专项规划、重大问题和有关法规；研究审议振兴东北等老工业基地的重大政策建议；协调东北地区等老工业基地经济社会全面发展。	东北办由国家发改委副主任张国宝兼任主任。下设综合组、政策体制组、工业组合相关产业组。 组长：国务院总理温家宝	研究出台了《东北地区振兴规划》

中部办（2007）	负责研究提出中部地区发展战略、规划和政策措施，促进中部地区崛起有关工作的协调和落实。	在国家发改委设立了国家促进中部地区崛起工作办公室，具体工作由国家发展改革委员会地区经济司承担。	国家促进中部地区崛起办公室的设立

资料来源：陶希东：《中国跨界区域管理：理论与实践探索》，上海社会科学院出版社2010年版，第156页。

第六章 合作制定

　　地方政府间合作的制定过程，遵循着公共政策制定的逻辑，有方案提出、方案讨论、方案决策和方案公布的过程；合作协议有约束性合作和自愿性合作两种形式，对合作事宜进行了相关规定和约束。在地方政府间合作的制定过程中，公民社会积极参与其中并发挥重要作用。

第一节 合作制定的过程

　　政策网络是分析地方政府间合作的重要工具。在地方合作的公共政策制定过程中，政府与其他利益成员之间，在平等、互利、开放的基础上，构建制度化的互动模式，对各自关心的相关议题进行对话与协商，以追求政策利益的最大化和均衡化。政策网络的主体多元化和关系网络化特征，适合分析地方政府间合作的政策制定过程。

一、方案提出

　　跨界合作网络不是包括诸多合作主体或合作动机的一个相互分离的概念，而是一个由社区、城市政府、区域政府都参与的完整政策体系。之所以采取这种积极的网络性合作政策，是因为每个合作主体力争作为公共过程的参与者，来实现对各方都有利的公共利益。

1. 提出政策方案的主体

在政策的制定过程中，政府或官僚并非是唯一的行动主体，政策网络内的行动者包括行政人员、国会议员、学者专家、利益团体等与该政策有利益关系的个人或团体。区域治理政策方案的主体有这几种类型①：

地方官员。作为地方利益的代表，地方政府官员要对当地的经济发展负责，更要对社会大众的公共利益负责，因此提出政策方案不仅是地方政府官员的责任，更是地方政府官员应尽的义务。地方政府官员对关系共同利益的制度政策、经济合作等重大问题进行协商，并作出指示和决定，协商通过有助于扩大或加深合作的原则性文件和章程协议。然而，地方政府提出方案时，往往是从本地区的利益出发，只考虑到了本地区的利益，而没有顾及区域的整体利益，甚至可能在损害区域公共利益的情况下使本地区获益，因此各地方政府提出的方案可能是相互冲突的，需要在协调各方利益后才能加以实施。

公共知识分子。政策的供给是需要一定成本投入的。这种成本包括制定政策的时间成本，提出高效率政策需要的知识积累，为了提出方案付出的金钱成本，公共知识分子在时间和知识积累方面都具有自己的优势，这为他们提出政策方案提供了可能的条件。除了这些条件外，公共知识分子有把自己的学识与实际工作相结合的抱负，希望能做到学以致用，用所学到的理论知识来指导实践，如果公共知识分子能够与其他参与者相结合，对于政策方案的形成是很有帮助的。②

相关企业。企业是区域治理的直接受益者，通过地方政府间合作能使企业获得发展红利。所谓发展红利主要是指地方整合之后所带来的发展潜力和区域整合之前的现状能力只差。具体而言，共同利益包括提高生产效率、降低交易费用、建立知识网络、拓展国际机会。因此，区域经济一体化和地方合作是扩大贸易和投资机会的一种手段，也是促进区域经济增长和可持续发展以及各区域国家质检其他方面合作的催化剂。③

---

① 孙兵：《区域协调组织与区域治理》，上海人民出版社 2007 年版，第 154 页。

② 环渤海部分地区一体化的设想，最初由两院院士吴良镛于 2001 年提出，随后环渤海地区经济一体化逐渐成为各级政府和社会各界的共识。2004 年 2 月国家发展与改革委员会及京、津、冀等省市发展与改革委员会达成加强经济交流与合作的"廊坊共识"；2004 年 6 月，环渤海七省区市政府领导达成"北京共识"：召开五省二市副省级会议，正式建立环渤海合作机制，并将合作机构的日常工作班子设在廊坊。据此可见，公共知识分子在环渤海合作的重要性。

③ 王于渐等：《重返经济舞台中心：长三角区域经济的融合转型》，上海人民出版社 2007 年版，第 182—184 页。

区域治理组织。正式的区域治理组织是责无旁贷的合作方案提供者。各种不同形式的区域治理组织在国家指导下，相继制定出或正在着手制定区域合作规划。例如，中国的南京区域经济协调会、武汉经济协作会等区域治理组织，以解决区域性共同问题、协调区域关系为基本目标，其重点职责包括区域性能源、交通通信等重大基础设施建设、区域性产业组织和产业结构调整、区域市场形成和发展等方面。

2. 政策方案的提出路径

地方政府间协调机制是合作政策方案提出的重要路径。地方政府形成了自己的政策方案后，可以在与其他地方政府就区域公共事务进行协调时提出，就此表明对于合作性公共事务的观点、立场和解决思路。在长期合作的基础上，基于合作性公共事物的拓展，或者合作中存在问题的解决，在不同方案间的相互碰撞，最终形成不同地方政府均能接受的方案。①

区域发展论坛也是合作方案提出的重要场所。区域发展论坛是区域治理机制的重要组成部分，也是区域治理正式组织的有效补充。它是一个广泛听取社会各界意见或建议、反映民意的民主化决策咨询机构，也是一个民众参与、反馈意见的民主决策的制度平台。其主要职责是根据世界经济发展的趋势，针对当前及未来区域经济发展中，共同面临和需要解决的关键问题，针对不同专题采用不同形式定期开展大型研讨活动。尽管论坛是非正式的机制，但是一旦参与者的思维受到论坛的影响后，就可能会在正式的文件中得以体现，因此这种非正式机制成为了提出区域政策方案的助推器。②

有不少合作方案，是在区域治理正式会议上提出。如果区域治理形成了

---

① 例如，泛珠三角地区建立了港澳相应人员参加的政府秘书长协调制度。协调推进现有的和协议提出的合作事项的进展，组织有关部门联合编制推进合作发展的专题计划，并向年度最高行政首长联席会议提交区域合作进展情况报告和建议。

② 如泛珠三角区域合作与发展论坛是推动区域合作的重要平台。2004年首届泛珠三角区域合作与发展论坛在香港、澳门、广州三地举行，作为泛珠三角区域合作的重要里程碑，这次论坛取得了六个方面的重要成果：第一，深入探讨了泛珠三角区域合作的目的、意义，达成了广泛一致的共识；第二，共同签署了《泛珠三角区域合作框架协议》，为推进泛珠三角区域合作建立了制度保障；第三，建立了多层次的泛珠三角区域合作的新机制；第四，从国家层面提出了泛珠三角区域总体及部分行业的发展规划和战略构想；第五，创造性地探索了区域合作与发展的新模式；第六，扩大了泛珠三角区域合作的影响。

像区域议会这样的正式组织后,政策方案就可以在区域治理议会的会议上通过正式的流程提出,区域治理组织的其他成员可以就提出的政策方案进行讨论和评价,发表自己的观点和看法。政策方案通过正式会议的讨论,形成最终方案就有了很强的约束力,对于方案的顺利执行具有重要意义。例如,粤港联席会议就是有关政策方案出台的案例。①

媒体也日益成为合作方案的提出者。从公共政策系统要素构成来看,媒体与政府系统、政党、利益集团、公众一样,都是对公共政策的制定有直接影响的主体。媒体不像其他主体那样直接对公共政策产生影响,但它可以通过信息和舆论等平台,对公共政策的制定在外围施加影响。具体而言,媒体在传播公共政策、反映引导相关舆论、沟通相关社会信息等方面发挥作用,使话题公开化、交流公共化,从而反映出社会问题和相关态度,成为制定公共政策的重要参考,进而产生重要影响。

二、方案讨论

提出地方合作的政策方案后,就进入了合作方案的讨论阶段,要对先前提出的各项方案进行讨论,对不同的政策方案进行比较、分析,为方案抉择阶段提供依据。与一般政策过程相比,合作方案的提出阶段并没有太大的区别,都是参与者根据自己的情况提出自己偏好的方案。但在方案讨论阶段,情况就大不相同。这是因为地方政府间合作涉及不同的利益主体,这些利益主体代表不同的利益,协调起来就会比较困难。

---

① 在2003年第六次粤港联席会议中,双方不仅确定了包括推介"大珠三角"、加强旅游合作、协调大型基建、加强高新技术合作、加强服务业合作、加强经济合作腹地、加强口岸合作、加强教育合作、加强知识产权合作、加强文化体育合作、建立传染病情况交流与通报机制、筹备召开经贸合作研讨会等12个方面的合作重点,而且将原来的"双首长制"升格为"双首脑制",不仅在粤港合作联席会议下设"粤港合作联席会议联络办公室",并对应成立相应机构,负责日常具体事务。粤港合作联席会议下设若干专责小组,对各专题合作项目负责研究、跟进、落实。为加强粤港合作的前瞻性和科学性,双方增设了"粤港发展策略协调小组",就粤港经贸发展的广泛领域分课题进行合作研究,其成果经联络办公室协调衔接后提交联席会议讨论决策。同时,双方还将建立民间合作研讨机制,成立两地企业、行业和商会之间进行经常性研讨的机构,为粤港经贸合作搭建互动平台,两地企业、行业和商会可不定期举办各种研讨会、展览会、信息交流会,建立信息网络,配合政府推动两地经贸合作多层次、全方位发展。

合作方案的制订和实施是建立在各参与主体在合作共同利益的高度认同基础上的，即认为方案的实施会为其带来巨大的绩效。因此，在制定和认同这一模式之前，必然会有一番利益博弈。根据"囚徒困境"的博弈假设可以得知，各博弈方都是有独立的利益意识的理性人，在合作治理中都会按照各自的目标函数，以自身效用的最大化作为决策的最终取向。

方案讨论的过程，更多的是一种网络参与模式，即主张参与形式的网络化，政府、市场、社会等多元力量共同参与的方式。这种对等的网络互动具有以下特征：一是行动者的多元化。各级政府以及企业、非营利组织等，每一参与者在地位上是平等的，每个行动者只是网络中的一个角色。在不同的情况下，行动者所扮演的角色不同，因此它们在网络中都发挥着不同的作用，彼此不可替代。二是以问题解决为焦点。通常允许政府官员采取必要的手段，去推动各项具有建设性的工作。三是强调联系、沟通以及网络发展的重要性，强调政府间在信息、自主性、共同分享、共同规划、联合劝募、一致经营等方面的协力合作。四是信任与合作。网络模式下的各个政府之间尤其是地方政府之间不是互相孤立的，当他们无法依靠自身的资源获取目标时，会主动进行联系，因此他们的策略是合作信任而不是竞争。五是强调公私部门的混合治理模式，倡导第三部门积极参与政府决策。

不同主体在方案讨论中所起的实际作用程度各不一样。第一类是由于利益相关程度高且存在直接利益竞合关系的地方政府，它既可以是一个组织，如地方政府本身，也可以是地方政府的各级官员，可以是政府机构中的部门负责人。这些官员直接或间接参与协商的信息沟通或谈判过程；第二类是协商的组织者或裁判，中央政府或者中央政府的各部署公共服务机构，往往在合作过程及发起协商的过程中起到实际发起者的作用，并在协商的过程中进行组织和协同冲突，甚至仲裁的作用；第三类是公众、专家等一般参与者。专家组织各种学术及民间论坛，而公众通过各种形式表达了跨区域公共服务的利益诉求。

三、方案抉择

合作方案的抉择主要是根据地方政府间合作约束条件，在众多的合作方案中选择一个最好的方案。决策者应该预测和合理预计各种方案结果可能出现的概率,分析各个政策方案可能发生的潜在后果,在此基础上对上一阶段提出的各个政策方案进行比较。

合作方案可以从以下三个方面进行评价和选择结果。首先是合作方案的可行性评估。可行的政策方案是执行政策的前提和基础。一个最好的政策方案未必是最完美的,而应该是最合适的,要特别考量是否拥有足够的资源来实施相应的方案,实施方案的成本是多少,成本是否可以被接受。其次,要评估政策方案的有效性和令人满意的程度,也就是政策方案能在多大程度上满足合作治理目标的实现,有利于区域各地方政府的良性发展。第三,考量政策方案在地方政府间合作中产生的结果,即方案可能产生的结果对于区域以及合作参与者现在和未来可能产生的影响。

合作方案的抉择既包括技术层面的分析,也包括不同参与者之间的博弈机制。毫无疑问,合作方案的结果会影响参与者的利益。一方面,区域治理政策方案形成的最终结果所产生的利益如何在不同参与者之间进行划分,谁将获得更多的好处？另一方面,合作方案的制订和实施需要的成本由谁来承担？一般来说,支付更多代价的参与者希望获得更多的利益,但是这样做会引起其他参与者的反对。因此,合作方案的抉择带有很强的政治色彩。

这就对合作方案抉择提出了高要求。首先,科学决策。在合作方案的抉择过程中,应该广泛听取各方面意见、建议,集思广益,在依靠各方专家和顾问力量的基础上,依据科学程序、运用科学方法和技术作出科学的决策,使得决策过程建立在科学的基础之上；其次,实现共赢。在抉择过程中,必须充分了解各方利益要求、全面权衡各方利害关系,让各方都能从决策中得到自己想要的利益,从而最大限度地实现共赢；再次,抉择的透明公开。在公共抉择过程中,要保持很高的透明度和参与性,使信息公开,加强公众参与公共决策的积极性、拓宽公众的参与渠道,允许不同的观点和意见在公开场合自由交流和讨论,尽量减少幕后的政治操纵；最后,按章办事。抉择行为必须按规定和程序进行,营造一个良好的制度环境,使得参与者共享一个共同的、公平的制度平台。①

---

① 孙兵:《区域协调组织与区域治理》,上海人民出版社2007年版,第162页。

四、方案公布

合作方案只有通过表决规定，才可能生效。合作方案如果获得法定数目以上人员的赞成、肯定、同意，即为通过。在实际操作上，合作方案如果只涉及两方，必须得到双方同意才能有效；如果涉及到更多成员，一般采取过半数或三分之二以上的多数通过即可；但如果涉及根本性问题，往往是按照一致通过的原则。

合作方案公布是方案制定的最后结果，在对政策方案作出抉择后，需将方案合法化为具有彼此认同的、权威性的公共政策。在中国，合作方案需要经过地方人大对政策方案的审议，方案经表决获通过后即可成为正式的政策。

在单一制国家中，需要中央政府批准的省际行政协议，应当采用两个标准：一是跨省、自治区或直辖市；二是影响到中央政府的控制力。换而言之，中央政府不需要对每个省际行政协议都行使审批权，而仅仅是对可能涉及侵入中央政府权限范围的行政协议，且主要是对经济和社会领域展开全面合作的框架性省际行政协议。例如，长三角各区域政府一开始就缔结的《长江三角洲城市经济协调会章程》，泛珠三角地区和环渤海地区也都缔结了经济社会领域的全面性合作框架协议，但这些章程或全面性合作框架协议都未经国务院批准。

在美国，宪法第1条第10款第1项规定："任何一州，未经国会同意，……不得与他州或外国缔结协定或盟约。"这是因为制宪时，联邦的地位尚未巩固，联邦担心由分散的各州通过与他州或外国缔结协定或盟约，导致出现脱离联邦或加入他国的失控局面。随着联邦地位的巩固和各州"异心"不再，联邦政府的担心也就逐渐减退了，所担心的只是联邦政府对各州的实际控制问题。1962年美国联邦上诉法院作出裁决，除非得到国会的批准，政治性的洲际协定不能生效，而不涉及政治的洲际协定不必得到国会的同意。然而，由于不涉及政治的社会和经济事务也可能影响联邦政府对各州的控制。1978年美国最高法院在裁决中又作了补充解释，认为如果一个洲际协定没有通过侵占联邦政府权力的方式来扩大作为成员的州的权力，可以不需要国会的同意。这个标准基本上可以解决洲际协定是否需要得到国会同意或批准的问题。

第二节 合作协议的形式与内容

美国、加拿大、英国、德国和奥地利等国的地方政府间关系中，同样有许多诸如"政府间协议"、"谅解备忘录"之类的合作协议[①]。这些协议可能是正式的，一般不具有法律效力，仅仅是简单的信息共享或者交流；也可能是正式的双向互助协议，特别是在紧急状态下的互助约定。例如，消防、警察、卫生部门经常通过书面协定彼此支援。这些协议推动着地方政府间越来越频繁的合作。

一、合作协议的形式

1. 约束性合作

根据合作协议是否具有强制性，把其分为约束性合作与自愿性合作两类。约束性合作通过一系列规章制度，在一定程度上保证地方政府合作有效。合作联盟的一个必要的外部条件，就是要有一个强有力的合作协议，使其约束成员恪守合作协议。其目的不仅使各成员自身的总收益最大，还要使得合作各方总收益最大，达到合作利益的最大化。

合作协议的产生实际上是一个制度被创设的过程，而制度一旦出现，也就开始对成员行为起着约束作用。这就是个体与制度的互动问题。在新制度主义理论中，有一种普遍的观点认为，既定结构的目标就是形塑个体决策行为。这种形塑可以通过规则或者宪法性契约来发挥作用，还可以通过对某种分析框架中的博弈活动中的回报加以形塑。

从地方政府合作来看，参与区域合作的各方对合作协议的执行各不相同，即同样的制度对不同的行动者有着不一样的影响。通常认为，地方政府是理性的经济人，地方政府在多重角色冲突中往往会采取利己行为。然而，强制性的合作协议签署后，地方政府就不得不考虑合作的整体利益，因为各方在签订协议的同时让渡了各自的一部分行政权力。因此，在地方政府合作协议有约束力的前提下，地方政府自我利益最大化的行动是处于规制之下的。

制度经济学认为，一套良好的制度，应该能够对那些破坏集体利益的个

[①] 杨宏山：《府际关系论》，中国社会科学出版社2005年版，第241页。

人效用最大化行为加以限制,而且这套制度还应该确保能够被较好地执行。换而言之,要使地方政府合作协议有效的前提条件,就是确保制度执行的能力。特别是由于委托代理关系和监督成本的存在,地方政府始终会有违背合作协议的冲动,并且对这种违约行为的查处也存在困难。为此,强制性的合作协议显得尤为重要。

与自愿性合作相比,约束性合作有这两个特点:一方面,加强利益诱导。从合作中获利是地方政府参与区域合作的基本动机,而好的合作协议应该让参与合作的各方都能看到充满诱惑的合作前景。这样,他们在执行协议时才会更加积极;另一方面,对于拒绝执行合作协议或不认真履行协议责任的地方政府要给予相应的惩罚,情节严重者应该让其退出合作组织。

英国思想家霍布斯曾说:"约定若是没有刀剑在后支持,只是说说而已"。唯有建立健全地方政府间合作互动的监督与约束制度,才能维系着区域之间合作的顺畅。为此,应有以文字的形式规定下来的规章制度,并具有强制性。同时,设置正式的执行机构。在合作方发生经济纠纷的时候,必须有可以依据的法律、具有仲裁权的协调机构和组织。

由于约束性地方合作在协调公共事务时富有效率,因此这类合作发展颇为迅速,而约束性的合作协调机构也随之增长。法国的市镇联合体委员会(etablissements publics de cooperation intercommunate,简称为 EPCI)属于地方约定组成的约束性合作组织。法国在市镇层面组建多样化的市镇联合体,实现彼此之间的资源共享、互惠互利。作为各联合体的法定公共管理机构,市镇联合体委员会为联合体内的市民提供由法律规定的服务。法国政府规定市镇联合体委员会应该由所有成员市镇的市镇长或议员代表组成,委员会主席则由上述代表选举产生(一般由中心市镇的市镇长担当)。[①] 法国市镇联合体委员会作出的决定对所有成员方都有约束力,因此在作决定前各方展开激烈争论,充分表达意见。如图卢兹联合体委员会在决定是否启动 TAT 工程时,广泛征求了各市镇代表的意见。由于大多数代表都认为该政策只有利于图卢兹市镇的利益,不利于其他市镇的发展,联合体委员会就否决了该

---

① 金蕾:《法国地方治理体系中的市镇政府》,浙江大学 2005 年学位论文库,第 26—28 页。

项工程。①

约束性合作在美国也普遍存在。根据尼古拉斯·亨利（2002）对美国政府间关系的研究，从1789年到1940年间，美国各州只签订57项洲际合约，但接下来的50年，另外就有122项洲际协定出现。平均而言，每个州签订了20项洲际合约，许多州与州之间的协议已经演化成为跨州机构。②除了洲际合约外，美国还有许多诸如政府间协议、地方政府协会、市自治团体协会、县议会协会、城区议会协会等合作机制。20世纪90年代以来，地方政府之间的横向合作，已经不仅局限于协调地方政府间的问题，一些地方政府还通过横向联合形成政治力量，对中央政府的公共决策产生影响。例如，美国东北部七州组成东北部州长联盟，凭借统一的政治联盟在国会争取更多的联邦补贴资金。

2. 自愿性合作

自愿性合作具有这些特征：一是缔结主体的对等性。它的缔结主体，是各级地方行政机关，是一种对等性行政契约；二是缔结事项的自愿性。合作协议在内容上充分体现了求同存异和互信互让，只载明近期能够实现的一体化事项，所达成的共识，往往是一种努力的方向和所需要采取的措施；三是履行的非强制性。契约签订时基于信任与合作基础上，成员方履行契约只有道义责任而无强制规定，也没有规定拒不履行契约义务时的惩罚措施。

为了协调合作性公共事务，自愿性合作也成立了协调机构。例如，在加拿大，联邦、省和地方的首席长官举行非正式会议，且在部长级、副部长级和执行层广泛存在着政府间关系部门，以协调政府间行为，但是这些政府间协议通常是非约束性的；在美国，为了克服区域经济内众多的地方间利益争端与冲突，在区域层面上也进行了设立区域委员会（Regional Councils）等一系列有创新意义的尝试，区域委员会属于地方自发形成的自愿性区域组织。③这

---

① Walter J. Nicholls, "Power and Governance: Metropolitan Governance in France", *Urban Studies*, April 2005, Vol.42, No.4, 783-800.

② [美]尼古拉斯·亨利：《公共行政与公共事务》（第八版），张昕等译，中国人民大学出版社2002年版，第641页。

③ David Y. Miller, *The Regional Governing of Metropolitan America*, Boukler West view Press, 2002, p.103.

类机构无论以何种形式出现,在政府间合作方面的优势非常明显:(1)容易创设,只要有缔结愿望就可以设立;(2)研究合作问题并提出有效的解决方案。协调机构通过关注某些特定的合作问题,并提供讨论论坛,在一定程度上实现了区域整合;(3)为其成员政府提供一个论坛以讨论大家共同关注的问题,对那些有着广泛影响的国家或地方项目进行协调。在某些必要情况下制定解决特定问题的政策,并通过其成员执行决策;(4)一些国家的中央政府授予合作组织有制定区域发展规划、审查地方政府拨款申请的权力。对那些与区域整体规划不符的发展规划,区域机构可以予以拒绝。

然而,自愿性合作在合作治理上有局限性,其主要原因就是权威性和有效性受到极大限制。这种局限性,可以通过分析美国的区域委员会予以体现:首先,根源于区域委员会自愿属性,这种自愿性质使之不能在许多重要问题上采取有效措施。由于地方政府可自主决定加入或退出区域委员会,区域委员会必须认真考虑其行为对每个成员的影响;其次,权威性不足的另一个原因是区域委员会没有独立的收入来源。区域委员会没有征税权,大多数处于资金和人手不足的状况,严重削弱了它们在解决区域性问题中所起到的作用;第三,区域委员会权威不足来源于缺少执行权。由于没有权力贯彻其规划,使得区域委员会通过规划来促进区域性合作的功效大打折扣。地方政府一般都将本地利益置于区域整体利益之上,对区域委员会的一些建议持怀疑态度。如果地方利益与区域委员会产生冲突,地方政府的反应很可能会选择退出。[①]总体效果上来讲,区域委员会是合作治理中一种非常薄弱的合作机制。

此外,自愿性合作存在着一些问题,比如缺乏制度化运作,经常存在议而不决、决而不行的现象,影响协调效果。因此,自愿性合作的制度建设及其合作绩效是值得重视的一个问题。

二、合作协议的内容

合作协议的内容是成员方合作意向的外在表达。因此,如果协议内容表达不清楚或根本就没有规定相关的条款,就有可能会降低合作的质量与进度,

---

① 刘彩虹:《区域委员会:美国大都市区治理体制研究》,载《中国行政管理》,2005年第5期。

减少成员继续合作的热情。实践表明，一个内容完备的行政协议，不仅能够推进合作的有效实施，还能减少潜在的争端和矛盾。

国外的行政协议无疑可以给合作协议提供有益借鉴。例如，《西班牙公共行政机关及共同的行政程序法》第6条第2款对行政协议的主要条款作了明确规定："协议文本应按照以下内容格式化：1. 签署协议的机构及各方的法律能力；2. 各行政机关所行使的职能；3. 资金来源；4. 为履行协议所需进行的工作；5. 是否有必要成立一个工作机构；6. 有效期限：如缔约各方同意，所确立的有效期限不妨碍协议的延长；7. 前项所述原因之外的终止以及因终止而结束有关行为的方式。"

基于以上分析，合作协议至少应当具备以下条款：

标题。合作协议的标题主要包括地区、涉及主题和协议名称三部分，如《泛珠三角九省区食品药品监管合作框架协议》、《长江三角洲旅游城市合作宣言》、《沪苏浙共同推进长三角区域创新体系建设协议书》。

合作共识及合作原则。合作协议的开头部分，所表达的往往是合作各方对合作所达成的共识，这一部分虽然比较抽象和原则，但对认识的统一还是有积极意义的。合作原则可根据情况予以规定，但是这些基本原则应该被普遍遵守：有限契约自由原则、公开原则、市场主导原则及优势互补、互利多赢原则。

合作领域及要求。这是合作协议最主要的条款，也是合作各方的权利义务。这部分应尽可能明确具体，以便协议的履行。地方政府围绕这些领域签署协议并广泛开展合作：（1）基础设施建设。各地方政府就水电、高速公路、铁路、港口等设施，展开全面深入合作；（2）环境保护。针对环境污染的外部性，需要地方政府间就跨界污染进行协调；（3）旅游资源的开发与整合；（4）贸易一体化。以降低物流成本、加快周转速度为宗旨，力争实现区域通关一体化；（5）产业结构转移和升级。为了资源优势互补、提高区域竞争力，地方政府间就产业结构调整问题进行协商与合作；（6）搭建信息服务平台，就社会医疗保障、人力资源、自然要素等事项予以信息技术服务。

管理机构或合作机制。例如，为了提升中国首都圈跨地区的卫生应急处理能力，通过了《京津冀餐饮服务食品安全事故卫生应急处置合作联动机制》。该合作机制决定建立京津冀三省（市）餐饮服务食品安全事故处置的两级联络人制度。对构成突发公共卫生事件的事故，联络人为省（市）卫生行政部门相关负责人。遇有发生在餐饮服务的较复杂或特殊情况的食品安全事故，由三地的省级卫生行政部门紧急协商解决。①对于泛珠三角环境保护的合作，在《泛珠三角区域环境保护合作协议》和《泛珠三角区域环境保护产业合作协议》中规定的合作机制方面，主要就协议履行方式、管理机构、经费筹集等；而管理机构方面，主要采取"不定期举行泛珠三角区域环境保护合作联席会议"、"建立专题工作小组"、"建立泛珠三角区域环保产业合作委员会"等形式。

违约责任或争端解决机制。合作协议中应有关于争端解决的条款。合作协议缔结后，各合作主体在对协议的履行过程中难免会产生摩擦、矛盾，更严重的有可能出现冲突，究其原因几乎都是因为违约造成。因此，一份规范的纠纷解决机制在这时是十分必要的。例如，《江苏盛泽和浙江王江泾边界水污染联合治理方案》中规定了："如水污染事故造成经济损害而各政府无法达成共识时，受害一方可要求国务院有关部门进行调查，依法处理。"这对不合理履行所导致的后果作出赔偿规定。

签名及日期。合作协议应载明签署机构、有资格代表该机构签署协议的负责人的签名、该机构印章。特别强调的是，签署时间及协议参与各方的签名一般是合作协议的最后部分。签署的时间关系到合作协议的生效时间。一般而言，以最后一方签署的时间为合作生效时间。合作签署方一般来说就是缔结该行政协议的主体，签署的事实表明承诺其要接受所签署协议的约束并履行该协议。

值得注意地是，有的合作协议还可以规定利益分享和补偿机制。合作协议谋求的是整体利益，有可能会损害到某一成员方的暂时的利益，此时可以在协议中规定给予该成员怎样的补偿，如何来补偿等内容。

---

① 《京津冀再度联手，首都圈卫生应急能力进一步提升》，见网址：http://www.people.com.cn/h/2011/0818/c25408-1-1558475480.html。

第三节 合作制定中的公民社会

一、参与主体

无论是理论阐述还是实践活动,都表明地方政府间合作离不开公民社会的参与。那么,在合作治理中,公民社会有哪些行为主体呢?根据俞可平的观点,"公民社会的组成要素是各种非政府和非企业的公民组织,包括公民的维权组织、各种行业协会、民间的公益组织、社区组织、利益团体、同人团体、互助组织、兴趣组织和公民的某种自发组织等等。"[①] 结合地方政府间合作的实践,有社区组织、行业协会、各类研究性机构与协会、公民等不同类型的行为主体。它们在合作治理中,承担着重要功能并发挥着巨大作用。

1. 社区组织

这里的社区组织,是指存在于一定社区范围内的非政府、非营利性组织,如社区服务中心、社区教育机构、社区联谊组织等,赋有包括政治功能、经济功能、社会功能、文化功能等功能于一体。在区域治理中,社区组织承担着扩大政治参与、协商民主、监督地方政府职能等重要功能,发挥着巨大作用。

一方面,社区组织有利于扩大公民的公共事务参与,构建公共事务治理的多元主体。社区组织为公民提供了参与公共事务的机会,提高了他们的民主参与能力和水平;同时,社区组织能对繁多、复杂、迫切的公共事务进行聚集、维持和支持,以及在个人与政府之间提供直接的联系,有助于缓解政府面临的巨大参与危机,有利于政治秩序的稳定和社会自治发展。

另一方面,社区组织有利于监督地方政府职能的正确履行。为了维护自身的独立和利益,公民社会必然要求对政府进行有效的监督和制约,即以"社会权力制约国家权力"。倘若地方政府仅仅是为了满足官僚利益,社区组织可以通过各种活动,监督和督促地方政府更好履行公共管理职能和公共服务职能,从而真正实现区域治理的"善治"。

---

① 俞可平:《中国公民社会:概念、分类与制度环境》,载《中国社会科学》,2006年第1期,第110页。

2. 行业协会

在促进地方政府间合作方面，行业协会至少在这两方面发挥重要职能：

行业协会可以通过下列手段来规范行业发展秩序，形成有序的区域经济秩序：(1) 同行业企业在不违背垄断法的情况下就生产或定价达成一致性协议，从而避免价格战；(2) 制定行业质量标准、行业规范和宣传，防止少数企业的欺诈或以次充好等机会主义行为对同行业其他多数企业声誉和利益造成的负面影响，并通过声誉、信息和技术知识分享等机制促进行业成员的生产和技术水平，同时将劣质企业排除在这些活动范围之外；(3) 组织行业专家和行业特定性信息和资源，对行业运行和发展状况进行调查、统计和研究，制定行业发展规划，并组织利益集团游说政府，获得更利于行业发展的政策和支持。

行业协会有利于统一区域市场，从而降低交易成本。行业协会具有通过区域企业突破行政壁垒，打破行政封锁，建立和维护区域市场秩序的力量。如果说跨国公司是打破国家间关税和非关税壁垒的有效方式的话，那么跨地区的企业就是打破区域封闭格局的最好利器。因为它从根本上否定了以行政区划为标准利益分配，而使区域内各利益组成你中有我、我中有你的利益共同体。而行业协会则是通过规范区域性企业的经营行为来降低市场割据、消除贸易壁垒，从而统一区域市场并降低企业之间的交易成本。以民间力量推动经济合作，不仅成本低、见效快，而且非营利组织在经济利益的驱使下少于地区利益的行政顾虑。同时，区域内的行业协会对于促进跨区性的企业的建立也具有独特作用。①

3. 各类研究性机构与协会

各种思想库和智库是政府公共管理活动中的有力助手：(1) 提供政策建议，充当咨询参谋机构；(2) 提供学术思想，充当认识机构；(3) 提供政策结果信息，充当评估机构；(4) 向政府输送官员和专家，充当人才的交流、储备机构；(5) 制造舆论、传播观点，充当宣传机构。② 显然，作为思想库的重要形式，各类研究性机构与协会在区域治理的公共制定中也起着重要作用。其作用主要表

---

① 洪银兴：《以制度和秩序驾驭市场经济：经济转型阶段的市场秩序建设》，人民出版社 2005 年版，第 417—419 页。

② 陈振明：《公共政策分析》，中国人民大学出版社 2003 年版，第 93—98 页。

现在：一方面，研究性机构与协会为推进区域经济一体化出谋划策，为协调地方利益冲突献计献策。例如，长三角联合研究中心是江苏社会科学院与上海社会科学院、浙江省社会科学院共同创办的合作研究平台。中心整合了江浙沪三地社会科学院的专业研究力量，着重研究长三角地区城市、产业发展和区域合作问题，并为政府和社会提供决策咨询服务。中心将为江浙沪三地的学者和政府部门搭建一个共同探讨长三角区域发展与合作的学术平台、交流平台和信息平台。这些举措，将使政府在推进区域经济一体化、协调地方利益冲突、促进区域公共事务方面更为科学、理性的决策。

另一方面，研究性机构与协会通过一系列活动，将营造共同的区域文化，培育区域合作理念。例如，长三角联合研究中心建立了长三角区域发展与合作文献资料库，连续编撰了《中国长三角区域发展报告》系列蓝皮书，每年开展关于长三角区域发展与合作的课题研究，并不定期设立长三角区域发展与合作高层论坛。这些活动将不同地区的地方政府、企业、居民联系在一起，经过新闻媒体的宣传与推广，将营造共同的区域文化，培育区域合作理念。

4. 公民

无论从民主政治的内涵或公共政策形成过程来看，公民对合作治理的参与方式主要有三种形式：(1) 地方选举的投票者。选举代表辖区公共利益的地方政治官员和主要行政官员，并监督官员合法使用权力、制定并执行符合公共利益的地方发展政策；(2) 表达一定利益取向，影响公共政策的制定与执行。作为关注和涉及区域特定政策的利益关系人，公民通过有组织的、制度化的参与途径，表达对那些直接关系自身利益的公共政策的要求与期望，并通过各种途径直接或间接影响公共政策的制定与执行过程；(3) 参与公共服务的提供。公民不仅是公共服务的消费者，他们更是公共服务的生产者的一部分。公民通过承担个人责任以及志愿参加社区公益性的公共服务活动等多种形式的参与行动，直接成为一些公共事务的自主管理者和公共服务的供给者。[1]

5. 大众媒体

关于大众媒介在公共政策制定上的功能，布赖恩·麦克奈尔把媒体在民主政治中的功能概括为五项：首先，媒体必须告知民众在他们身边发生了什么，

---

[1] 孙柏瑛：《当代地方治理》，中国人民大学出版社2004年版，第216—217页。

这是媒体的"侦察"或"监控"功能；其次，媒体必须教育民众，让他们知晓发生了的"事实"的意义和重要性；第三，媒体必须为政治讨论提供一个公共平台，促进公共舆论的形成，并把舆论回馈给公众，并且这个平台必须为反对意见预留空间；第四，给予政府和政治机构曝光率，让执掌权力的人的行为被公开监督，公共舆论才有意义；第五，媒体作为鼓吹政治观点的一个渠道，向需要对大众公开自己政策和纲领的政党开放，媒体的鼓吹功能也可以视作劝服的一种。[1]

二、功能与作用

1. 公民参与的作用

公民是地方政府间合作的重要力量，是区域治理的重要参与者。在现代民主国家中，公民决定或影响政府公共决策的主要途径有：(1)以国家主人或主权者的身份，对某些重大政策问题直接行使主权，如对宪法的修订、领导人的选举、基本国策或重要的地方性政策采取直接投票的方式加以决定；(2)用间接或代议的方式，选出自己的代表制定或修改并执行公共政策；(3)使用各种威胁性方式（如请愿、示威游行、罢工、罢课等）去反对某些政策，迫使政府将问题提上议事日程；(4)通过参加利益集团，借助团体的力量去影响政策，或通过制造舆论或游说的方式去影响政策；(5)对政府通过并实施的政策采取合作或不合作的态度，以此影响政策结果等。因此，公民在公共政策制定中的地位不容忽视，这既是因为公共政策所要解决的社会公共问题都与公众的利益密切相关，也是因为有许多政策只有依靠公众合作才能得以贯彻、执行。

有学者指出，公民参与对于公共利益的体现、信息的双向沟通和地方治理绩效等方面具有积极意义：第一，公民参与能够提高政治系统的代表性和回应能力；第二，公民参与能够增进政府与公民之间的相互了解和信任，消除二者间的疏远感；第三，公民参与可以增进政治团结和社区整合，通过合作网络实现地方公共事务的共同治理；第四，公民参与可以促进政府政策制定和执行的合法化，并使公民更加理解和服从公共政策；第五，公民参与能

---

[1] ［英］布赖恩·麦克奈尔：《政治传播学引论》，殷祺译，新华出版社2005年版，第21—22页。

够发展公民的个人的思想感情与行动力量，体验公共生活的价值，引导和促进公民政治参与文化的发展。①

那么，在地方政府间合作的政策制定中，公民参与究竟发挥着怎样的作用呢？公民对区域治理参与的最普遍的方式是投票选举，但无论从民主政治的内涵或公共政策形成过程来看，居民参与不只是局限于投票行为，还应包括对公共事务积极而深入的介入。具体而言，公民在区域治理、协调地方利益中的作用有：

第一，公民通过"以足投票"的退出权给地方政府施以压力，从而影响地方政府的行政行为。地方居民是地方政府所提供公共产品与服务最主要的感受者，他们是最有权利就地方政府工作绩效进行评价的人。在居民流动性受到限制的情况下，当地居民的主观感受在很大程度上要通过地方政府本身向上传递，这就很难杜绝地方政府的隐瞒和扭曲信息的行为。如果能够将居民的评价纳入进来，就能够在一定程度上缓解这一问题。因此，需要通过一定的制度安排，使居民对地方政府的评价能够构成对地方政府的有效压力，从而使地方政府提供更加全面、高质量的公共物品与服务，满足公民的精神、环境等多方面需求，而不仅仅是经济增长的需要。

第二，要保障公民的呼吁机制，积极参与地方公共事务，从而影响区域治理。单独有"退出机制"，对地方政府行为只能起到有限的作用。地方居民通过货币行使的退出选择在一定程度上对地方官员的政治前途产生间接的影响，从而实现了地方居民在领导干部任免上的"公共选择"，这种独特的选举箱式的选择机制能够在一定程度上约束地方政府的行为。然而，这种独特的选举箱机制的运行不是建立在人人平等的政治权利基础之上的，因为只有那些拥有足够货币的人能对政治产生一定的间接影响。

在这种情况下，呼吁作为一种对退出的替代性选择就显得尤为重要。赫希曼指出，在人人竞相退出的情况下，不仅于事无补，反而会把开始衰退的组织进一步推向深渊。他认为，退出是相当原始的回应方法，而呼吁则是一种更为聪明的回应。通过呼吁，消费者可以更清楚地表达他们需要的是什么，

---

① Carroll, B., and C.Terrance (2001), "Civic Networks, Legitimacy and the Policy Process", *Governance: An International Journal of Policy and Administration*, Vol.12, No.1.

并能够更容易地描述其不满的程度,说明其喜好的产品类型及特征。通过退出,消费者只能表达其不满。① 然而,在退出太容易的情况下,消费者根本不愿意进行呼吁,而是直接予以退出。因此,需要用呼吁机制来反映和表达公民对地方政府的评价和期望。这种呼吁机制,也体现了对普通大众的尊重。显然,对于地方政府的绩效评价,最有发言权的是直接感知并使用地方政府所提供物品和服务的当地普通大众。

2. 非营利组织的功能

实践表明,非营利组织的运作与政府存在明显的差别:非政府组织是扎根于民间的独立运作的组织,是公民自发形成的和自愿参与的组织。非营利组织具有协调经济发展、影响政策决策、参与社会治理、提供社会服务、化解社会矛盾与平衡利益等方面的功能。不仅如此,在区域合作与区域一体化进程中,尽管政府控制着公共政策,但非营利组织从社会服务的角度来参与区域一体化进程,它们对促进区域社会公平与平等更感兴趣。为了有效实现目标,政府与非营利组织之间越来越多地需要相互协助。正是因为非营利组织能够在政治体系之外弥补政府组织治理公共事务的不足,同时发挥自身精干、灵活、专业、高效的优势,并重新激活公共事务领域中被政府组织遗漏的治理盲区。

对于研究性机构的提供政策建议、充当咨询参政机构之职能,美国布鲁金斯学会的克米特·戈登认为,"政策研究的决策是在个人和机构的复杂网络中传输传递的,而正是通过这些个人和机构的相互作用,最终形成决定……研究是传送到这一网络的动力,如果研究的论述不充分,那么这种动力将很快消失,如果很充分——符合准确、及时、清楚和实用这些标准,那么其观点将在整个网络里产生互动……动议权对促进作出重要决策起着关键作用。"许多研究机构和思想库绝不是为研究而研究,他们有着明确的目的:为政府提供政策选择,力争尽快使研究成果变成政府行动。而作为参与地方政府间合作的力量之一,各类研究性机构与协会也把为政策咨询转变为公共政策视为重要任务。

---

① Keith, Dowding Peter John, Thanos Mergoupis & Mark Van Vugt, "Exit, voice and loyalty: Analytic and empirical development", *European Journal of Political Research*, 2000, 37:469-495.

因此，适时改进已有的地方合作策略，逐步走向区域公共管理，以形成区域内多元利益相关者的协作性治理。具体而言，就是在现有的地方政府之间协作的基础上，充分发挥行业协会和其他社会组织的积极作用。同时，建立以各地经济专家、科研机构、商界等为主体的民间组织，通过区域性合作发展论坛等形式提出地方政府合作的意见。[①]

例如，德国莱茵鲁尔地区是世界上著名的"多中心"城市区域，也是德国最大的巨型城市地区。经过了从19世纪末到20世纪初的工业化时期，鲁尔区因其发达的重工业而举世闻名。莱茵鲁尔区的经济发展对德国来说举足轻重，它的GDP总量占到德国经济总量的15%。杜塞尔多夫和科隆是地区内最大的经济中心，各自在金融和高科技、保险和多媒体服务业中享有盛誉。然而，推动莱茵鲁尔地区的发展，多中心治理结构是其典型特征。除了政府支持之外，非政府组织、市场都参与其中，特别是公民社会在地区发展中起到巨大作用。

在莱茵鲁尔地区中，非政府组织成为推动地区合作的重要力量。政府、非政府组织、公众等之间的广泛合作和公共事务的多方参与，其中最有特色的是完全由私人机构发起和推动的区域规划协作机构。鲁尔区大型企业联盟组织"鲁尔倡议"就是完全由这样的私人机构主导的组织。它成立于1989年，初始目的是联合鲁尔区的大型企业共同应对当时泛滥的煤炭钢铁危机。现今的鲁尔区大型企业联盟组织是鲁尔区大型企业首席执行官云集的一个强大俱乐部。它的主要任务是推动区域创新、吸引投资、改善地区形象，促进科学、体育、艺术等事业的发展，把鲁尔区转变为德国、欧洲乃至全球市场中贸易、工业、服务业和研究的中心。IR的理念主要是通过赞助各种地方文化、教育、医疗等项目得以实现，并通过一个小型执行机构来实施。[②]

3. 传媒的作用

不少公共政策研究者的著作中，对大众传媒在政策制定中作用均有研究，

---

① 如中山大学的"港澳和珠江三角洲研究中心"、暨南大学的"特区港澳研究所"等组织，这些组织的建立主要以城市群内的学术方面的代表人物和专家学者为主体，为珠三角一体化发展献计献策，为各种重大问题上形成共识提供讨论空间，为解决各种合作问题提供经过科学论证、考虑互惠互利的方案。

② 唐燕：《德国大都市地区的区域治理与协作》，中国建筑工业出版社2011年版，第113—114页。

在论及影响政策议程设置的因素时会提到大众媒介的作用。例如，托马斯·戴伊在《理解公共政策》一书中把大众媒体视为一个"精英集团"。"他们和更加传统的领袖集团诸如商业、劳动、政府和其他社会部门一起为权力竞争。"戴伊把传媒对决策的影响概括为这几个方面：为决策者发现问题并设定议程；围绕政策问题，影响别人的态度和价值观；改变投票者和决策者的行为。他特别强调媒体"为决策者设定议程——决定哪些事件将被关注，哪些事件会被忽略。"① 此外，詹姆斯·E.安德森认为社会问题进入政策议程有四种途径：政治领导人对某一特定问题的关注、出现危机和引人注目的事件、抗议活动、大众传播媒介对特别的问题的关注。②

传播学者罗杰斯和迪林通过对议程设置理论的研究、梳理后，对传媒议程、公众议程和政策议程的关系作了这样的总结：(1)公众议程一旦被传媒议程所设置或所反映，就影响了精英中决策制定者的政策议程；(2)传媒议程似乎对精英决策制定者的政治议程，或者对政策实施具有直接的、有时是很强的影响；(3)对一些问题，政策议程似乎对传媒议程具有直接的，有时是很强的影响。③

关于大众传媒在地方合作政策制定中的独特功能，结合诸多学者相关问题的论述，在此归纳为三种功能：政策问题认知、政策舆论、公众参与。具体阐述如下：

合作问题的认知功能。亦即大众媒体的告知功能。在地方政府间合作领域，大众媒介的信息传播功能，主要表现为及时、全面而准确地传递合作信息。让公众知道地方政府间合作发生了什么，这不仅是作为公民获知合作信息的基本权利，也是影响和决定公民对地方合作的参与态度、参与质量的重要前提。

合作政策的舆论宣传。大众媒介对合作政策具有扩散功能。它能在最短的时间内把最新的政策传达到有媒介存在的任何地方。对于公共政策而言，仅有公布政策是不够的，还必须借助媒介宣传政策，如解释政策内容、宣传政策的重要性和给公众带来的好处。通过媒体的扩散功能，使得合作政策得到公众的拥护和支持。

---

① [美]托马斯·戴伊：《理解公共政策》，彭勃译，华夏出版社2004年版，第34—36页。
② [美]詹姆斯·E.安德森：《公共政策》，华夏出版社1990年版，第72—75页。
③ 常昌富、李依倩编选：《大众传播学：影响研究范式》，中国社会科学出版社2000年版，第97页。

扩大公众对决策的参与。通过大众媒介为公众进行合作政策的讨论搭建平台，让公众在充分、自由的讨论中发表看法、交流观点、明辨是非、提高认识、宣泄情绪。经过充分的公开讨论，形成舆论，以舆论影响公共政策的制定。大众媒介能否发挥舆论平台的功能，关键之处在于它能否让各种不同甚至反对的意见在媒介上亮相，并得以形成舆论而影响政策制定。

第七章 合作执行

合作执行是地方政府间合作过程的重要环节，是合作目标得以实现和落实的保证。合作执行是指政策执行者通过建立组织机构，运用各种政策资源，采取解释、宣传、实验、实施、协调与监控等各种行动，将有关地方合作方案转化为实际效果，从而实现既定政策目标的过程。合作执行的结果既是检验合作方案是否科学的基本标准，又是后续合作方案制定的重要依据。美国学者艾利森说过，在实现政策目标的过程中，方案确定的功能只占10%，而其余的90%取决于有效的执行。可见公共政策执行的重要作用。

第一节 执行过程

合作执行就是将合作方案付诸实施的过程。美国政策学家普雷斯曼（Jeffrey L. Pressman）和韦达夫斯基（Aaron B. Widavsky）把政策执行定义为："在目标的确立与适应于取得这些目标的行动之间的一种相互作用的过程。"台湾学者把政策执行看成是一个动态的过程，在整个过程中负责执行的机关与人员组合各种必要的要素，采取各项行动，扮演管理的角色，进行适当的裁量，建立可行的规则，培养目标共识与激励士气，应用协商化解冲突。[①]合作执行在整个地方政府间合作过程中起着非常重要的地位。正确的合作方案变为现实有赖于有效的政策执行，否则再好的合作方案也只能是一纸空文。

---

① 林水波、张世贤：《公共政策》，台北：五南图书出版公司1980年版。

一、机构设置

台湾学者朱志宏认为,区域政策能否有效执行,取决于四方面的因素:一是沟通,二是资源,三是政府执行者的态度,四是官僚机构。[1] 任何合作方案的执行,都要依靠一定执行机构。执行机构掌握着实施合作方案的方法、技术和资源,是将方案由抽象变成现实的桥梁。这是因为实施合作方案需要做大量的具体工作,比如起草文件、拟定措施、筹措会议、了解情况等。没有相应的部门和机构主管,没有一定的工作人员具体负责,是不可能做好的,因此,必须认真落实方案的执行机构。

从政策学角度讲,组织机构的重要性不仅在于它们数量的庞大,而且还在于它们在政策过程中所担负的功能。组织机构产生的最初目的在于执行政策,但一旦产生,还会连带地产生其他功能。它们不仅有政策输出的权力,而且还实际地取得了一定的政策制定权。因为组织机构的人员长期处在政策第一线,掌握了大量的有关政策的第一手资料。在执行政策时,通过解释政策和制定具体的政策规定,也就部分地取得了政策制定权。因此来说,组织机构的作用远远不限于政策的执行范围了。它们在国家政治生活中起着举足轻重的作用。

在合作执行的实践中,涌现了种类繁多的执行机构。大致可以归纳如下:

跨域性协调机构。为了便于研究,根据跨域协调机构的产生缘由及其权限特征,把跨域协调机构概括为三种类型:地方自发组成的自愿性区域组织、地方约定而成的约束性区域组织以及上级批准设立的区域管理机构。具体而言,在机构产生的原因上,有"自下而上"形成的地方自发自愿、地方约定而成等两种形式,以及"自上而下"形成、经由上级批准的区域管理机构;在权限方面,自愿性区域组织对成员方没有强制性,仅靠自觉来履行区域合作的协议。而约束性区域组织和上级批准设立的区域管理机构,则对成员方

---

[1] 朱志宏:《公共政策》,台北:三民书店1991年版,第274页。

有强制约束立，若不履行则可能被处罚。①

各级行政机关和职能部门。行政机关及其职能部门既是合作协议的签订者，又是合作协议的执行者。例如，中国长江三角洲地区的合作协议，最主要的缔结主体是长三角地区各级地方政府以及政府的职能部门；《泛珠三角区域合作框架协议》规定，建立港澳相应人员参加的政府秘书长协调制度。协调推进合作事项的进展，组织有关单位联合编制推进合作发展的专题计划，并向年度行政首长联席会议提交区域合作进展情况报告和建议。设立日常工作办公室，负责区域合作日常工作。九省（区）区域合作的日常工作办公室设在发展改革委（厅），香港、澳门特别行政区由特区政府确定相应部门负责。

其他类型的组织，涉及非政府组织、公民自愿行动等。不少非政府组织也是推动地方合作的重要力量。例如，在德国斯图加特地区中，多元化、网络化的地区治理途径有力促进了区域层面的其他利益主体的密切合作。许多致力于技术创新的联合公司、针对具体议题建立的自愿机构、关注特别领域的联盟组织等在近十来年纷纷成立。这些正式或非正式的区域组织——专业组织和非正式网络等，是区域发展的助力剂。斯图加特区域文化自愿联盟、斯图加特区域运动自愿联盟、教会对话论坛、斯图加特区域妇女顾问自愿联盟、斯图加特青年自愿联盟，以及有斯图加特区域经济发展促进公司、斯图加特区域就业机构、斯图加特交通运输联盟等机构与组织。它们与具有行政权力的区域联盟结成良好的合作伙伴关系，共同指引着斯图加特地区的未来发展。②

二、宣传与动员

政策宣传是合作方案实施阶段的起始环节和一项重要的功能活动。一项合作方案的顺利执行与否在很大程度上依赖于政策执行主客体之间的共识。

---

① 在加拿大，联邦、省和地方的首席长官举行非正式会议，且在部长级、副部长级和执行层广泛存在着政府间关系部门，以协调政府间行为，但是这些政府间协议通常是非约束性的；在美国，区域委员会（Regional Councils）属于地方自发形成的自愿性区域组织；法国的市镇联合体委员会（etablissements publics de cooperation intercommunale，简称为EPCI）属于地方约定组成的约束性区域组织。田纳西河流域管理局(The Tennessee Valley Authority，简称 TVA)，就是经美国国会批准授权成立的、对田纳西河流域进行开发与管理的机构。

② 唐燕：《德国大都市地区的区域治理与协作》，中国建筑工业出版社2011年版，第42—52页。

要使方案执行达到权威与和谐的最佳境界，必须通过政策宣传，使政策执行者对政策意图和政策实施的具体步骤有明确的认识，并积极主动地贯彻政策。因此，在合作方案执行时，要动用多种手段，利用多种工具，宣传合作的意义、目标、原则、方法和步骤，为合作方案的执行奠定思想基础。

首先，加强合作方案的宣传，提高方案执行者的政策认同感。政策执行是以政策执行主体对所推行政策的认知和认同为前提条件的。只有通过政策宣讲之后，政策才能被认知；政策制定者了解政策，这并不等于政策执行者也能像政策制定者那样熟知政策。因此，通过多种形式的政策宣传，可以使政策执行者领会和理解合作方案的具体内容，从而认同政策，为有效地执行合作方案奠定思想基础。

其次，加强合作方案的宣传，提高政策对象的政策认同感。政策对象只有知晓了政策，才能理解政策；只有理解了政策，才能自觉地接受和服从政策。各级政策执行机构要运用各种手段，利用各种宣传工具，大张旗鼓地宣传合作方案的意义、目标，宣传实施合作方案的具体方法和步骤，可以使民众充分了解方案内容，增加民众的参与机会和政策认同感，使更多的人能够理解、接受、支持和执行该项合作方案，进而为合作方案的有效执行形成良好的政策环境。

第三，合作方案宣传还可以为政策执行者建构广泛的社会监控系统，对合作方案执行进行公众舆论监督。相反，如果政策宣传不够或者宣传不准确，就会造成政策不明确和政策信息不畅，合作方案执行者就不能准确理解政策目标和政策内容，也难以获得政策对象的理解和公众的支持与监督，进而容易产生政策执行的偏差行为。

如今，合作方案进行政策宣传的方式是多种多样的。其中，大众传播媒介是进行政策宣传的强有力的手段。在合作方案执行过程中，既可以利用报纸、杂志、广播、电视等大众传播媒介发表政策的解释、评论性文章、图像，推广合作方案执行试点的成功做法和经验，宣传合作方案执行试点上的效果，宣讲所推行方案的内容和重要意义；也可以通过行政组织系统层层下传，更可以借助政府上网等现代化手段在互联网上向公众发布、传递所推行的政策信息。

三、组织实施

合作方案的组织实施是政策执行过程中最为复杂的一个环节，它的程序性、操作性最强，涉及面也是最广的。合作方案的组织实施成效关系到整个政策系统的有效性和功能发挥，关系到政策的可行性和质量优劣。

合作方案的组织实施是多环节的实际运行过程，这些环节包括：人力资源和组织结构的准备、向各执行部门和人员明确地下达任务、对执行中可能出现的抵触思想行为和负面影响做好应变准备、分析环境可能发生的变化等。这些因素考虑得越充分，政策执行运作就越顺利，产生的偏差就越小。

一方面，方案实施需要人力资源和组织的准备。对于合作方案的实施而言，需要利用各级政府的人力资源，当然也包括利用社会人力资源。但无论如何，都必须人员事先准备好，否则协调方案将难以进行。除了人力资源准备外，还需要组织准备。组织准备工作是合作方案具体贯彻落实的保障机制，组织功能的发挥情况直接决定着合作方案目标的实现程度。组织准备不只是解决组织形式问题，而且包括建立精干高效的组织机构、配备胜任称职的领导者和一般的政策执行人员，制定必要的规章制度，使人力、物力、财力得到最合理的利用。

物质准备是保证协调方案实施顺利进行的经济基础。物质准备主要是指必需的经费和必要的设备材料两个方面的准备，尤其是经费方面的准备，无论区域协调方案实施所需的设备材料，还是参与协调方案实施的人员的工资待遇，都需要一定的经费支持。如果政策设施所需的设备材料不充分，工作进度就会受到影响，不仅会拉长政策实施的周期，甚至造成政策的失败。同样，如果人员费用不足或者拖欠，就会造成人心不稳，激励不足和效率低下。

另一方面，合作方案实施，需要精细地执行规划与过程。方案实施的执行阶段是合作方案实施的关键阶段。前面的一系列准备工作的目标都是为了保证政策在这一阶段的顺利推行，因此这一阶段也是合作方案的实施过程核心。在这一过程中，有以下一些问题值得注意：

方案分解。方案分解就是通常所说的制订计划，它是合作方案实施初期的另一项功能活动，是实现方案目标的必经途径。没有一个长期的旨在取得重大成就的计划，是不能进行工作的。一般说来，一项方案的推出，往往只是指出实现政策目标的基本方向，比较抽象。要使方案执行顺利进行，就必须在这些基本原则指导之下，对总体目标进行分解，编制出方案执行活动的"线路图"，明确工作任务指向，使执行活动有条不紊地进行。

整体协调。合作方案实施要注重整体协调。协调方案在制定时是一个统一的整体，但在实施时是分散进行的。在执行一段时间后可能会出现相互不一致的地方，而且人、财、物的供给也可能会出现脱节现象。这将妨碍合作协调效果的发挥。因此，在方案实施过程中，需要相应的机制来协调不同部分政策执行情况，可以考虑组建一个委员会或者论坛作为平台，交流政策实施的情况，同时也需要形成相应的监督机制，保证政策按照计划有条不紊地进行。

全面实施。方案的全面实施是方案实施过程中操作性、程序性最强，涉及面最具体、最广泛的一个环节。全面实施要求充分发挥政策执行的功能要素，在事先充分的人力、物力和组织的准备下，配合进以积极的舆论导向，会使政策实施的成本和阻力大大降低。在这种情况下，要求区域治理机构和地方政府的领导人具有坚强的意志、决心以及执行力，保证合作方案的顺利推行，以保证合作目标的圆满实现。

四、协调与控制

政策的协调与控制贯穿于合作方案实施的全过程。在政策科学中，所谓政策协调就是在执行机构之间、执行机构与有关部门之间、执行人员之间、执行人员与目标群体之间进行一定的信息交换，使执行人员做到思想观念上的认识统一和行动上的一致，保证执行活动的同步与和谐，提高执行效率，减少人力、物力、财力和时间等方面的浪费，使政策执行系统诸要素之间的功能损耗减少到最小的程度，从而互相配合、同步高效地实现政策目标。法国著名行政管理学家法约尔就将协调视为构成管理活动的五种要素之一，在他看来，协调是组织达到目标过程中统一、协力的一种保证，其目的是要保证组织中各个部门的努力都相互一致起来，并使组织中所要进行的一切活动与组织的总目标相统一，他还提出"部门领导会议是协调工作不可或缺的方法"[1]。

---

[1] 法约尔：《工业管理与一般管理》，中国社会科学出版社1982年版，第119页。

合作方案的控制程序是由三个基本环节构成的,即确立标准、衡量绩效、纠正偏差。首先,确定标准是方案控制的前提和基础。方案控制的目的,是要保证政策的顺利运行从而实现合作目标,因此,政策目标是政策控制的最根本的标准。其次,合作方案执行活动中的偏差如果能在产生之前就被发现,则可以指导执行者预先采取必要的措施加以避免。但在实际的方案执行过程中,并非所有的合作方案执行者都有卓越的远见,同时也并非所有的偏差都能在产生之前就被预见。因此,最好的控制方式就是在方案实际运行中,要用预先确定的标准对实际执行情况进行检查、衡量和比较,随时发现偏差并采取必要的纠偏措施。最后,纠正偏差就是在衡量绩效的基础上,确定偏差的类型,找出偏差产生的原因,制定并实施纠正偏差的措施。①

在合作方案的实施是一个系统工程,任何一个要素均会对整体合作效果,并对整个系统产生影响。以莱茵河的保护与治理为例予以阐明。尽管它属于跨国的治理而不属于本文的研究范围,但是由于它的巨大成功,其具体做法仍然值得阐述。曾经的莱茵河污染状况十分的严重,号称"欧洲下水道"、"欧洲公共厕所"。但是,如今的莱茵河,是世界上人与河流关系处理得最成功的一个经典案例。莱茵河已经成为沿途好几个国家的饮用水源,是世界上管理得最好的一条河。那么莱茵河治理成功之道在哪里呢?基于完整的合作执行系统成为解决跨流域的水污染治理问题的关键。

莱茵河流域治理的重要机制:(1)在莱茵河流域的治理网络中,其参与的主体包括各国政府、私营部门(包括自来水、矿泉水公司和食品企业以及沿岸的企业)以及社会公众等等,这些都构成了网络组织多中心主体。(2)从其运行机制来看,保证了信息资源的交流沟通和共享,目标的协调以及政策的执行。在 ICPR 的职责中,包含了关于污水治理的一系列完备的制度机制并对政府间的关系做到了很好的协调。ICPR 提出各种措施建议并且协助相关政府来协调各主体之间的关系,以及它的部长会议决策制、主席轮流转的制度都保证了充分的信息交流和分享。(3)ICPR 不仅重视政策的制定与执行,也注重政策的绩效评估。绩效的评估不仅能够评估出政策的优良,并且能够提高整个系统在内的效率。同时,ICPR 机构运行的透明性与民主化,最终促进整个

---

① 朴贞子、金炯烈、李洪霞:《政策执行论》,中国社会科学出版社 2010 年版,第 222 页。

政策的执行的有效性。政策的有效制定和执行都有利于整个网络组织最终联合行动的实现。①

第二节 执行困境

合作方案执行是一项复杂的社会实践活动,在方案执行过程中还存在诸多问题。既有机械执行,野蛮执行,扩大执行以及中断执行等问题,也有象征执行、部分执行、附加执行、强制执行、照搬式执行和替代执行等情况。这些问题增加了合作方案的执行难度,影响了合作目标的实现。

一、合作方案质量

方案本身的科学与否对方案执行效果至关重要。合作方案本身的质量将在很大程度上影响方案的执行。大量事实表明,方案之所以在执行中出现问题,很重要的原因是由于方案本身的不完善。美国政策科学家托马斯·B.史密斯提出了一个政策执行的过程模型,指出影响政策执行有四个方面的因素,其中明确对将理想化的政策视为影响政策执行的首要因素。经济学家张曙光先生也曾明确地指出:"制度实施的不完全还来自于制度本身的不完善。"② 那么,质量优秀的方案有哪些特征呢?

---

① 《ICPR,河流治理的欧洲经验》,载《时代周报》,2010年08月19日,http://news.ifeng.com/opinion/detail_2010_08/19/1981508_0.shtml。莱茵河的合作治理之道,还可以通过莱茵河畔企业的污水处理予以体现。有一家造纸厂和两家制药厂位于莱茵河畔的杜伊斯堡市。这三家厂虽然都没有在自己的厂内设置污水处理设备系统,但是这三家合资建设了一家污水处理厂。污水处理厂是由三家工厂和当地政府各占部分股份所组成的独立的股份制企业。如果附近有新的企业成立,只需挖一条管道将污水引入污水处理厂,定期交处理费即可。可以想象,在存在着大量企业的杜伊斯堡市如果污水的处理得不到有效的治理,那么莱茵河的污染状况会让人触目惊心。但是,该市运用了正确的政策方式,将市场机制融入到污水治理中。例如,政府需向当地居民征收一定的污水处理费,这项费用的金额并不多,但却必须有着明确的用途,因而也能保证居民缴纳的积极性;经过污水处理厂处理过后的水企业可以再循环使用、或者卖给园林部门和庄园使用,这样还能够取得一部分收入。可以从中看出,莱茵河的合作治理不仅仅是市场机制,也让企业、公民参与其中。

② 张曙光:《制度·主体·行为——传统社会主义经济学反思》,中国财政经济出版社1999年版,第139页。

合作方案是科学的。方案的科学性在一定程度上决定着合作执行的效果。科学的合作方案符合经济与社会发展的客观规律，能够促进社会的发展和进步。衡量一个政策是否科学有两个标准，一个是它是否针对当前的政策问题，是否反映人们的政策需求；另一个就是政策中的各种措施、方法、手段是否能够有效地推进政策目标的实现，也就是政策措施是否具有有效性、完备性和可操作性。所有的政策必须基于现实，符合事物发展的客观规律。[①]

合作方案必须是合法。合作方案的制订必须要处在法律和公众的有效监督之下，才能避免方案的盲目性和不规范性，从而保证方案本身的合法性。只有合法的合作方案才会产生约束力，才具有可执行性。这是因为对于方案执行者来说，合法性欠缺的合作方案增加了不确定性。如果方案的合法性程度高，则方案执行的难度就小，方案失败的风险也小。反之，则难度大、风险也大。

合作方案是具体明确的。方案目标的具体明确性是方案得以有效执行的关键所在，是方案执行者行动的依据。一个明确而具体的方案目标包括以下一些因素：方案期望的自然语言表述是明确的，没有歧义的；方案目标是可以或可能达到的；方案目标是可以理解和衡量的；方案目标有明确的时空界定。在实践中，一个方案要有效执行，从操作上和技术上来说，政策方案和目标必须具体明确，政策措施和行动步骤必须清晰。同时还要求政策目标是切合实际并可以通过执行达到的。反之，模棱两可、含糊不清的方案就可能给方案执行者带来对政策目标和内容理解上的困难，自然令执行者无法执行，也比较容易引起政策界限不清和导致方案随意变通。

合作方案质量与治理绩效相关联。上世纪80年代初中国政府曾成立"上海经济区规划办公室"，提出以上海为中心建立长江三角洲经济区，其管辖范围包括上海、江苏、浙江、安徽、福建、江西等五省一市。其目的就是为了解决条块矛盾，解放生产力，走依靠中心城市的路子。当时规划办的工作流程大致上可以归结为：规划办先作研究—制定各种规划—送国家计委审批—国家计委再指派专人作规划的深入研究—批准执行的部分，以行政命令送达

[①] 金太军、钱再见、张方华、李雪卿：《公共政策执行梗阻与消解》，广东人民出版社2005年版，第177页。

到经济区内个省市。而规划办与各省市之间主要通过每年各种层次的会议来沟通,其中最重要的是省市长会议。经济区省市长制度它是上海经济区的最高决策机构,一年召开一至两次,商议整个经济区的规划、协商解决各个行政区划之间的矛盾冲突。然而,由于财政"分灶吃饭",经济指标按行政区进行考核,跨行政区的协调,常常是"加法"易做,"减法"无门。也就是说,只要是不影响各自财税项目的联合,如自行车产业的联合、电力建设扩容、能源、水利的联合建设都很容易沟通和执行;但是一旦涉及减掉某些产业,或者将某个行政区的产业转移到另外一个行政区的结构调整,必然会遭到强烈的反对,最后只能不了了之。结果上海经济区规划办只存在了短短的五年,即宣告解散。

合作方案不明晰、弹性空间过大将导致执行弊端。美国公共政策学者詹姆斯·安德森指出:"行政机构常常是在宽泛的和模棱两可的法令下运行的,这就给他们留下了较多的空间去决定做什么或者不做什么。"也就是说,政策本身的弹性空间为一些政策执行主体谋取自身利益创造了可乘之机。斯图亚特·S.那格尔认为:"尽管外围的官员很少明目张胆地违反法律,但是很多研究已表明,他们还是要大胆地行使权力实现自己的目标,以满足自己组织的需要,并对付自己环境中的紧迫问题。"[1]

二、方案宣传制约

合作方案的宣传不到位直接影响了合作执行的效果。在政策科学中,宣传涉及到政策循环的全程,既应用于政策制定、政策执行,也影响到政策评估和政策终结。合作方案宣传存在的突出的问题主要表现在以下几个方面:

宣传理念落后。政策宣传理念的落后包括了三方面内容:第一,缺乏民众视角,没有从民众的角度去思考政策,解读政策,去考虑民众真正关心的内容,只是自上而下的进行政策宣传,脱离了民众。第二,政策宣传者本身尚未真正理解合作方案的内容,造成政策宣传缺乏准确性。第三,政策宣传者没有认真研究合作对象、目标群体和政策环境的特点,造成了政策宣传缺

---

[1] [美]斯图亚特·S.那格尔:《政策研究百科全书》,林明等译,科学技术文献出版社1990年版,第119页。

乏必要的针对性。

宣传方式错误。当前存在的一些错误的政策宣传方式主要有：第一，极端的政策宣传，不是过度宣传，就是宣传不到位或者不及时，造成政策信息传播障碍或失真。第二，自说自话式的政策宣传，缺乏政策解释和政策沟通能力。第三，走过场式的政策宣传，不顾弱势群体在信息获取能力方面的劣势，不顾政策宣传的效果，缺乏责任意识，造成了政策执行的梗阻。

因此，只有选择合适的合作方案宣传方式，才能让更多的人理解合作政策，进而接受合作方案、推动合作方案，最终实现合作的目的。在大众媒介尚不发达或集权体制背景下，政策传播的形态属组织传播，也是一种人际传播，自上而下层层传达，最终到达政策目标对象需要相当长的时间。大众媒介的发展与民主政治的发展结伴而行，当报纸、广播、电视、网络走进千家万户的时候，"人际政治传播已然落到了民主过程的边缘地带"。[1] 绝大多数人关于政策的信息源于大众媒介，大众媒介已经成为政策传播的主要渠道。合作方案确定之后，首先必须进行公开宣传，这一过程实际上也是政府对公众进行劝服的过程。只有得到同意和支持，政策才能得到顺利地贯彻执行。

此外，思想库作为政府的"外脑"在政策宣传和传播中发挥了重要的作用，在西方社会中，思想库被誉为"第五种权力"。思想库在国家政治生活中，主动充当政策宣传机构，对公众、决策者和社会精英进行政策宣传。通过出版书刊，在主流媒体上接受采访，发表评论，举办媒体吹风会，举办各种讲座、报告会和培训班等途径，思想库进行了广泛而深入的政策宣传。因此，我国需要通过制度与体制的改革，创新政策宣传体制，激发体制内和体制外的各种资源，促进政策宣传的效果。

三、执行主体利益倾向

政策主体是造成政策执行困难的关键因素之一。在合作方案执行的实际过程中，执行主体自身的态度、素质和能力等因素都会影响合作方案的有效执行。美国著名行政学家埃莉诺·奥斯特罗姆指出："在每个群体中，都有不顾道德规范、一有可能便采取机会主义行为的人；也都存在这样的情况，其

---

[1] [英] 布赖恩·麦克奈尔：《政治传播学引论》，殷祺译，新华出版社2005年版，第23页。

潜在收益是如此之高以至于极守信用的人也会违反规范。因此，有了行为规范也不可能完全消除机会主义行为。"①

执行主体自身利益需求和行为倾向影响着合作方案的有效执行。因为任何政策执行都是通过政策执行者的实施行为和政策目标群体的遵从行为来完成的。利益是人们行为的根本动因和出发点。历史唯物主义观点认为："人们奋斗所争取的一切，都和他们的利益有关。"②利益是个人和组织活动的根本动因，人以其需要的无限性和广泛性区别于其他动物，也就是说，利益是以各种各样的需要和对需要的满足为其客观基础的。个体最大限度地追求某种个人利益；即便是在公共选择活动中，个体也首先是追求个人利益，只不过可能会比在私人市场活动中要隐蔽和复杂一些而已。对此，马克斯·韦伯指出："获利的欲望、对营利、金钱的追求，一直存在于所有的人身上"，"可以说，尘世中的一切国家、一切时代的所有人，不管其实现这种欲望的客观可能性如何，全都具有这种欲望。"③

合作方案的执行过程中，执行主体具有"经济人"属性，不可避免地有着自身利益追求和行为倾向的，遵循着"经济人"的规则。所谓"经济人"的命题，最初源自英国古典经济学家亚当·斯密的表述："由于每个个人都努力把他的资本尽可能用来支持国内产业，努力管理国内产业，使其生产物的价值达到最高程度，他就必然竭力使社会的年收入尽量增大起来。确实，他通常既不打算促进公共利益，也不知道他自己是在什么程度上促进那种利益。由于宁愿投资支持国内产业而不支持国外产业，他只是盘算他自己的安全；由于他管理产业的方式目的在于使其生产物的价值能达到最大程度，他所盘算的也只是他自己的利益。在这场合，像在其他许多场合一样，他受着一只看不见的手的指导，去尽力达到一个并非他本意想要达到的目的。也并不因为事非出于本意，就对社会有害。他追求自己的利益，往往使他能比在真正

---

① [美]埃莉诺·奥斯特罗姆：《公共事务的治理之道》，余逊达译，上海三联书店出版社2000年版，第61页。
② 《马克思恩格斯全集》第1卷，人民出版社1977年版，第82页。
③ [德]马克斯·韦伯：《新教伦理与资本主义精神》，阎克文译，上海人民出版社2010年版，第7—8页。

出于本意的情况下更有效地促进社会的利益。"①

显然，合作方案的执行过程中难以始终保持绝对的"价值中立"。当一项方案威胁到自身利益的时候，那么执行者极有可能抵制这项政策，因而使得该项方案很难顺利有效地得到执行。正如穆勒所说，"毫无疑问，假若把权力授予一群称之为代表的人，如果可能的话，他们会像任何其他人一样，运用他们手中的权力谋求自身利益，而不是谋求社会利益。"②法国行政学家夏尔·德巴什认为，对于行政机构来说，"如果决策与它所期望的东西不相符合或在它看来是无法实施时，它将反对这种毫无活力的东西或者试图改变既定措施的内容。"③荷兰学者布雷塞斯曾指出："假如我们以中央当局和地方当局作为制定和实施政策的理性行为为主体，由此出发，政策手段的作用将部分地决定于地方当局在与中央当局的政策合作中是否能看到有什么利益，其程度如何。"④可见，追求自身利益的最大化是政策执行相关主体的基本行为特征。

地方保护主义是执行主体利益驱使的一个重要表现。根据调查数据的初步分析表明，中国改革开放二十多年来，地方保护严重程度呈逐步减轻之势，但地方保护仍以多种形式程度不同地存在着，其具体情况见表7-1。当前地方保护主义表现形式有八大类44种形式。其中与产品贸易保护有关的地方保护主义共有四大类：(1)直接控制外地产品的销售数量（可视为"数量控制"）；(2)价格限制和地方补贴（可视为"价格控制"）；(3)工商质检等方面的歧视（可视为"技术壁垒"）；(4)阻止外地产品进入的其他非正式无形限制（可视为"无形限制"）。还有与投资限制有关的壁垒，有四大类，如对外来企业原材料投入的干预（可视为"投入限制"）、对劳动力市场的干预（可视为"劳动要素流动限制"）、对投融资方面的干预（资本要素流动限制）以及对技术方面的干预（可视为"技术要素流动限制"）。究其原因，这是各地方政府和

---

① [英]亚当·斯密：《国民财富的性质和原因的研究》（下册），郭大力、王亚南译，商务印书馆1974年版，第27页。
② [英]丹尼斯·C.穆勒：《公共选择理论》，韩旭、杨春学等译，中国社会科学出版社2010年版，第268页。
③ [法]夏尔·德巴什：《行政科学》，葛智强、施雪华译，上海译文出版社2000年版，第113页。
④ 布雷塞斯：《政策效果解释的比较方法》，载《国际社会科学杂志》（中文版），1987年第2期。

执法机关为保护局部利益牺牲法制统一、滥用权力的结果;各地方作为独立利益主体,受经济利益的不当驱使是地方主义产生的根源;现行立法、行政执法、司法审判等法律制度的不完善也是重要原因。

表 7-1　地方保护程度的排序

排名	类别	严重程度分值（最高100%）
1	对劳动力市场方面的干预	60.1
2	阻止外地产品进入的其他非正式无形限制	57.3
3	对技术方面的干预	52.6
4	工商质检等方面的歧视	51.8
5	直接控制外地产品的销售数量	50.2
6	价格限制和地方补贴	50.2
7	对投资、融资方面的干预	48.8
8	对外来企业原材料投入方面的干预	47.7

在地方政府间合作中,地方政府既是合作方案的执行者,又合作方案的实施对象。在多种利益交织在一起的情况下,特别是作为执行者,在自身利益的追求中不足以达到目的时,会借助于行政权力,保护自身的利益,不顾及或很少顾及到合作利益,甚至是国家整体利益。因此,利益因素直接产生了合作方案的执行偏离。特别是当合作方案本身对执行者的利益有所矛盾和冲突的时候,一些执行者就会寻找政策替代。他们或者钻政策的空子,"上有政策,下有对策";或者灵活变通,"用足用活","遇见黄灯赶快走,遇见红灯绕道走"。更有一些政策执行主体为了自身的利益,对原政策内容有意曲解、肆意变通,甚至"软拖硬抗"、"阳奉阴违",拒不执行政策,导致政策执行受阻,政令不畅,直至造成政策目标无法实现和公共政策执行的失败。①

---

① 例如,20世纪80年代至今,淮河发生较大的水污染事故就达160起。造成污染的主要原因是上游有千家造纸厂,其后果是蚌埠人只好靠买矿泉水度日,污染区内癌症发病率高于全国平均水平10倍。对此,中央十分重视,两次召开环保执法检查现场会,提出用"壮士断腕"精神治理淮河污染,国务院还颁布了《淮河流域水污染防治暂行条例》。然而,利益驱动下的地方保护主义使中央政策执行起来苦难重重。污染企业和有关部门打起"游击战","人来停、人走开",或昼停夜开,或异地建厂生产。有些地方领导公然对抗检查。水资源保护局在检查某县造纸厂时,这个县的主要领导赶来说:"造纸厂不能关,安徽所以落后,就是因为没有抓住机遇。现在纸涨价正是发展的大好时机。"

四、信息不对称

信息不对称理论是剑桥大学教授詹姆斯·莫里斯和哥伦比亚大学教授威廉·维克瑞共同提出的。它是指市场活动的参与者所拥有的市场特定交易信号是不相等的，有些参与者比另一些参与者拥有更多的信息，而且交易双方对各自在信息占有上的相对地位都是清楚的。信息不对称作为信息经济学的核心理论，不仅适用于经济领域，而且同样适用于政治领域。政治领域的复杂性决定了其领域内的信息不对称相对于经济学领域的信息不对称更复杂，问题也更严重。

没有现代化的信息交流，就不可能有现代化的地方政府间合作。地方政府间要建立密切的经济与社会合作，一刻也离不开区际间的信息交流。因此，构建现代的信息交流系统，特别是多层次的、现代化和传统手段相结合的信息系统，这是地方政府间合作的基础。在地方政府间合作进程中，除了传统的报刊、广播、会议等方式传播外，越来越多地依赖互联网等现代手段进行传播信息。只有搜集到国内外、各地区的技术、经济、市场、生产等各方面的情报信息，分析其发展和变化趋势，才能及时地调整本地区及相关企业的经济活动，广泛开展行政区域合作。

从理论上讲，地方政府间合作的相关信息应为各地方政府所共享。然而，从经济学上讲，信息是一种资源，对信息的占有就意味着对资源的控制。因此，占有更多的信息就可能享有更多的利益，少占或不占有信息则意味着利益可能受到损失。在市场经济条件下，各地方政府都是有自身利益需求的"经济人"，会追求自身利益的最大化。在他们的相互博弈中，各方都可能动用一切动用的资源，以便占有较多的合作信息，这容易导致合作信息不对称。具体而言，地方政府间合作中的信息不对称问题，按照不同的标准分类，有以下主要表现形式：

从行政主体上看，信息不对称在地方政府间合作中表现形式可以分为：各地方政府之间信息不对称；各地方政府之间相同职能部门之间信息不对称；各地方政府之间不同职能部门之间信息不对称；各地方政府之间公务员之间信息不对称。

从信息内容上看，地方政府间合作中信息不对称表现为：一是异质性信息不对称,主要是指在跨地方政府间合作过程中,各地方政府所拥有的信息在内容上完全不同。换而言之,一个地方政府拥有的某项信息,其他地方政府占有该信息的数量可能为零,这是信息不对称的极端形式;二是同质性信息不对称,是指各地方政府拥有的合作治理信息在内容上是相同的或类似的,但在数量上不均衡。

从执行过程来看,信息不对称主要表现出两种类型:一是作为政策执行主体的下级政府相对于作为政策制定主体的上级政府拥有"代理人"信息优势,上级政府常常处于信息不完全的不利位置;二是作为执行主体的下级政府相对于作为社会公众拥有"行政性垄断"的信息优势,社会公众常常处于信息不完全的不利位置。[①]

信息不对称造成了合作执行的诸多不良后果。第一,在选择方案执行者时会出现逆向选择问题。因方案制定者不能获得清晰、准确的信息,并作出正确的选择,结果导致由不适当的人选来具体承担方案执行的任务。第二,在方案执行过程中面临道德风险的问题,因方案制定者虽对人选作出了正确的选择,但如果不能跟踪了解方案执行者的行为信息,那么方案执行者会利用其拥有的信息优势,将绝大部分政策资源用于服务自身的利益。[②] 第三,信息不对称阻碍了资源的优化配置,使得通过地方政府间合作目标难以实现。由于地方政府之间信息不对称,一个地方政府通常对本辖区的资源信息比较熟悉,对其他辖区的资源信息了解不多,对有关本辖区资源与其他辖区资源共性、个性、互补性和竞争性等方面的信息知道的更少。因此,各地方政府在跨区域合作治理过程中,只能按照自身的资源信息作出决策,无法从整个合作治理的角度来思考资源的配置,不仅容易导致资源的浪费和闲置,也不能发挥整体资源的整合优势。

第三节 执行模式比较

"他山之石,可以攻玉"。西方国家的地方政府合作历程,其合作执行

[①] 周国雄:《博弈:公共政策执行力与利益主体》,华东师范大学出版社2008年版,第176页。
[②] 丁煌、杨代福:《政策执行过程中降低信息不对称的策略探讨》,载《中国行政管理》,2010年第12期。

机制已经有相当悠久的历史。他们在对合作履行的过程中都采取了哪些措施与做法，值得吸收与借鉴。按照合作协议是否具有约束力，将其划分为"契约型"协议以及"约束型"协议。"契约型"协议，较多地存在于联邦制国家。它具有协议履行的非强制性、缔结事项的自愿性特征，各政府履行合作协议只是道义责任而没有强制性规定；"约束型"协议，大多数存在于在单一制国家。它具有协议履行的强制性、缔结事项的被动性特征，协议的签订更多表现为上级政府主体的态度和意见。

一、"契约型"合作的执行

"契约型"合作协议以美国为典型。美国的洲际协议制度最早开始于北美的殖民时代，始于用来解决当时北美各州的领土争端问题。随着时代的变迁，洲际协议也开始广泛地应用于其他各领域中，包括环境污染、自然资源保护、能源的开发利用、公共事业、税收和洲际审计等。在服务领域，最近也有突飞猛进的发展趋势，例如，心理健康、高等教育、精神问题等。[①] 洲际协议被各州视为政府间合作的重要途径，成为各州用来解决地区间合作必然选择。

在美国，州以下地方政府合作也是通过签订合作协议来完成的。这些合作协议大致可以分为三种类型：共同服务协议（joint service agreement），府际合作契约（inter-government service contract），府际服务转移协议（inter-governmental service transfer agreement）。这些合作协议是针对特定事物或是服务而签订的，大多用于处理水资源保护、交通运输、文化交流、消防业务、垃圾处理等事物。

那么，契约型合作协议的执行机制有什么内容与特点？在此归纳为法律保障、自愿性执行与专业的组织机构执行等形式：

合作协议执行的法律保障。联邦政体下的美国，洲际协议具有州法性质的同时也具有合同的性质，在缔结过程中也表现出要约和承诺。因此，洲际协议的效力要高于各缔约州之前或是之后新颁布的法律规定。凡是被国会所批准的协议，其相当于缔约州的法律。单方缔约州不能随意放弃协议或者不去履行相关义务。此外，缔约州的公民也应该意识到所缔结的合作协议对其

---

① 何渊：《洲际协议——美国的政府间协调机制》，载《国家行政学院学报》，2006年第2期。

自身有着约束力,公民无权要求终止协议。

洲际协议一经签订,其法律效力在联邦国会、各缔约州以及缔约州所属公民面前就开始生效。完备的法律体系规定了缔结协议程序、纠纷解决机制等内容。一方面,依据不同类型的洲际协议,制订了不同的适用程序。例如,一些洲际协议在缔结或是履行中不可避免地会引起一些纠纷。因其具有合同性质,纠纷的解决可以效仿民事纠纷解决一样,采取仲裁、调解和司法途径。然而,在通常情况下,出于对成本以及效率的考虑,洲际协议选择仲裁或其他方式解决纠纷。联邦最高法院是各缔约州解决纠纷的重要途径,各缔约州有权向联邦最高法院提起诉讼,保证缔约主体的权利,确保协议能按最初订立意愿发展。

合作协议的履行自愿性。"契约型"协议的最大特点是缔结事项的自愿性。各州有权依照自己的意愿签订洲际协议,州政府之间所订立的洲际协议的行为属于立法行为,因为州政府自身拥有着独立的权利与地位。尽管美国宪法第1条第10款第3项规定:"任何一州,未经国会同意,……不得与他州或外国缔结协议或联盟",但是在实践中,州政府仍然拥有签订洲际协议的实际权力。其实,洲际协议从最初处理边界纠纷问题发展到现如今多方位地服务于各个领域,其签订主体已经没有了那么严格的要求,只有在涉及到因危害国家政治统治从而影响宪法权威的洲际协议才必须得到国会的批准,而类似于文化、教育、医疗卫生等一般性洲际协议则不需要经过国会批准。

特别是近年随着美国新联邦主义的不断盛行,越来越多的人开始认为,在美国这样一个大家庭里,联邦政府不可能任何事情都有效率地处理。[①] 于是,行政协议(洲际协议最重要的发展趋势)开始兴起,被各州官员乃至联邦政府青睐,签订份数也在不断上升中。行政协议的签订及实施不用经历严格的州立法程序,也不需要征询国会同意,行政协议的成立只需要各行政首长一致的意思表达即可。另外,缔结协议过程中的灵活性以及弹性使得各参与方相互了解、沟通,各方成员对彼此关注的问题可以开诚布公地进行讨论,很少被政治束缚。因此,建立在信任、了解基础上所签订的合作协议更加体现其自愿性。

---

① "The Council of State Governments", *The Book of States*, 1976—1977, p.575.

设立相关跨域机构协调执行。为了协调地方合作与区域一体化问题，美国先后产生了一批规划咨询和协调机构，包括一系列非政府组织，如1922年成立的区域规划协会（Regional Plan Association）和部分为解决某一方而问题而成立的政府公共权力机构，如纽约港权力机构，后来更名为"纽约与新泽西港务局"（Port Authority of New York and New Jersey）。这些组织和机构在各自的领域内发挥了积极作用，特别是政府联合会（Council of Government），其协调效果明显。

政府联合会主要是行使联邦基金相关法案要求的一系列协调、审核与计划事务，包括提交交通环境影响的评估报告、编制和实施交通与土地利用、交通与经济发展、交通与环境公平等涉及区域发展的各项协调计划，从而将全面的区域协调真正落到实处。

由于地方COG的主要成员来自各地多个相关政府权力部门，因此能在区域协调过程中发挥重要作用。按照其主要职能，COG可以划分为区域委员会（Regional Council）和大都市区规划组织（Metropolitan Planning Organizations）两类。其中，RC主要负责区域社会经济发展中各政府部门间的协调问题，而MPO则主要负责大都市区交通规划和相关基金申请有关的规划和协调工作。目前，全美共有300多个大都市区规划组织，在各地的实际运作中，部分RC包括了MPO或直接通过RC行使MPO的职能。

在上述关于地方合作与区域协调的相关组织和机构中，由于有相关法案的保障，COG的MPO在区域性交通规划和交通基础设施投资基金申请中扮演着重要的角色，并通过广泛涉及社会、经济和环境等方面协调的交通整合机制，对地方合作与区域一体化事务的全面协调起着重要作用。

二、"约束型"合作的执行

传统的单一制国家，全国性的中央政府只有一个，它拥有着自上而下、垄断性的权利。地方政府受制于中央政府，地方政府的存在及职权都由中央政府来定夺。但近些年，随着分权化的改革以及新公共管理运动的飞速发展，地方政府在处理区域性事物中所扮演的角色越来越重要，中央政府也开始有意识地将权力下放给地方政府。在处理区域性事物上，逐渐形成了中央政府为主导，各地方政府积极参与的形态。

日本是典型的单一制政体国家，虽然在形式上实行的是地方自治，其实质上仍有浓厚的中央集权色彩。在长期的实践与探索中，日本形成了独具特色的地方政府合作管理模式——跨区域行政协调制度，它是日本地方政府间合作协议最重要的表现形式。与美国的洲际协议、洲际行政协议等制度一样，跨区域行政协调制度也有着完善的法律体系作保障，但因受不同的国家政体影响，又有着区别于联邦制"契约型"地方政府合作的一面。其特点有：

合作协议执行的法律保障。与美国的洲际协议、洲际行政协议等制度一样，日本的跨区域行政协调制度也是构建在完善的法律基础之上的。完善的法律体系对规范地方政府间行为起到了重要作用。法律确立了日本的行政协议制度，《地方自治法》是其典型代表。在以上我们介绍的事务委托、部分事务组合、协议会、共同机构等组织的协议规范，在《地方自治法》中都有明文规定。除《地方自治法》外，其他一些日本法律中也规定了地方政府间可以采用签订合作协议来管理跨区域事务。如神奈力县加入了《13个大都市灾害时相互援助协议》和《东京湾消防相互支持协议》，那么依据《消防法》规定，如果相邻区域发生火灾，主动出动消防车就是神奈力县的义务。根据日本总务局出示报告显示，截止到2001年6月底，日本全国上下有法律依据的地方政府与协调制度共11777例。①

合作协议的强制性履行。"约束型"协议的最大特点就是缔结事项的被动性，协议的履行通常带有强制性的色彩。造成以上情况的原因主要归结为单一制的国家结构形式，中央政府层面有着至高无上的行政权力。在日本，虽然地方政府间在以《地方自治法》为相互合作的法律基础上，通过签订合作协议来共同达到合作目标，但中央政府对地方的权威性干预还是不可避免地会影响到地方政府间合作。

不可否认，日本中央政府层面相当重视地方合作与区域发展事务，不乏出台的规划、协调政策以及向地方政府适当的放权。例如，颁布《国土综合开发法》、《新产业城市建设法》、《冲绳振兴开发特别措施法》等法律来明确

---

① 汪伟全：《区域经济圈内地方利益冲突与协调——以长三角地区为例》，上海人民出版社2011年，第116页。

区域经济政策目标，刺激工业企业向地方转移，开发落后地区。但是，中央政府总是过多地纵向干预地方政府之间所签署的合作协议，无论是在协议商讨、制定阶段还是在后期的履行阶段，中央政府层面都会基于自身权力地位或是全局战略考虑，强制提出要求，对地方政府合作进行干预。基于等级权利限制，地方政府也不得不接受中央政府的强制规定。

其他跨区域行政协调的制度安排。 其具体做法有：(1) 事物委托。事物委托即一方地方政府通过签订协议将一部分事物委托给另一地方政府处理。此类情况大多发生在同一县内，也有小部分跨县情况。(2) 部分事物组合。部分事物组合是专门处理地方政府部分事物的组织，它是由地方政府间通过签订协议而成立的，它在环卫、防灾、福利、农业、教育等领域应用最为广泛。(3) 协议会。为应对人们不断扩大的生活圈，日本地方政府通过签订协议设立协议会，协议会不属于地方公共团体，没有固定的财产、员工，不具有法人资格，其任务是处理事务、制订计划、负责联络、协调等。(4) 设置共同机构。该机构由签订协议的地方政府共同所有，与协议会一样，均不属于地方公共团体，但共同机构的设置是基于减少行政支出、提高行政效率的目的。(5) 区域开发事业团。经总务大臣和相关知事批准，几个县之间可以设立区域开发事业团，用于进行跨区域基础设施建设。除了上述的组织形式，日本的跨区域行政协调制度还包括地方行政联络会议、事实上的协议会、"广域联合"即跨区域政府联合等形式。经过多年的实践，日本的跨区域行政协调制度形成了多样化的局面，共同为促进地方政府间合作、保证合作协议的顺利履行而努力进取。[①]

第四节 执行监督

一、合作监督的概念

合作方案的执行监督是地方政府间合作的关键环节。马丁·雷恩和弗朗西·拉宾诺维茨在《执行的理论观》中指出，政策执行过程包括三个不同的

[①] 傅钧文：《日本跨区域行政协调制度安排及其启示》，载《日本学刊》，2005年第5期。

阶段：纲领发展阶段、资源分配阶段和监督阶段。① 合作方案的监督阶段就是对方案执行过程与成果加以评估和监管的过程，以确认执行者所应承担的行政责任，其结构载体是通过合作方案的执行监督机制来体现的。作为现代社会的一种管理制度，监督对于政府高效率地实施其管理社会公共事务的功能具有十分重要的作用，而对于作为政府公共行政之重要组成部分的政策执行活动来说，监督制度则显得尤为重要。

地方政府间合作与行政区行政不同，行政区行政可以通过设置相应的行政监督体制或者通过自上而下的控制手段对下级政府实行有效的监督和控制，而地方政府间合作的行为主体不是单一的地方政府，而是多个基于平等地位的地方政府。换而言之，在地方政府合作中，由于地方政府间缺乏直接的行政隶属关系，不存在领导与被领导行为，它们在行政管理中的地位是平等的，因此，当涉及公共问题的处理时，地方政府必须以平等的、协商的方式对所存公共问题加以解决。

合作方案的执行主体利益倾向，以及方案执行者之间客观存在的利益矛盾或利益冲突从一定程度上阻止了方案的有效执行，也正是由于这个因素决定了对方案执行活动实施有效监督的必要性。正如孟德斯鸠所说的："一切有权力的人都容易滥用权力，这是一条万古不易的经验。有权力的人们使用权力一直遇有界限的地方才休止。"② 早在19世纪，英国杰出的政治思想家密尔就曾指出："代议制议会的适当职能不是管理——这是它完全不适合的——而是监督和控制政府：把政府的行为公开出来，迫使其对人们认为有问题的一切行为作出充分的说明和辩解；谴责那些该受责备的行为，并且，如果组成政府的人员滥用职权，或者履行责任的方式同国民明显舆论相冲突，就将他们撤职，并明白地或事实上任命其后继人。这的确是广泛的权力，是对国民自由的足够保证。"③ 显然，有效的监督机制使纠正方案执行偏差、合作达到预期目标的重要保障。

合作执行的监督是以信息公开为前提的。有效地监督合作方案的执行过

---

① 张玉：《政策执行研究的新视野：区域政策执行的制度分析与模式建构》，人民出版社2007年版，第127页。
② [法]孟德斯鸠：《论法的精神》上册，许明龙译，商务印书馆2012年版，第154页。
③ [英]密尔，J.S.：《代议制政府》，汪瑄译，商务印书馆2009年版，第80页。

程，首要条件就必须对方案执行活动有所了解。就合作执行而言，信息公开的实质就是要增强合作活动的透明度，也就是要提高合作方案执行过程中公开化程度。否则，合作活动缺乏透明度甚至变得神秘化，监督主体对合作活动一无所知，那么对合作方案过程中的违规行为的监督与制约自然也就无从谈起。因此，只有增强合作活动的透明度，把合作方案的条件、措施、程序和结果等真实情况全面、及时地向公众公开，才能为合作执行接受监督提供必要的前提条件。

执行监督对地方政府间合作在两方面起着作用：一是敦促地方政府在合作过程中遵守合作协议，使合作协议落到实处。政府合作主要是基于共同利益的合作，如果合作的一方不履行合作协议或者变相执行合作协议，那么就可能使合作基石受损，合作可能失败。二是纠正地方政府不合作的行为，使合作走上正轨。政府合作只有通过建立一定的合作监督机制，才能克服地方政府的机会主义行为，保证政府合作的顺利进行。因此，在合作方案执行过程中，监督机制对提升合作方案的执行效率，具有十分重要的作用。

二、合作监督的构建

合作监督机制的构建，首先是监督主体的多元化。由于合作方案的执行具有社会性、广泛性、经常性的特点，因此其监督主体应多元化。(1) 合作执行的监督主体可以是各地方政府，因为各地方政府的合作权益能否得到保障，必须有赖于各地方政府的相互监督。只有各地方政府相互监督好了，各地方政府合作利益才能得到保障，合作也才能持续。(2) 合作执行的监督主体也可以是各地方政府的共同上级部门，通过上级机构层级节制对合作事务进行监督和管理，可以发挥监督和管理的权威性。(3) 合作执行的监督主体还可以是跨域性合作协商组织。作为区域公共管理的协调组织，在本质上应该是区域内地方政府行政权让渡的结果。(4) 社会民间组织、第三部门、私人组织以及公民等都可以成为地方政府合作治理的监督主体。

制定地方政府间合作的规则。"制度促进人们选择有利于资源合理配置的最佳制度安排，实现'帕累托'最优；制度的设定为了防范个人'搭便车'的机会主义行为，制裁行为者规避责任、逆向选择和道德危害，降低由此带来的道德风险,从而防止集体行动陷入非理性的困境。"① 为此,必须制定和完善相关合作规则,比如制定自由竞争和反地方保护主义规则,以合作规则的制定来规范地方政府的合作行为。

保证合作监督机构的权威性。如果监督机构没有相对独立的监督权力而依附于作为被监督者的政策执行着,那么它们就不可能以权力制约权力,就很可能会因难以排除这些干扰而屈服于特权行为的压力,进而导致方案执行过程中的监督无法实施而成为一句空话。理论与实践表明,有强制执行力的约束性合作监督结构比无强制性的自愿性协调机构更富有效率。美国政府间关系咨询委员会在回顾政府联合会的发展历程时认为,区域委员会是区域经济治理中一种非常薄弱的合作机制。"这些COGs的普遍缺陷是在财政上过分依赖于成员政府,有时对私人领域的依赖性也很大。那些服务于跨州的大都市区的区域性组织则遇到了最严重的管辖权问题。那些导致COGs成员关系破裂以及退出的问题主要包括:不公平的会费负担;中心城市与郊区对问题的看法不同;由某个大政府所统治;在种族、经济发展、交通和财政资源上的冲突。"② 因此,如果区域委员会享有更多权威,那么通过区域委员会来实现区域治理将更为有效。

建立合作协议履行的信息交流制度。信息不对称也是造成地方政府间矛盾、合作低效的重要原因。通过信息交流,是取得对方的理解和支持,以及获得发生合作冲突的各方参与者均满意的均衡方案的必要途径。为此,建立和完善有关合作履行的信息交流平台至关重要,必须相应地建立事先告知制度、资讯公开制度和平等协商制度。事先告知制度的目的是就重要信息及时通知利益相关人,使可能受到协议影响的相关人能适时维护自身利益;资讯公开则是参与程序者能够了解有关订立契约的详细材料,使参与活动更加具有目的性;平等协商制度是指在协商利益冲突时,各参与者主体地位平等,反对"政治寻租"和"内幕交易"。

完善合作履行的责任制度。当地方政府间彼此就合作事宜达成一致性意

---

① 孙柏瑛:《当代地方政府治理》,中国人民大学出版社2004年版,第93页。
② Howard W. Hallman, *Small and Large Together Governing the Metropolis*, Berverly Hills Sage Publications, Inc. 1977, p.69.

见时，应当具体明确其违约责任，以便于履行其约定。但从目前各种宣言、协议和意见书来看，内容大多过于原则，很多只是一种意向或认识，各方事后所采取的具体措施并不多，因而协议就很难保证履行。如果成员方拒不履行契约义务或履行义务时违反约定，就属于违约，应承担违约责任。在合作协议中订立违约责任条款，是强化约束力的重要举措。根据事先的约定，协议的违约责任的形式，既可以是一种严格意义上的制裁，例如经济上的处罚，甚至是地方行政首长或部门首长的问责；也可以是某种合作的停止，或者某种优惠的取消。

完善合作失败的救济制度。从西方国家的法律救济模式来看，对行政协议纠纷的解决主要是通过司法外救济制度（协商或仲裁）和行政诉讼制度等途径。(1) 协商是非制度化的解决方法。由当事人通过非正式的谈判与意见交流来消弭彼此对协议条款理解的差异以及有关纠纷，是诸种解决方法中成本最低且效益最高的解决方式。(2) 仲裁是制度化的解决方法，由第三方（直接上级或民间组织）来裁决彼此间利益纠纷。仲裁具有自愿性特点，即将发生在双方当事人之间的纠纷提交仲裁，交予哪个仲裁机构仲裁，仲裁庭如何组成，由谁组成，以及仲裁的审理方式、开庭的形式等都在当事人自愿的基础上，由当事人协商确定。此外，仲裁与协商相比，具有强制性特征。仲裁实行一裁终局制，仲裁裁决一经仲裁庭作出即发生法律效力，使当事人之间的纠纷能够得到迅速解决。(3) 行政诉讼是法院通过审判方式进行的一种司法活动，在国外往往是行政法院或宪法法院来裁决。[1]

---

[1] 何渊：《区域性行政协议研究》，法律出版社 2009 年版，第 141—163 页。

第八章 合作评估

合作绩效评价是地方政府间合作的一项重要内容。究其原因，绩效评价作为合作治理的一种核心管理工具，它不仅有助于提升政府的合作效率和服务质量，而且对于推进区域一体化，融洽政府和公众、政府和企业的关系都具有重要作用。因此，绩效评价在地方政府间合作中具有重要地位和作用。合作评估主要解决"谁评估"、"评价谁"和"如何评"这三个问题，即评估主体、评估客体和评估方法。

第一节 合作评估的相关理论

一、评估主体

代议制是当代政府的运作基础，而受托责任是代议制政府的重要形式。对此，政府绩效评价的核心就是评价政府履行其受托责任的情况。Glynn(1993)认为，公共部门的受托责任就是指那些起草和（或）执行政策的人应该有义务就他们的行为向他们的选民作出解释。Bovens(2004)指出，对公共受托责任最为准确的表述应当是：行为者向某些其他重要群体公开说明并证明（explain and justify）其行为的合理性的义务。这不仅包括提供与业绩有关的信息，而且涉及在业绩不好的情况下讨论、作出判断以及实施正式或非正式的处罚的可能性。[1] 上述观点一致强调，公共受托责任要求被选举出来的

---

[1] Bovens, Mark, 2004, "Public Accountability," in E. Ferlie, L. Lynne & C. Pollitt (eds.), *The Oxford Handbook of Public Management*, Oxford: Oxford University Press.

人说明其行为和被授予权力的使用，并证明其合理性。

首先，公众与政府之间的委托代理关系存在，公众是政府合作效率的重要评估者。按照现代民主政治的一般理论，国家权力的本源在于公众。然而，由于直接民主制难以实行，公众在这种情况下，只有选择能代表其利益的权力主体并委托其管理国家和社会公共事务，同时通过一定的制度规则对其进行约束。因此，政府和公众之间就存在委托代理关系。政府接受公众的委托，按照公众的意志来行使管理社会公共事务的权力。因此，政府必须向公众告知其履行职责的情况，而公众有权利对社会公共事务进行监督。

美国国家公共生产力中心主任马克·霍哲教授非常重视公民作为评估主体的作用，他认为，"只有政策制定者和市民积极主动地参与业绩评估——参与让政府机构对它们的开支负责，对他们的行动负责，对他们的承诺负责这样的评估过程，上述多重目标才能实现。"① 公民作为评估主体，不仅仅体现了顾客满意的服务取向，直观地体现了评估的满意特征，增加了评估模式的社会相关性，同时通过"使用者介入"机制使得公共部门真正提高管理绩效。

其次，政府内部的委托代理关系存在，地方政府对上级政府有受托责任，上级政府有权利对下级政府进行监督与评估。一级政府作为一个整体，需要将有关的职责加以分解，并分配给相关的专门部门，以保障其行政管理与社会服务职能的实现。这样，一级政府与其下属的相关部门之间就形成了委托代理关系。同时，这些政府部门再进一步将有关任务分解给各个层次的公务员，并依照管理层级予以监督、指导，这样，部门首长与公务员之间、上级公务员与下级公务员之间又形成一种委托代理关系。

不同国家结构下的中央与地方关系不一样，而导致其监督职责也各异。在单一制国家中，地方政府对上级政府也有受托责任。"地方各级人民政府对本级人民代表大会和上一级国家行政机关负责并报告工作。"也就是说，政府不仅对本级立法机构（本地区公众的代表）负有受托责任，而且与作为更大区域内公众的受托人的上级政府之间存在委托代理关系，并对后者负有受托责任。而在联邦制国家中，地方政府对中央政府就基本不负有受托责任，而仅需对当地选民负责。

---

① ［美］马克·霍哲：《公共部门业绩评估与改善》，载《中国行政管理》，2000年第3期。

第三，由于地方政府的权力让渡与转移，跨域协调机构成为地方合作协议的执行机构与监督机构。地方政府合作可以在一定地域范围内和一定程度上实现资源的优化配置。然而，地方政府合作通常不是地方政府之间对资源的直接配置，而是通过行政权力的相互自愿性调整。这种行政权力的调整，包括行政权力行使的对等约束、行政权力的跨行政区衔接、行政权力的让渡、行政权力的横向转移来实现资源的跨行政区优化配置的。其中，跨域协调机构就是地方政府间行政权力的相互自愿性协调而组建的，这构成了跨域协调机构的权力基础，也是其监督合作协议执行的合法性渊源。

不同治理机制下的跨域协调机构各异，其拥有的权力与功能各不一样。传统区域主义强调区域的结构性变革和正式的制度规制，"它涉及整个都市区域的政府变革，企图驱除所有或大部分都会区里面的小政府，并代之以单一、全功能、有力的、普及整个都会区的政府来经理运营。"传统区域主义对区域问题的主张集中控制可以采取多种形式，包括广泛目的的区域政府；公共选择理论对传统区域主义的观点提出了批评，提出要依靠地方政府间竞争来提高公共服务和公共物品提供的效率，主张多中心体制，反对整合都市区众多的地方政府，认为应该选择地方政府间协议、公私伙伴关系、区域联合会以及职能转移等方式满足公众的需求；新区域主义认为政府的正式结构并不重要，都市区区域范围的治理能力可以经由目的导向的非官僚制的网络和既有制度的再治理来形成，它提倡自愿性的合作而不是自上而下的政府措施，强调治理而不是具有正式的政府结构和制度，而"治理传达了这样一种观点：既有的制度可以用新的方式来利用；合作可以在动态的和自愿的基础上在地方间实施；人们通过横向联系的组织可以很好地规制他们自己。"[1]

最后，治理理论的发展，社会力量成为地方政府间合作治理的重要成员。针对如何克服治理的失效，不少学者和国际组织提出了"善治"（good governance）概念。"善治"是使公共利益最大化的社会管理过程。它的本质特征在于是政府与公民对公共生活的合作管理。它强调政府与公民的良好合作以及公民的积极参与，实现管理的民主化。在地方政府合作中，公民社会

---

[1] Savitch H. V., Ronald K. Vogel, "Paths to new Regionalism", *State and Government Review*, 2000, 32(3):158-168.

是一种积极的和重要的力量。

在发达国家,依靠独立于政府之外的专门机构进行评估的做法渐成气候。一些国家把政府审计部门作为评估主体,英国的审计委员会、美国的审计总署都是公共绩效评估的生力军,这个经验值得我们重视。美国学者尼古拉斯·亨利在《公共行政与公共事务》一书中有一段介绍:政府会计委员会是一个非政府组织,同时,也是拥有制定州与地方政府的一般可接受会计准则权力的唯一实体。20世纪80年代后期,该委员会开始发布州与地方政府绩效报告的分析结果。1994年,该委员会又公布了由审计师与会计师共同撰写的关于政府"服务努力与完成"情况报告的"概念陈述"。在这位学者看来,政府会计标准委员会就是一个对公共部门进行绩效评估,用以提高政府管理绩效的相对独立的评估主体。"由于这种创制,政府会计标准委员会'跨出了财务会计的范畴,走进了绩效测量的领域'"。[①]

二、评估客体

确定被评价对象的责任履行情况,并供有关决策主体(评价结果的使用者)作出相关决策,是地方政府间合作绩效评估的根本目的。不过,由于不同类别的评估对象自身所存在的差异,针对这些评价对象的具体评价目标也各不相同。然而,对于地方政府间合作而言,合作协议的执行情况,是评估对象的重要内容。

那么,对合作协议的执行情况来说,其绩效评估指标则是在对合作目标进行分解和细化后,其具体目标或者项目的执行情况,而经济性(economy)、效率性(efficiency)、效益性(effectiveness)是评价的基本标准。具体如下:

经济是指用较少的人力、物力、财力、时间获取较大的成果或收益。具体而言,经济是指合作协议在执行时所花费的物质和人力等各种资源的成本。

效率,在物理意义上,是指有用功率对驱动功率的比值。在经济学意义上,指的单位时间里实际完成的工作量。在地方政府间合作中,效率是在给定投入和技术的条件下,经济资源没有浪费,或对经济资源做了能带来最大可能性的满足程度的利用,也是配置效率(allocative efficiency)。

---

① 卓越:《公共部门绩效评估》,中国人民大学出版社2004年版,第27页。

效益是指地方政府间合作对国民经济与社会发展所作的贡献，它包括项目本身得到的直接效益和由项目引起的间接效益，特别是在地方政府间合作所带来的各种效益。

然而，对于各级政府来说，其在现代社会中承担着广泛的公共职能，包括经济职能、政治职能和社会职能。因此，经济、效率和效益，仅仅是对地方政府间合作协议的执行情况的短期评估，而地方政府合作的长远效益却很难评价，更没有涉及到地方政府的基本职责。因此，在评价地方政府间合作时，其绩效评价的目标就在于综合衡量政府各种职能的履行情况，尤其是政府在促进增长、公平、民主和稳定方面所取得的成就和存在的问题。

对于地方政府的绩效评价，罗兰·彭诺克（1966）提出，评价政治体系的生产力需要看政治产品。所谓政治产品，就是政治行动的结果，而这些结果是对人民而言的，对社会整体而言的，不仅仅是对执政者而言。在内涵上，政治产品包括秩序、安全、福利、正义和自由，而这些产品相互之间可能存在着冲突。对于政治评价，彭诺克指出，应该把注意力集中在那些能够满足"需要"的目标上，即政策在满足国家自身需求的同时，还需要满足人类的需求，而满足人类需求才是政策合理性的根本评判标准。①

阿尔蒙德指出，评价政治与经济社会发展的四个指标包括：政府能力（权力）、人民参政情况（民主化）、经济增长（财富）和分配（福利）。其中，政府能力是指政府机构从社会吸取资源（税收、劳力、物资等）的能力和规定人民社会生活的能力；人民参政是指社会普通成员参与政府决策的程度；经济增长是指人均国民生产总值或国民生产总值；分配或福利是指人们分享物质产品的办法。在这四项指标中，前两个属于政治变量，后两个属于经济变量。其中，政府能力是人民参政的前提，而经济增长是分配的基础。②

评价地方政府间合作，也离不开发展学说的视角与标准。增长、公平、民主、稳定和自主是发展学说中居核心地位的五项目标。对此，亨廷顿认为增长即

---

① [美]加布里埃尔·A.阿尔蒙德、小G.宾厄姆·鲍威尔：《比较政治学：体系、过程和政策》，曹沛霖等译，上海译文出版社1987年版，第458—460页。

② [美]塞缪尔·亨廷顿等：《现代化：理论与历史经验的再探讨》，罗荣渠编，上海译文出版社1993年版，第361—363页。

经济增长，应以国民生产总值的提高来衡量；公平则包含减少绝对贫困和减少不平等这两个方面；民主主要专注于民主的先决条件和民主制的发展；稳定主要强调政治秩序与政治稳定；自主则涉及依附理论的研究，关注于发展中国家摆脱全球性资本主义秩序的束缚问题。在这五个目标中，亨廷顿认为，增长和公平是经济目标，民主和稳定是政治目标，而自主不仅是经济目标也是政治目标。①

三、评估方法

关于评估方法，根据评估主体的不同，评估的方法也不尽相同。例如，利润最大化是营利组织的使命，因此在评营利组织时，通过投入与产出的比值来对组织进行评估。对于追求某些社会价值的特殊需求的非营利组织的评估，则用系统研究法、民间组织"APC"评估理论等方法。

在地方政府合作中，由于涉及到多个主体、合作的内容方式也都不同，平衡计分卡法是较适宜地方政府间合作的评估方法。所谓平衡计分卡（The Balanced ScoreCard，简称BSC），就是根据企业组织的战略要求而精心设计的指标体系。具体而言，平衡计分卡是一种绩效管理的工具。它将企业战略目标逐层分解转化为各种具体的相互平衡的绩效考核指标体系，并对这些指标的实现状况进行不同时段的考核，从而为企业战略目标的完成建立起可靠的执行基础。从平衡计分卡在20世纪90年代初提出并在商业机构内试行，逐步受到重视和被很多大企业使用。2003年保罗·尼文提出了为公共机构而设计的计分卡图表。

平衡计分卡的使用基本流程，首先，将组织的远景战略转化为包括财务、顾客、流程和学习与创新等四个方面的具体目标。指标是由设定的关键性目标推导出来的，一个战略目标有可能对应一个或一个以上的指标。指标值是指标的量化值，是衡量指标的完成情况的标准。行动计划是支持平衡计分卡每个指标的具体项目计划，它包含了若干个特定的行动，其目的主要是为了

---

① ［美］塞缪尔·亨廷顿等：《现代化：理论与历史经验的再探讨》，罗荣渠编，上海译文出版社1993年版，第331—352页。

指标与指标值的实现。[①]

其次,依据各责任部门分别在财务、顾客、内部流程、创新与学习等四种计量可具体操作的目标,设置相对应的绩效评价指标体系,这些指标不仅与组织战略目标相关,而且是以先行(Leading)与滞后(Lagging)两种形式,同时兼顾和平衡组织长期和短期目标、内部与外部利益,综合反映战略管理绩效的财务与非财务信息。

最后,由各主管部门与责任部门共同商定各项指标的具体评分规则。一般是将各项指标的预算值与实际值进行比较,对应不同范围的差异率,设定不同的评分值。以综合评分的形式,定期(通常是一个季度)考核各相关责任部门在财务、顾客、内部流程、创新与学习等四个方面的目标执行情况,及时反馈,适时调整战略偏差,或修正原定目标和评价指标,确保组织战略得以顺利与正确地实行。平衡计分卡的管理循环过程的框架见图8-1:

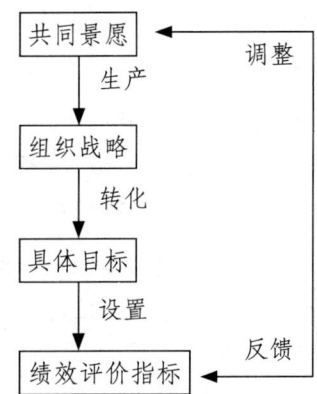

图 8-1 平衡计分卡原理循环过程

因此,平衡计分指标体系包括三个层次:(1)第一层次是包括财务、顾客、内部运营和学习与创新等四个领域;(2)第二层次是上述每个领域所包含的内容。财务领域主要是组织主要满足股东的需求。顾客领域就是政府所面临的服务对象,具有不确定性和可变性。内部业务领域主要是政府在业务领域内所必

---

① [美]卡普兰、诺顿:《战略中心型组织》,上海博意门咨询有限公司译,中国人民大学出版社2008年版。

须擅长的技能，这一特征可以借用"竞争优势"来表现，尤其是在公民能"以足投票"的情况下，政府竞争优势更为重要。内部学习和创新领域主要是政府人员的自我学习和提高的能力；(3)第三层次即每一领域内的每一内容上的具体的、可量化的测评指标。因此，平衡记分卡的指标体系有一定的规范性，尤其在前两个层次上。

第二节 合作评估的指标体系

一、合作评估指标的设计原则

合作评价指标设计，既要遵循一定的价值原则，同时也符合一定的技术原则。价值取向决定了合作绩效评价的基本判断标准。具体评价指标的选择和指标体系的设计，必须从价值取向出发；然而，评价指标的设计和指标体系的构建是一项技术性很强的工作，只有必须遵循一定的技术原则，才能保证评价指标体系真实、有效地反映地方政府的合作绩效。

价值取向作为地方合作绩效评价的基础要素，并不能直接用于衡量合作绩效，它必须通过一定的媒介才能应用于评价实践，而这一媒介就是指标体系。评价指标是测量合作绩效的工具，通过价值取向推演出来的相关衡量标准。其作用在于从不同侧面（不同的价值取向）反映政府绩效。因此，评价指标是价值取向的具体反映。有什么样的价值取向，就需要有相应的指标来支撑。

评价地方政府间合作绩效的价值原则是什么呢？主流的学术观点认为经济（economy）、效率（efficiency）、效益（effectiveness）、公平（Equity）即四 E，是建构绩效评估体系应遵循的基本价值。[①] 首先是"经济"的价值原则。在评估组织绩效时，首要的一个问题便是"某组织在既定的时间内，究竟花费了多少钱？是不是按照法定的程序花费金钱？"这是经济原则首先要回答的问题。经济原则要求以尽可能低的投入或成本，提供与维持既定数量和

---

① 更全面的指标应该是六 E，即经济（economy）、效率（efficiency）、效益（effectiveness）、道德（Ethics）、公平（Equity）和环保（Environment）。

质量的公共产品或服务；其次是效率的价值原则。效率要回答的首要问题是"机关或组织在既定的时间内，预算投入究竟产生了什么样的结果？"效率指标通常包括服务水准的提供、活动的执行服务与产品的数量、每项服务的单位成本等。三是效果的原则。以效率作为衡量指标，仅适用于那些可以量化的或货币化的公共产品或服务。在此情况下，效果便成为衡量公共服务的一个重要指标。效果关心的问题在于情况是否得到改善。效果通常是指公共服务实现目标的程度。最后是公平的价值原则。传统公共行政重视效率、效果，而不大关心公平问题。自新公共行政以来，公平问题日益受到广泛的重视，并成为衡量政府绩效的重要指标。

那么，评价地方政府间合作绩效的技术原则有哪些呢？主要有系统性原则、定量指标与定性指标相结合的原则以及时限性原则。首先，系统性原则要求绩效评价的指标体系能够全面、系统地反映评价的价值取向，而不能遗漏某个或某些价值取向；其次，同时，一个有效的绩效评价体系，应当实现定量指标和定性指标的有机结合。纯粹的定性评价，会使评价完全依赖于评价者的主观判断，从而无法保证评价结果的公正性和客观性，而一味强调定量指标也不能保证评价的科学和客观。最后，在时限性方面，在评价指标体系中，评价人员要采用一定的时间单位，即设定完成这些绩效指标的期限。例如，地方保护主义的规章清除必须是根据一定期间内的相关数据计算的，如果根本不考虑计算的起讫时间，则有关指标数据根本就无法获得。

二、合作评估指标的体系构成

根据地方政府间合作的法律属性、价值取向、目标，将其评估指标体系设计为四大类，即法治化指标、经济效益指标、社会效益指标和生态环境指标。之所以选择以上四类指标评价地方政府间合作的绩效，基于以下两个方面的考虑：

一方面，合作协议是地方政府间合作的基本形式，而合作协议是行政契约的一种，具有法律属性。合作协议主要是为地方政府间相互合作提供法律保障，合作协议是法律制度的在区域经济发展中的应用。具体而言，地方合作协议是不同行政区划的地方政府之间为促进本地经济的繁荣与社会发展，就各自行政职权范围内的合作事宜而所订立的各种协议形式的总称。合作协议具有主体的特定性、过程的合意性、内容的多样性和载体的要式性等特征。既然合作协议具有法律属性，那么，对其的评估就应该有法治化指标。包括合作协议的法制基础、合作协议履行、合作协议的违约责任的情况，有相关的考量。

另一方面，地方政府间合作的影响是全方面的，其合作内容涉及经济、社会、环境保护等诸多领域。既有基础设施建设方面，如水电、高速公路、铁路、港口等设施；也有环境保护方面的，如跨界污染；还有资源整合与经济发展，如旅游资源的开发与整合、贸易一体化、产业结构转移和升级等。因此，在地方政府间合作的评估时，应该对合作内容进行全面考核，并有相关指标予以反映。

根据上述思考，提出了地方政府间合作的评估指标体系，具体内容见表8-1。[1]值得注意的是，地方政府间合作绩效评价体系是整体性的一种制度安排，而不是针对某一领域而设计的。换而言之，对地方政府间合作的评估，应该是系统性的全面评估，不能选择某一具体领域而单方面地评价。

地方政府间合作的法治化指标体系主要涉及以下几个问题：

合作协议的合法性。这里的合法性是广义上的概念，即既要符合宪法又要符合一般的法律法规。根据宪法规定，一切法律、行政法规和地方性规章制度都不得同宪法相违背。因此，地方政府间合作形成的合作协议，不得与宪法和法律相抵触；同时，地方政府间合作的活动必须要遵守宪法和法律，在法律规定的范围内进行活动。

统筹区域发展的影响。统筹区域发展是地方政府间合作的重要目的。通过地方政府间合作，使得资源在区域间统筹协调，实现资源的优化。特别是一些发展中地区，通过地方政府间合作的资金、技术、项目等支持，使得发展中地区实现跨越式增长。

合作协议的履行情况。合作协议是调整地方政府间关系的重要途径。如

---

[1] 上海社会科学院法律社会咨询中心编：《长三角区域发展与合作实证研究》，上海社会科学研究院出版社2010年版，第229—233页。该书提出了长三角区域合作协调制度绩效评价指标体系，内容包括法治化、资源要素的绩效、社会效益等三个方面的内容。

表 8-1　地方政府间合作的评估指标体系

一级指标	二级指标	三级指标
法治化	协议的合法性	合宪性
		合法性
	统筹区域协调发展	区域统筹协调发展的情况
	合作协议的履行	合作目标的实现情况
		违约责任承担情况
经济效益	资源要素的配置环境	行政审批
		市场进入
		市场退出
	市场机制的基础性作用	市场自由交易
		市场在资源配置中的作用
		市场主体的地位
		市场中介组织、行业协会的地位
		政府在市场中的作用
		政策协调
		市场监管
	区域一体化	空间形态一体化
		市场一体化
		产业一体化
		交通设施一体化
		信息一体化
		生态环境一体化
		制度一体化
	市场基础设施建设	交通体系建设
		物流体系建设
		水利基础设施建设
		信息基础设施建设
	区域经济综合竞争力	自主创新
		产业集群
		经济实力整体提升

社会效益	改善民生福利	改善生活条件
		提高收入水平
		缩小贫富差距
	人的全面发展	经济权利的实现
		社会权利的实现
		文化权利的实现
		政治权利的实现
	社会建设	公共服务体系建设
		社会保障体系建设
		社区治理体系建设
		社会组织发展
生态效益	生态恢复	治理污染
		生态治理
	环境保护	环保标准
		生态建设

（资料来源：作者根据相关资料整理而成。参考上海社会科学院法律社会咨询中心编：《长三角区域发展与合作实证研究》，上海社会科学研究院出版社2010年版，第229—233页。）

同国与国之间的关系调整和相互合作需要签署国际条约一样，在地方合作背景下签订的合作协议主要是为地方政府间相互合作提供制度保障。为此，合作各方有遵循和执行合作协议的义务，必须在规定时间内完成和履行约定的职责和义务。在对合作评估时，合作协议的执行情况是重要的考量因素。

地方政府间合作的经济效益指标体系主要涉及以下几个问题：

资源要素的配置环境。市场要素的配置优化和配置环境，是指市场主体进入市场自由，产品和服务进出市场不受限制，市场交易规范、公平，行为自由等。因此，要实现市场要素的配置环境，就必须有与之相适应的政府职能和完备的法律保障。

市场机制的基础性作用。价格机制、供求机制和竞争机制共同构成了市场机制，健全而完善的市场机制是市场经济的基础和重要内容。市场机制能否充分发挥作用关键看是否有一个良好的环境。这个环境主要通过这些方面的因素来体现，如市场的作用、政府与市场的地位、市场中介组织和行业协会在市场中的地位等。

区域一体化。区域一体化是指在一个区域经济体系内，按照地域分工与合作的原则来组织各个地区的产业发展与布局，形成一个聚集与分散相结合，既能最大限度地发挥各地区优势，又能分工协作的区域经济体系的过程。区域一体化的实现条件，是生产要素等经济与社会资源配置能够实现最优化，它包含空间形态一体化、市场一体化、产业一体化、交通设施一体化、信息一体化、生态环境一体化与制度一体化等七个方面的具体内容。

市场基础设施建设。在此特指奠定、支持市场发展的各项条件的总和，它分为硬件和软件两种体系。硬件体系如交通体系、物流体系、水资源保护治理体系等；软件体系如信息共享体系、信用体系等。长期以来，各地方的市场基础体系建设各自为政、互不通气，结果是基础设施重复建设，造成资源浪费情况。为此，地方政府间合作将有利于基础设施的整合。

区域经济综合竞争力提升。区域竞争力是对一个区域经济发展状况和发展环境的概括，是该区域经济规模、经济增长质量、经济结构的综合体现，是各种经济变量的有机组合及其变动合理的结果。地方政府间合作在区域经济综合竞争力的提升，可以在自主创新、产业集群和区域经济实力等方面予以体现。

地方政府间合作的社会效益指标体系主要涉及以下几个问题：

改善民生福利。地方政府间合作应有利于改善民生，而不仅仅体现在经济发展和产业结构调整方面。因此，评估地方政府间合作，应重视城乡居民生活条件的改善、生活水平的提高、缩小贫富差距等方面的考核和评价。

人的全面发展。马克思主义认为，经济发展的终极目的是促进每个人的自由而全面的发展。在《共产党宣言》中，马克思说，共产主义"是这样的一个联合体，在那里，每个人的自由发展是一切人的自由发展的条件"[1]。在《资本论》中，马克思再一次宣称，共产主义是"以每个人的全面而自由的发展为基本原则的社会形式"[2]。并且这种全面发展，在原则上界定为经济权利、社会权利、文化权利和政治权利的充分体现。

---

[1]《马克思恩格斯选集》第1卷，人民出版社1995年版，第294页。
[2]《马克思恩格斯全集》第23卷，人民出版社1972年版，第649页。

社会建设。哈佛教授理查德·库珀教授把政府公共管理与服务概括为四方面：一是守夜人，强调政府维护国家主权和国防安全，以及建立法律基础与法律秩序；二是社会保障，为公民提供最基本的生活保障，提供就业机会；三是调整生产结构，也就是经济结构与宏观调控的作用；四是约束个人行为，如对人口生育的控制。因此，在地方政府间合作中，考核和评估社会建设基本情况，也是题中之意。

地方政府间合作的生态效益指标体系主要涉及生态恢复和环境治理等问题。经济发展不再仅着眼于GDP的提高，而且还要重视人与自然的和谐相处，即在发展经济的同时保护好生态环境。由于环境污染的外部性，客观上需要政府间的联合治理。因此，在评估地方政府间合作对环境效果时，可以从生态恢复和环境保护这两个方面予以考虑。

第三节 合作评估的改善

一、评估主体的多元化

构建由上级政府、辖区居民、利益相关第三方（如其他辖区的干部与民众）组成的多元评估主体。在地方政府的合作过程中，尽管参与合作评估的主体呈多元化，但是特别应吸纳相对独立的专业评估组织。"通常，在整个政府机构中遵循这样一条原则：评估活动应该由一个符合评估内容的组织来进行；应该由那些不受项目发展结果影响的人们来进行。"[①] 这是因为，专门性的评估组织的评估往往较为客观公正，评估结果易于被公众所接受；专家的专业评估知识也可以增进评估的科学性与规范性；并且效率也较高；避免了自我评估中缺乏客观公正性、专业性不强、流于形式、高估自己等弊端。在地方政府合作中，专门性的评估组织可以避免上述不足，发挥专业性的优势，如设计相应的评估指标以及各个评估主体间关系的协调者，负责评估信息的统计整理和加权换算工作。

专门性的评估管理机构不仅仅对地方政府合作的绩效进行评估，同时在

---

① 卓越：《公共部门绩效评估》，中国人民大学出版社2004年版，第23页。

进行评估的过程中保证了地方政府合作的正确方向，对于地方政府间合作的阻碍因素产生了相应的扼制作用。例如地方政府间的消极竞争、地方保护主义的盛行是实现地方政府间合作的重大阻碍。各政府之间与政府部门之间没有良好的沟通协作机制。在政策的制定和执行过程中存在着很大的利益分歧等等都导致了地方保护主义盛行。专门性的评估管理机构在负责地方政府间合作的特定内容的评估工作的过程中，针对上述地方政府机会主义行为，设计相应的评估指标以及协调各个主体间的关系，进而避免"搭便车"的现象发生。

在地方政府的合作的过程中，公民既是参与合作的主体之一，也是评估合作的主体之一。在当代地方治理实践中，地方政府正在开放和选择更多的参与途径，让公民参与地方公共政策的制定和执行过程。它们分别采取分权化和向社区公民授权的措施，鼓励公民与政府分担某些公共事务管理的责任。[①]换而言之，公民参与地方治理中扮演的角色分为：地方选举的投票者、公共服务的享有者或消费者、表达一定利益取向从而影响特定公共政策、参与社区公共服务提供，成为政府共同生产公共服务的合作伙伴。事实上，西方发达国家对政府官员考核一直沿用两个评价体系，一个是政府部门的自我评价体系，另一个是社会评价体系。其中，社会评价主要通过以下两种方式：一是所辖范围内的机构以及民意代表，尤其是来自基层的民众代表，对公职人员的行政绩效有着切身体会，其评价将更为实在。辖区民众更加关心自己的生活水平有没有提高、收入有没有增加、生活环境是否改善等问题。如果这些方面能够让民众满意，那么他们对创造这些政绩的地方领导干部的评价就会高。因此，在地方政府合作中，公民通过参与地方合作的独特途径，为地方政府合作评估发挥作用。

值得一提的是，应有意识地吸收利益相关第三方对被考核者进行评价。管理学中有"360度绩效考核法"值得借鉴。该考核方法又称全方位绩效考核法，是指从与被考核者发生工作关系的多方主体那里获得被考核者的信息，以此对被考核者进行全方位、多维度绩效评估的过程。这些信息的来源包括：本人、

---

① 孙柏瑛：《当代地方治理：面向 21 世纪的挑战》，中国人民大学出版社 2004 年版，第 217 页。

上级监督者、下属、平级同事、企业内部支持部门和供应部门、外部客户等等。在地方政府间合作的绩效评估时，受外部性的影响，若有意识地吸收利益相关第三方对被考核者的评价将使政绩考核更显公平。由于不同地方政府受地缘关系影响，在政绩考核时对其他地方政府官员的政绩评估往往存在既"合作"又"排他"的矛盾心理："合作"性表现在合作过程中彼此人际互动多，若一方得到提拔，则其他没有得到提升的地方官员由于"脸面熟"而便利于开展政治寻租，因此彼此都希望对方能得到晋升。"矛盾性"表现在晋升职位有限，若对方得到提拔则自己没有机会。特别是在选拔公职人员时照顾出身、背景普遍性的前提下，若在某一区域内已经提拔了干部，则上级政府往往会把眼光转向他处。由于利益相关第三方对被考核者情况熟悉，在既"合作"又"排他"的矛盾心理上，其评价或许将更为公正。

此外，上级主管作为独立的评估主体具有自身不可替代的优势。首先，从专业性的角度来看，评估对象的上级主管作为领导，比较熟悉业务和部属，了解下属部门的运作情况。其次，上级主管的评估作为一种评估艺术，把一些在其他评估指标中难以精确反映的工作绩效相对地体现出来，以某种定性方式弥补现行定量评估的缺陷。比如，在政令畅通指标中，可以设置执行计划、完成临时任务、回报反馈和部门协调等参考要素；在工作质量指标中，可以列入维护稳定、化解难题、应对突发事件、获得上级表彰等指标要素。[①]

但是，上级主管作为评估主体的一部分，客观上存在不足之处。上级主管的评估潜在地隐藏着主观随意性和走过场的可能性。一些领导可能根据个人的情感好恶，关系亲疏进行评估；一些领导在评估时碍于情面人际关系简单打分。并且评估在较大范围进行时，为了部门利益，上级主管还可能出现"地方保护主义"的现象，即护短行为。这点在评估时值得注意。

二、合作信息的公开

信息是合作绩效评估的基础。一个完整的地方合作评价系统，必须包含绩效评价数据的输入、绩效评价数据的处理以及绩效评价结果的输出。从合

---

① 卓越：《公共部门绩效评估》，中国人民大学出版社2004年版，第23页。

作评价数据的输入角度而言,其关键是让有关的评价主体能够及时、充分、准确地获取相关信息,并进行相应的处理,从而用以评价合作绩效。如果有关评价主体不能及时、准确地获取评价对象的信息,或者所获取的信息不可靠,就无法进行评价或者导致评价的歪曲。因此,合作评价是建立在评价主体能够获取关于合作行为及其结果的信息的基础上。

政府透明地公开自己行动及其结果的信息,尤其是与合作相关的信息,这是合作绩效评估的重要前提。然而,哪些信息与地方合作有关呢?简单地讲,凡是与政府合作有关的信息,都属于合作评估相关的信息,都应当在符合成本效益、重要性等原则的基础上,考虑对外披露。因此,这不仅涉及合作协议执行过程中成本与收益的信息,而且还涉及合作事宜而相关联的社会效益、经济效益与生态环境效益等信息。

具体而言,这些信息分别属于政府的事务信息、财务信息、机构人事信息以及其他经济发展与社会公共信息。而从国内外有关政府信息公开立法来看,政府公开的信息主要就包括这四类。在上述四类信息中,事务信息、公共财务信息和机构人事信息都属于政务信息,即政府在履行合作协议时所直接生成的信息,而其他的经济发展与社会公共信息也可以帮助公众从不同侧面评价合作责任的履行情况。因此,无论是政务信息,还是经济发展与社会公共信息,对于评价地方政府合作绩效都密切相关,也非常重要,都是评价地方政府合作绩效所需要的。

然而,合作评估必然要涉及有关事实的描述、是非得失的评判。因此,合作评估在实质上是对有关人员行为的一种价值判断,合作评估本身就具有批判性,是借助批判手段实现建设性目的的活动。有关机构和人员既可能是合作评估的有力支持者,也可能是有力的反对者,而他们的态度取决于其对合作评估价值判断倾向的认同程度。当认同程度低甚至反对时,这种阻碍力量的大小往往是合作评估成败的关键所在。

在合作评估中,有关人员主观地抵制是妨碍评估的主要愿意。之所以会出现对政策评估的抵制,其原因主要有三:一是担心评估得出不利于他们的结论;二是对政策过程的独占心理驱使他们反对他人进入,以免影响他们的行动计划;三是人的本能的支配心理。有关人员的抵触主要表现为拒绝提供评估经费和资料,藐视、贬低和否定评估结论等。在合作评估面临的所有困难中,人为抵制是最直接的也是最严重的困难。① 因此,政府在信息公开方面,形式主义不少,随意性较大。有人概括为"五多、一少、三不",即口号多、检查多、停留在嘴上多、贴在墙上多、闪在屏幕上多;落在实处少;内容不实形式随意,程序不规范,制度不到位。② 这些问题导致信息收集不及时、统计数据不准确、相关人员的抵触等问题,进而给合作评估造成困难。

推动合作信息公开的行为主体有政府、公民和媒体。这三大主体各司其职,起着不可替代的作用。政府是信息公开动力系统的义务主体,政府具有为公民和社会公开合作信息的义务。这种义务主要表现在,政府要本着公平、公正、便民的原则,及时、准确地公开政府信息。而且,对于公民、法人或其他组织提出的要求公共信息的申请必须及时、快速地给予答复。为此,这就需要制定与完善《信息公开法》等相关的法律,对政府信息公开的义务(如信息公开的内容、方式、频率、例外事项等)作出明确的规定;同时,建立统一的权威机构,协调信息公开的政策,改变各部门、各地方各自为政处理信息的随意性。

公民是政府合作信息公开动力系统的权利主体。知情权是公民享有的最基本的一项权利。知情权和信息自由是人的表达自由和言论自由等基本人权的必要前提,也是实现公民政治参与的前提条件。为此,必须保障公民的知情权和信息自由权,同时扩大公民获取信息的途径,例如推进政府上网工程,开辟信息公开的广阔渠道。

媒体是政府合作信息公开动力系统的传播主体。在政府合作信息公开的动力系统当中,只公开义务和知情权利还不够,信息还要通过一个媒介从政府传播到公民当中,这个媒介就是媒体。当然这里的媒体既包括国内媒体还包括国外的媒体。媒体主要负责将政府公布的信息迅速、准确、及时、自由地向公民进行传播。对于政府没有主动公开的信息,媒体也有权利向政府申请公开。为此,媒体也是推动合作信息、参与合作评估的重要力量。

---

① 胡宁生:《现代公共政策研究》,中国社会科学出版社 2000 年版,第 233 页。
② 郭道晖:《知情权与信息公开制度》,载《江海学刊》,2003 年第 1 期。

三、评估结果的运用

评价本身不是目的,通过评价促使地方政府更好地履行合作责任才是评价的根本目的,因此,评价结果的运用是合作绩效评价过程中极为重要的一环。绩效评价结果的运用具体可分为内部和外部两个方面。绩效评价结果的内部运用,主要是为了加强政府及其部门的内部管理,提高政府及其部门提供公共产品的质量、效率,增进政府的绩效,也就是侧重于提高政府履行公共受托责任的能力和水平。而政府绩效评价的外部运用,则更多地侧重于保证政府依照公众的要求履行公共受托责任。[①]

在评价结果的内部运用上,一方面,合作评价结果有利于地方政府制定和修订经济、政治、社会发展的公共政策。根据合作绩效的评价结果,可以发现本地方政府在执行合作政策中存在的政策执行问题,以及本地区经济、政治、社会发展中的薄弱环节,从而确定下一步努力的方向。根据合作评价结果,通过制定或者修改相关的公共政策来更好地促进本地区经济、社会、政治的协调发展,以更好地执行地方合作政策,实现本地区的发展目标。因此,绩效评价的结果可以促进政府提高公共政策制定的科学性,更好地履行合作协议的责任。

另一方面,合作评价有利于提高地方政府的行政管理和政策执行能力。为了执行合作协议,地方政府及其各部门自上而下逐层分解其任务与目标,据此确定政府、部门或个人等各个层级的绩效目标及相应的评价指标和评价方法。因此,评价结果可直接用于检验被评价对象是否达到了预定目标,反映其在政策执行过程中的经验和不足。通过分析其在工作过程中的得失原因,被评价对象能够采取具体的对策和措施以促进合作目标的达成。政府可根据评价结果并结合其发展战略,调整管理目标、工作思路和举措,从而有力地提升了地方政府的行政管理和政策执行能力。

在评价结果的外部运用上,重点在于对政府及其成员进行问责。问责制是地方政府间合作的重要保障机制。如果缺乏有效的问责机制,就不能促使合作各方履行责任。因此,为了促使地方政府及其官员更好地履行合作协议

---

① 刘笑霞:《政府绩效评价理论框架之构建》,厦门大学 2008 年博士论文库,第 201 页。

中的责任与义务，就要追究地方政府及相关人员未尽义务行为的责任，而追究的依据就是评价结果。对于应承担什么责任，则视具体情况而定。

责任制度的建设，可以从两个方面予以完善。一是硬约束。当成员方拒不履行合作协议，或者履行义务时违反协议规定的，必须承担违约责任。地方政府间可以事先规定相关处罚措施，并强制执行处罚和制裁，包括承担相应的政治责任、经济责任或法律责任。二是软约束。软约束是一种成员方居于共同体的责任和有诺必践原则所产生的自我约束力，以及害怕被群体孤立而被迫履行的压力。当一方违约时，其处罚可能不是严格意义上的制裁，却是某种合作的停止、某种优惠的取消；换而言之，违约方因为不履行义务而不能享受其权利，或者因为不履行义务而被其他地方政府所孤立。

第九章 合作困境

正如库柏在剖析21世纪公共行政面临的挑战时感言,"如果说有一件事大多数国家的公务员和公民都会表示赞同的话,那就是政府比过去复杂得多了……事实上,复杂性已经使公共行政陷入困境,如今,'合作危机'成了人们普遍关注的难题。所谓合作危机,就是因一个项目的计划、协调与运作涉及同一活动领域的多个组织而带来的困难。"① 地方政府合作的困境,既有合作机制的制度缺失,也有地方保护主义、地方政府竞争等行为影响。

第一节 合作机制的缺失

一、组织结构的不完备

科学的、合理的机构设置是跨域合作协调机构有效运行的前提条件,也是机构发挥功能和作用的基础和载体。例如,欧盟之所以能发挥作用,与其设立了决策、执行、监督、仲裁等机构,构成一个完整的欧盟区域管理权力体系分不开的。纵观众多的跨域协调机构,在机构设置上往往有这些内容:(1)决策机构方面,往往设有地方行政首长的高层战略决策制度,这也是跨域协调机构的最高权力机构;(2)执行机构方面,应考虑两个层面:一是设立包括各地方政府部委等职能机构的联合执行机构,负责协调各项合作事宜在各地

---

① [美]菲利普·库帕:《二十一世纪的公共行政:挑战与改革》,王巧玲、李文钊译,中国人民大学出版社2006年版,第92页。

的贯彻实施。这类联合执行机构属于常设性执行机构;二是专项任务的执行机构,负责某项具体任务的实施与执行,这类执行机构属于临时性执行机构;(3)仲裁机构方面,设立合作冲突与纠纷的申诉和仲裁机构;(4)咨询机构方面,设立相关咨询机构,加大对推进地方合作与区域一体化的研究,定期发布相关数据,通过其活动来呼吁和推动合作文化的建设。

高层联席会议和论坛是当前推动地方政府间合作的重要平台。高层联席会议包括了行政首长联席会议、政府秘书长联席会议、经济主管部门联席会议等。论坛包括了区域合作与发展论坛、区域经贸合作洽谈会等合作机构。这些会议和论坛主要是研究制定合作计划,解决合作中的重大问题,协调推进合作事项的开展。然而,由于区域行政区划及行政隶属关系比较复杂,仅仅依靠各种形式的会议及论坛是不能有效解决实际问题的。

然而,大部分的高层联席会议仅是一个松散的、非制度性的协调机构,还没有上升到正式组织机构的形式,显然它对协商结果的执行既没有约束能力也没有管理职能,这将很难解决地方合作中可能出现的各种冲突,使地方合作陷入困境。地方合作的协调机构在结构上的不完备,使得合作难以进入到真正的实质性阶段,难以保证合作成员在追求地方利益的同时不会对共同利益产生消极影响。

地方政府间合作的实现要有实施具体合作事宜的组织载体。跨域协调机构使相关利益主体的获利空间得以扩大和延伸,能将原本相对独立的地方利益转化为一致的整体利益。但是,目前地方政府的区域合作组织机构制度化程度相对来说比较低,组织形式和机构结构也较为松散。可以说,中国地方合作很多都是靠地方领导人来推动的,一旦地方领导调动,合作机制便很容易架空;而且当前地方合作还停留在各种会议与论坛上,采取集体磋商的形式,缺乏一系列成熟的、制度化的机制与组织。地方合作协调机构的执行能力弱,导致地方政府各自为政。

此外,合作机构的不健全,导致地方合作缺乏统一的战略规划。以中国长三角地区为例,近年来江苏、浙江各地的经济力量纷纷将融入大上海、共享长三角区域经济合作收益作为自身发展战略。然而,长三角地区的各地方在实际发展过程中,还是按照自身发展的内在逻辑和实际需要来开展,而不是从整个区域发展形态的内在要求出发。例如,苏州与上海为争夺外资,竞相出台更为优惠的政策;长三角各地区之间的产业结构相似系数极高,重复建设和资源的浪费现象严重。这种规划缺乏整体性,而且在目前的地方管理体制下,将形成新的"块块结构",以及由此必然导致的新的"块块竞争"和"块块封锁"。①

就建立地方合作协调机构而言,可以借鉴西方国家建立区域合作机构的经验。为了推进加拿大温哥华城市圈的共管自治,建立城市圈董事会和执行委员会作为合作协调机构。城市圈董事会以各个城市政府为子单位,由各个城市依据特定的标准选出代表担任董事,代表该城市的利益。执行委员会负责执行董事会的决议。董事会的财政可由中央财政和地方财政共同提供,中央给出一定的财政支持,各个城市政府按照享受的服务由城市财政支付费用。城市圈董事会制度可以保证各个城市拥有平等的地位和相同的发言权,可以在民主的基础上统一规划城市圈的发展。

二、协调机构功能缺失

地方合作协调机构应有哪些职权与功能定位呢?理论研究与实践经验表明,其功能应有:(1)协调功能。在基础设施建设、交通网络规划、物流运输、产业规划等方面,应综合考虑整体区域资源、区位优势、经济状况,在提升区域竞争力等方面发挥协调作用;协调不同地区利益主体间冲突关系;(2)服务功能。至少应有两方面的服务功能定位为:一是服务区域经济市场一体化,减少统一市场的制度壁垒;二是服务区域经济均衡发展,促进区域内欠发达地区的发展,实现共同繁荣;(3)监督功能。审查和监督区域政府间自主达成的区域合作规则的执行情况。特别是不少合作宣言、合作项目等事项,均有非强制性而履行不足的弊端,因而须加强执行监督,使区域合作真正落实。

联系中国的地方合作协调机构实际情况,当前存在一个普遍问题:片面强化协调功能,忽视服务与监督功能。以长三角城市经济协调会为例,其经济协调的效果已经显著,在产业结构调整、交通网络一体化、旅游资源共享、人力资源社会保障一体化等方面取得巨大成绩。但是,经济协调会的服务功

---

① 汪伟全:《地方政府竞争秩序的治理:基于消极竞争行为的研究》,上海人民出版社2009年版,第236—237页。

能不足,没有实现区域经济的共同繁荣,发展不均衡现象突出,如浙西要比浙中、苏北要比苏南落后许多;此外,监督功能较弱也是长三角城市经济协调会需要克服的重要方面。长三角区域经济中地方保护主义仍然存在,缺乏统一的法律法规,缺乏对合作项目的监督而导致履行不足。因此,在长三角城市经济协调会未来改革与发展中,应该进一步强化服务和监督功能。如何发挥各地方政府的积极性,建立一个反映各地方政府意愿、能获得各地方政府普遍认同的、具有民主的治理结构的跨行政区的协调管理机构,则是政府合作机制能够真正建立的关键。

此外,中国的合作协调机构还具有一个鲜明特点,即中央层面上的协调机构富有效率,而地方层面上的协调机构则效率不足。在中央政府层面,国家发展与改革委员会(简称"国家发改委")设置了地区经济司负责全国的区域政策、区域规划、扶贫开发和对口支援工作;同时国家发改委还设置了东北振兴司,专门负责东北发展事宜;国务院设置了国务院西部地区开发领导小组办公室,由国家发改委主任兼任该机构的负责人。这些区域合作协调机构,在协调区域发展事务中,发挥了积极且重要的作用。上述协调机构由于在中央政府层面上,其机构运作得到权威性支持而富有效率。然而,在地方层面,由于缺乏权威性而导致协调效率低下的地方合作机构屡见不鲜。

显然,在地方政府间合作中,跨域协调机构的工作绩效与权威性大致成正比关系。美国的田纳西河域管理局、日本的"广域行政"协调机构,① 这些区域机构由于有决策权、执行权而都取得了良好的治理绩效。但与之相反的是另外一些协调机构,如美国的区域委员会,受权威性有限的制约,很多决策与规划得不到各地方政府的支持,使得美国大部分区域委员会处于十分尴尬位置。因此,为了使跨域事务得到有效治理,越来越多的人赞同协调机构应具有相应的职权。

三、监督和激励机制缺乏

缺少有效的监督是地方政府合作困境之一。监督机制的缺乏主要体现在

---

① 傅钧文:《日本跨区域行政协调制度安排及其启示》,载《日本学刊》,2005 年第 5 期。

各合作主体比较注重合作方案和政策的制定，而如何执行与监督则相对滞后。在缺乏有效监督的情况下，各合作主体在各自地区的利益驱使下很难保证一定能够形成共同意志，往往会选择局部的利益而放弃整体的、全局的区域利益。这样就会给地方合作带来障碍。

地方政府的合作执行，在监督机制方面存在这些问题：一是搞形式主义。对合作协议开会布置了，合作制度印发了，就等于落实了。地方合作仅满足于喊在口上，写在纸上，贴在墙上，只图形式而不讲求时效，影响了合作机制的权威和时效。二是采用实用主义态度。对待监督规定的置若罔闻，我行我素，上有政策下有对策。三是对地方合作的条例、准则、规定、制度等执行情况监督检查力度不够。有些检查流于形式，不能解决实际问题。而有些监督制度、规定，尽管层层要求，但问题依然存在。

相反，美国"阿巴拉契亚区域委员会"和德国"共同任务计划委员会"由于执行与监督兼顾，成为富有效率的合作协调机构。它们运用跨界治理理论，建立跨越行政边界的集政策制定、执行和监督为一体的合作组织体系。该类合作委员会由有关省、区的行政首长组成，主要职能是制定合作目标及政策，并监督项目的执行，是一个合作体的最高权力机构。合作委员会不享有独立的行政权，但享有凭借各成员经谈判而自愿出让的权力，从而具有实际的行为能力。事务协调会则是一个政策执行和监督机构。

缺乏有效的激励机制也是地方政府合作困境之一。当前地方政府合作的利益分配机制，具有"政府主导，市场与社会兼顾"的科层制特征。具体而言，在参与主体上，以各级政府为主，而企业、居民、非营利组织较少；在手段途径上，以行政手段为主，而第三方协调、法律途径较少。同时，市场尽管是配置资源的重要途径，但仍然受到政府的较大干预；在协商形式上，有同级政府间的协商与协议，以及上级政府的调解与裁决；在协调效果上，上级政府的调解与裁决比同级间的协商更为有效率。

这种"科层制鲜明"的协调机制，直接导致了两个弊端：一是企业、居民等地方政府间合作的利益相关者无法有效参与利益分配，造成这些利益主体的诉求因表达不足而缺乏活力；二是上级政府成为利益分配的决定性因素，地方政府更愿意把精力投入到争取上级政府的"政策倾斜"而非地方合作事务之中。

利益分配问题在很大程度上会影响合作的效果，甚至能决定合作的成败。地方合作的利益共享机制是指参与地方合作的各方通过规范的制度来分配地方合作的利益。地方合作的目的是使参与各方都能从中获得利益，但是在地方合作的各成员中，总有处于优势和处于劣势的成员。在地方合作中，如果发生利益从劣势一方流向优势一方，就会导致合作失败。为了避免"合作博弈"失败，必须建立一个"利益共享和补偿机制"。通过一些制度性安排，鼓励成员积极参与合作。例如，为了避免合作成员之间因不同发展水平而导致的"合作博弈"破产，欧共体制定了"协调和平衡发展"及"经济和社会凝聚"的政策目标，以缩小成员之间的发展差距和稳固合作基础。同时，欧共体建立了结构基金和凝聚基金，从而能够较全面公平地平衡不同成员之间的利益分配差距。

四、信息不对称

信息经济学认为，达到合作最优状态的条件是完全信息，与此相对应的是不完全信息。不完全信息是指经济代理人对于某种经济环境状态的局部知识，或有关某种经济事件的部分知识。只要信息是不完全的，经济代理人对于经济环境的认识就包含不确定性因素，因而也具备承担风险的可能。[①] 不完全信息不利于合作的开展。合作主体的行为及其决策是否有利于各方合作的展开，在很大程度上取决于区域之间信息的对称性、完整性和互动性。区域各地市之间经济政策和相关措施的尽可能公开，可使任何一个地区增加经济合作中的可预测性，最大限度地减少由于相互之间实行信息封锁而导致的合作风险。

就目前的情况来看，各种地方合作中信息沟通机制主要还停留在"政府部门座谈会"、"市长经济协调会"等会议上，缺乏信息互通、互动、共享的合作平台和信息沟通机制。在很多情况下，地方政府受行政分区的影响，各自为政，协调机制不完善，沟通渠道不通畅，这不仅导致企业间产生摩擦与矛盾，也在地方政府之间出现了合作的裂缝。

信息沟通机制的不完善影响了地方政府之间的合作和发展，与此同时，

---

① 谢康：《西方微观信息经济学不完全信息理论》，载《国外社会科学》，1995年第2期，第47页。

在政绩考核的体制下，地方政府在政治上的进取具体落实到了经济性竞争上，地方官员为了在政治上得到提升而不得不致力于地方经济发展，各地之间都存在着要比区域内相邻地区更快更好地出政绩的压力，而在这种压力下，各地政府有可能会在对各地之间产生利害关系的信息上或多或少的掩盖一些对别的地区有利、或者对本地区有害的信息，以保护本地区的最大利益，这样就会导致区域合作中相对方所得到的信息不完全的情况，从而容易出现各地在不完全信息状态下合作的困境。

第二节 地方保护主义

地方保护主义是指地方政府，在处理全局利益与局部利益、长远利益与眼前利益的关系时，为了眼前利益和局部利益而损害长远利益和全局利益的行为倾向。地方保护主义是一种地方本位主义，它支配着地方政府保护地方政治利益和经济利益，对本地区的企业实施保护，限制非本地企业提供的商品或服务参与市场公平竞争，为本地区提供各种保护性的政策措施。

一、地方保护主义的原因

地方保护主义的来源可追溯到国际经济交往中的"保护主义"，也就是在国际贸易往来中利用关税、补贴或进口配额限制等方式，保护本国工业免受外国的竞争。根据国务院发展研究中心的调查表明，当前地方保护严重程度呈逐步减轻之势，但地方保护仍以多种形式程度不同地存在着。究其原因，这是个地方政府和执法机关为保护局部利益牺牲法制统一、滥用权力的结果。各地方作为独立利益主体，受经济利益的不当驱使是地方主义产生的根源；现行立法、行政执法、司法审判等法律制度的不完善也是重要原因。

首先，地方利益是地方保护主义存在的直接动力。地方政府作为利益主体主要有四方面的利益：一是地方居民利益的需要和满足，二是地方政府部门的利益，三是地方政府官员追求政绩的需要和满足，四是地方政府财政收入的利益。这四者在区域外部具有高度一致性，当中央宏观调控能力弱化和中央与地方事权关系模糊时，地方政府作为一个利益主体，就会片面追求地方利益而牺牲国家利益。① 在中国，地方保护主义是从中央高度集权的经济体制向地方拥有一定自主权的市场体制转轨过程中出现的现象。特别是改革开放过程中财政分权化，刺激了地方政府的活力，迫使地方政府由几乎单纯依靠上级政府的资源扶助，逐步转变到主动寻求外部资本、人才、技术等资源流入本辖区以推动经济发展，以实现"多收多支"的经济利益。

地方保护决策者的出发点主要有为了辖区居民群体的利益，为了部门、集团小群体的利益，或者为了官员个人利益。公共选择理论认为，官僚机构有着机构膨胀、权力扩张、预算增长的内在动机。地方保护主义的本质就是地方政府及其公职人员自利性的表现。公职人员尤其是政府及部门负责人的效用目标可能是：本单位或地区经济私利扩大、表现政绩、个人升迁、实际收入或隐性收入增加、对资源的支配权力、为子女及亲友着想等等。

政府官员政绩考核是产生地方保护主义的因素之一。尽管在对公职人员考核时强调按"德、能、勤、绩、廉"这五个方面进行综合考评，但在实践中依然片面看重表面的政绩，过分强调所辖地区经济发展而忽视社会与生态环境指标。其经济发展的指标简单量化而成，比如上任后上了多少项目，创造的产值有多少，获得了多少利润，对地区经济的增长作了多少贡献等。至于项目的合理性、手段的合法性、产值与利润的来源是否合规这些问题并没有得到重视。这样就导致地方官员强化资源配置本地化、采用保护本地市场等不利于企业及经济长远发展的做法。

其次，体制缺陷是造成地方保护主义的另一个重要因素。财政转移支付制度不完备，一些地方面临较大的财政支出压力，使地方政府选择动用政府的行政力量来对当地企业和产品进行保护；监督机制不健全，在公职人员管理体制上存在对公共政策执行缺乏有效的监督；考核指标单一，政府绩效考核往往把直接的、具体的经济指标作为最重要的考核指标，缺乏对工作全面综合的考评，地方官员可能用地方保护主义等短期行为发展经济；政府职能错位，使具有公共事务管理着和经济活动参与者双重身份的地方政府既具有地方保护的动机又具有地方保护的手段。

其次，从法律制度的层面上看，在法制领域方面由于长期以来缺乏有效

---

① 阳国亮、何元庆：《地方保护主义的成因及其博弈分析》，载《经济学动态》，2002年第8期。

的权力制约机制，为地方保护主义的行为提供了方便和可能。地方政府出于本地的利益，通过"红头文件"、"办公纪要"、"打招呼"、"设卡"、技术壁垒（通过质检部门等）和费率控制（收取各种费用）等行政规制手段和方式限制外地资源进入市场或限制本地资源流向外地。同时，司法、执法机关难以摆脱地方势力的纠缠和地方主义的束缚，一部分司法、执法人员的素质不高，在物质利益面前经不住诱惑，无法作出公正的裁决。

二、地方保护主义的表现

地方保护主义是地方政府为了保护地方局部经济利益或政治利益，违背国家的法律法规，利用行政权力干涉市场、操纵市场，设置市场障碍，破坏市场机制，限制非本地企业生产的商品或提供的服务参与公平竞争的行为。简单地说，地方保护主义就是只强调保护地方的、局部的利益而不顾及全局利益的错误行为。

地方保护主义现象在以各种形式大肆蔓延，成为了阻碍市场正常发育的严重问题和症结。首先，按不同的领域分类，可分为产品市场、劳动力市场和资本市场。在产品市场上，对那些对本地区同类产品的生产与销售构成竞争危险的外地产品进行市场准入限制。具体说来，就是地方政府用行政审批等手段阻止外地商品进入本地市场，用行政命令强制消费或采用指定采购的方式购买本地区的产品，用开办"五小"企业来防止本地资源的外流；在劳动力市场上，一些地方政府利用户籍管理、学历和职称的高低、人事关系、住房安置等方式手段制约人才的自由流动选择，规定了外来人口不得在本地区就业或限制在本地区就业的范围，某类、某层次的专业技术人员不得流出本地等；在资本市场上，许多地方政府在资产重组过程中，一方面想方设法为本地区和企业吸纳投资，另一方面则限制本地企业资金和企业品牌的流出。[①]

其次，不同行业的地方保护形式各异。烟草行业遭遇的主要是数量控制，因为该行业的增加值率和利润水平高，进而提供的税收也高；农业面临的主

---

① 唐丽萍：《中国地方政府竞争中的地方治理研究》，上海人民出版社2010年版，第98页。

要是投入限制，因为农业在经济发展中具有基础性地位；食品和医药行业面临的主要是技术壁垒，由于质量和技术标准的监督和准入较为严格，因此容易为地方保护提供接口便利；建筑业面临的主要是无形限制。

地方政府在保护与封锁地方市场中，主要采取限制流入的市场封锁和限制流出的市场封锁两种方式，与其他地方政府进行博弈。在限制流入的封锁中，一般采取三种方式，一是采取由地方政府直接出面，擅自设置各种名义的"关卡"，利用行政手段阻止外地商品进入本地市场；二是行使地方政府的经济职能，并随意扩大其权限，利用经济手段，制定优惠或倾斜政策，有时还利用行政力量进行干预，在流通领域内保护本地产品市场；三是运用各种超经济手段阻止外地产品的进入。各地方政府采取设立关卡、限制外地商品进入本地市场和阻止本地商品流出等措施为本地企业提供行政保护，运用经济政策、扩大管理范围、增加审批手续以强令当地企业经营、收购或推销本地产品，运用财政、税收、金融、价格等经济杠杆迫使或诱使当地企业实施封锁市场政策。比如苏北地区埠宁、宿迁等县市在啤酒滞销问题突出后，成立了专门机构"酒类市场管理办公室"，专门设立关卡，采取种种不正当手段阻挠外地啤酒进入本地市场。[①]

第三，利用行政权力保护地方利益。行政审批是保护本地企业免于与对手竞争的最古老而有效的方法。因为只有得到许可证之后，才能从事各种生产与经营，而地方政府则设立行政审批这一壁垒，限制外地企业生产与经营。地方政府以行政审批为手段，对外地企业或外地产品服务进行歧视性待遇：以加强市场管理和质量监督为由，对外地产品实行超标准的报验和检查制度；以环保健康和卫生安全为由，构筑技术壁垒；限制外地企业进入本地企业所属的行业等。

行政审批制度的设置本身是合理的，目的是让经营活动规范化、合理化以及便于检查其经营的合法化，但是在实际操作中却发生了偏差，行政审批可以对外地企业、产品、原材料进行多形式多方位的行政批准、干预或禁止，地方保护主义正是借助了这种权力，为了本地区的利益阻碍了外地企业商品

---

① 成吉昌：《苏北啤酒市场又搞地方保护 江苏省技监局发文要求制止》，载《市场报》，1999年5月13日。

资本的流入。①

为了本地区的利益，各地政府通过行政管制手段，限制外地资源进入本地市场或限制本地资源流向外地，造成分割市场的局面。在利益的驱动下，一些地方政府以各种会议形式、行业内部规定、文件等形式，指令性或暗示性地要求本地单位和个人购买本地货物。如一些地方政府发布地方性法规、文件，强令或变相强令本地企业只能销售、购买、使用本地产品，或只能接受本地企业提供的服务，禁止或限制外地产品入境和销售。目前，一些地区的地方保护已经从消费品领域扩展到几乎所有产品领域，蔓延至了投资领域，保护范围也从县市一级扩大到地市级甚至省级。②

三、保护主义对地方合作的危害

地方保护主义虽然片面追求地方经济利益的最大化，但在一定程度上提高了本地企业的生存能力，同时适当修正了本地区市场中出现的市场失灵的现象。然而，从长远或者从全局的角度上看，地方保护主义对经济与社会的可持续发展存在着许多消极影响，它的危害是全方位的。

首先，阻碍了国家统一市场的形成。地方保护主义片面追求地方利益，分割了国内的商品市场、劳动力市场和资本市场，往往导致"诸侯经济"的产生，形成了某种经济割据的局面，影响了市场在更大范围内资源配置中的基础性作用的发挥，画地为牢，阻碍了统一、公平、规范、有序的市场建立。

地方政府通过各种显性、隐性手段甚至壁垒，人为分隔市场，形成严重内耗，提高了整个社会间的交易成本，限制了产业的专业化分工和贸易的深化，使得地方经济走向全面扩张，在本地相对狭小的市场内提供一系列"全面"的服务，从而必然走向重复建设，走向"小而全"的模式。

其次，影响了生产要素的合理流动和优化配置。地方政府通过行政手段

---

① 张可云：《区域大战与区域经济关系》，民主与建设出版社2001年版，第53—54页。
② 2000年，黑龙江省龙江县政府以整顿啤酒市场秩序为由，依据齐齐哈尔市人大颁布的《酒类管理条例》以及齐齐哈尔市政府办公厅签发的《关于整顿酒类市场的通知》，成立了由酒类专卖局牵头的龙江县啤酒市场稽查队，多次封锁、扣押、没收外地啤酒，给业主和生产厂家造成了严重的经济损失。张惠萍：《一份文件封锁啤酒市场》，载《中国工商报》，2000年6月13日。

扰乱了市场秩序，破坏了公平的市场竞争环境，扭曲了信息，导致经济运行机制扭曲，市场信号失真，从而使得市场不能准确反应市场需求，造成无效的市场竞争，干扰宏观经济平衡，社会资源无法实现最优配置。

地方保护主义下的国内市场被分割成许多狭小的封闭性的地方市场，产品与生产要素流通不畅，阻碍了规模经济的形成和产业的集聚，资源配置效率低下。影响了生产要素的合理流动和优化组合，地区之间无法进行优势互补和联合协作，不利于区域之间的合作共赢。

地方政府对当地市场的保护与外地商品的封锁造成了市场分割，严重地扭曲了市场信号，不仅社会资源最优配置难以实现，而且各地市场因分割和信号失真而导致负效应累计，使得全国性的市场失衡放大以及社会的净福利减少。从企业来看，一些优势企业可能得不到足够的资金和优质的原材料；而另外一些劣质企业技术水平低、产品质量差，却能在行政手段的保护下照样生产销售，而且还能够畅通无阻的占有优质的原材料，这样形成了资源配置的效率低下。

最后，造成不合理的产业结构以及社会资源的严重浪费。地方保护主义加剧了各地区间重复建设、重复引进、重复布点的情况，加剧无序、恶性竞争，破坏了产业结构和生产力布局的合理化，限制了专业化分工，出现了各地区产业结构的趋同化和资源的严重浪费，阻碍了比较优势和规模经济效益的发挥。使国家蒙受巨大的损失，破坏国家宏观经济总量的平衡。

而且，产业结构趋同就意味着地方之间存在着一种较为直接的竞争，更可能导致地方之间的不合作和地方之间的保护行为，加剧了行业间和地区间的恶性竞争，这对于区域之间的合作发展、互利互惠是非常不利的。以中国长三角地区为例，长三角产业结构趋同率已高达70%。在15个城市中，有11座城市选择汽车零配件制造，有8座城市选择石化，12座城市选择通信作为产业发展的主要方向。产业结构雷同、缺乏合理分工导致各城市功能界限不清，地区利益发生冲突，导致产业间的恶性竞争加剧。此外，随着各地一系列机场建设工程的出台，长三角地区很快就将成为全世界机场密度最高的地区。然而，现实情况却是旅客资源和货物资源有限，江浙两地大部分机场都面临着入不敷出的局面，江苏民航机场更是无一盈利。结果大量的亏损最后只能由国家买单。[①]

第三节 地方政府竞争

地方政府竞争是指不具有行政隶属关系的地方政府为了促进本辖区的经济增长和社会发展,围绕各种有形和无形资源而在投资环境、法律制度、政府政策等方面开展的竞争。[②] 地方政府间竞争的核心,是围绕有形资源包括外部资金、技术、人力资本等生产要素以及无形资源包括制度环境、发展政策、公共服务等方面的竞争。

一、地方政府竞争的内容

在地方政府竞争中,出于本辖区经济增长业绩、劳动力就业、税收等地方利益的考虑,地方政府有可能会在商品、资金、人才、服务或信息等流动和交易方面设置不利于行政归属不在本地区的企业或个人的规定,从而偏向与庇护本地区的生产者和消费者。

地方政府竞争的手段包括投资环境竞争、政府管理竞争、法律制度竞争和政治行动。政区竞争理论认为,政区竞争包括如下内容:(1) 投资环境竞争。各政区政府通过改善本行政区域内的投资环境,包括良好的社会治安环境、便捷的政府服务、完善的基础设施、优惠的投资政策等条件,吸引更多的资本、企业家和人才到本行政区域投资;(2) 法律制度竞争。各政区政府完善本行政区域内的法律法规,制定保护投资者权益、保护产权和公民权利的法律,公正地执行法律。政府行为受到宪法和一般性法律的约束,市场经济运行免于政府的不正当干预;(3) 政府效率竞争。各政区政府进行行政改革,使政府成为一个廉洁和高效的政府,为投资者提供优质的政府服务,政府严格按行政程序办事,政府工作程序便民、透明、公正等等。[③]

除了政区竞争理论中概括的内容外,单一制国家中的地方政府竞争,很

[①] 陈瑞莲:《区域公共管理理论与实践研究》,中国社会科学出版社 2008 年版,第 310—311 页。
[②] 唐丽萍:《中国地方政府竞争中的地方治理研究》,上海人民出版社 2010 年版,第 6 页。
[③] 李军鹏:《论新制度经济学的政区竞争理论》,载《中国行政管理》,2001 年第 5 期。

多内容表现为地方政府通过各种政治行动来获取特殊政策。因此，根据地方政府竞争的一般情况以及地方政府竞争的特点，本文把地方政府竞争的手段归纳为四种类型：投资环境的竞争、政府管理的竞争、法律制度的竞争、政治活动的竞争。第二，地方政府竞争的内容，具体表现为包括政治市场、产品市场，以及要素市场上的竞争。政治市场上，地方政府围绕着财政权、人事权等，积极开展政治活动，向上级政府争取政治倾斜，争夺获得更大、更多的权力；产品市场上，地方政府围绕着农产品（粮食、大豆等）、工业产品（家电、通讯产品等）等，进行生产和销售方面的竞争，企图帮助辖区内所属企业拥有产品的制高点、销售更多数量的产品；要素市场上，地方政府围绕着资本、技术、人才、土地、信息等，企图获取更多数量的各类生产要素。地方政府竞争的内容，可以用图9-1来表示。①

例如，地方政府以税收优惠为条件，以此吸引更多的资金与技术。在税

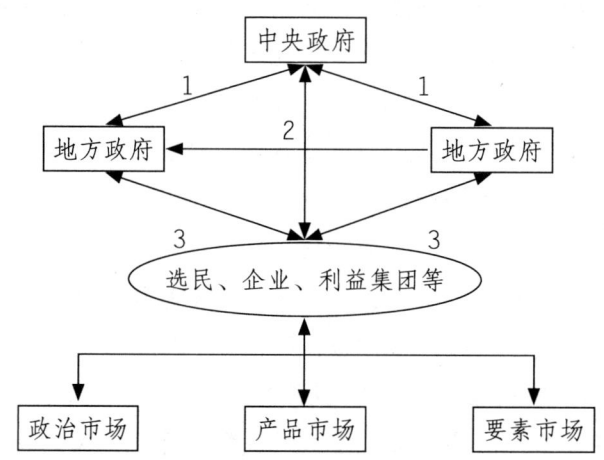

图9-1 地方政府竞争的内容

---

① 1表示为纵向政府间竞争，主要表现为政治市场；2表示为横向政府间竞争，主要表现为产品市场和要素市场；3表示为选民/企业/利益集团等与政府的互动。

收优惠手段上，出台税收优惠政策、采用先征后返的形式①，增加配套措施并豁免各项费用②等各种形式。各个地方政府为了吸引资本和要素的流入，纷纷在税收上面动足脑筋，出台各种税收优惠政策，竞相减免税，这既包含了有法律授权的制度内减免税，也包括了没有法律授权或者超越法律授权的制度外减免税，这就是所谓的税收优惠政策过度供给。③

  地方政府基础设施的竞争亦日益激烈。资本不仅会流向投资成本低的地区，投资环境也是资本流向的关键因素之一。可以说，区域性投资环境的优良程度直接或间接地决定了地方经济的发展速度和发展程度，地方政府想要吸引更多的外来资本要素，除了要降低本地区的税费负担水平和投资成本以外，更需要改善本地区投资的基础设施环境和制度环境，以使整个投资大环境利于投资主体的发展，使得本地区在竞争资本市场方面占到显著优势。因此，为了改善区域性投资环境，各地方政府都十分重视和加强地方基础设施建设，在基础设施的投资力度上也明显加大，甚至重复建设亦在所不惜。④

---

① 所谓先征后返就是地方政府将原本入库的税收收入，以奖励或者补贴的形式向特定纳税人予以返还。也就是说，地方政府将存在分税制财政体制中分得的税收收入通过财政返还的形式返还给投资者，是税收优惠这种竞争形式的替代。这在很大程度上鼓励了企业在该地区的投资，这也是地方政府争取资本要素的主要竞争形式之一。例如原本对本辖区开发区内的企业征收33%的税收，由于采用了先征后返的办法，通过财政返还的方式返还给企业18%的税收，这样下来企业的实际税收就等于15%，享受了国务院批准的各类开发区和高新技术开发区内的企业可以享受15%的企业所得税的待遇。

② 资本是在利润的牵引下流动的，通常流向投资成本低的地区，为了吸引更多的资本要素来本地发展经济，地方政府会增加各种配套措施来降低资本流入本地区的各种成本以减少企业的投资成本。地方政府通常的做法是将一般性税收收入用于特定投资项目的基础设施改善，向特定投资项目以较低的价格甚至免费提供土地，优惠提供工商用地，豁免各项费用，给予投资方优惠及便利。

③ 按"成本—收益"原则，地方政府应该以不低于成本价格出让土地，但实际操作中，各地政府为抢夺引资项目，不惜降低地价，亏本出让，更有甚者将土地拱手相送、分文不取。苏南地区开发区在招商引资中为竞争项目，土地出让价格一般大大小于征地费用与其他开发费用之和；苏州工业园区开发后土地市场价格大概为20万元/亩，出让价平均仅8—12万元/亩；上海致力于打造低成本商务区，推出仅需5—6万元/亩的低价土地；浙江省宁波市下辖县的一般工业用地评估价为10万元/亩左右，但在招商引资过程中，对于外资项目一般都以低于这个标准出让，有的3—5万元/亩，有的以"零地价"方式将土地出让给外商。

④ 为吸引更多的辖区外流动资源，长三角地方政府都大力推进基础设施建设，努力改善硬环境。从上海、江苏、浙江政府工作报告中可以看出，三地政府均不遗余力地推动高速公路、电力、港口、机场、铁路、城市道路等项目建设，但是基础设施建设不配套，影响了整体效率。港口建设的激烈竞争就是明显的例子。据统计，在长江从江阴至南通60公里的岸段，有68个万吨级泊位，平均0.9公里就有一个，有的港口利用率仅50%。

二、地方政府竞争的原因

地方政府竞争已经是全球范围内的一种普遍现象，无论是在联邦制、邦联制，还是单一制下。美国政府间关系指导委员会认为，辖区竞争是联邦制下产品、服务、人口、资本不受限制、自由流动的一种方式。凭借竞争，各种资源流向能够满足自身偏好的、配置效率最高的地方[1]；俄罗斯邦联制下地方政府竞争往往是地方政府与金融寡头相互勾结、向中央政府讨价还价的过程。它们彼此不是维护市场秩序，而是破坏了市场经济秩序。地方政府遵循着不成文的"潜规则"，即竞争重点不是制度创新而是政治寻租；作为单一制下的中国，在"以经济建设为中心"的改革开放大背景下，地方政府必然围绕资源争夺而展开竞争，彼此竞相提供税收等优惠政策和良好的基础设施。显然，地方政府竞争已经深刻地影响经济与社会的运转。那么，地方政府竞争产生的原因是什么？

首先，竞争性是地方政府的本质属性。与政府竞争密切相关的一个概念是"竞争性政府（competitive government）"。布雷顿（Albert Breton, 1996）认为，政府是竞争性的，竞争关系普遍存在于政府内部、上下各部门之间，甚至政府部门与非政府部门之间。因此，政府提供产品与服务时应该遵从辅助性原则（principle of subsidiarity），将集体行动中的每一项任务置于尽可能低的政府级别上。当政府的大量任务都能被分散化、由相互竞争的机构来承担时，公共物品的供给效率得以提高。[2]

当权威机构的分散化程度越高，则越有可能给居民和企业更多不同的选择，在机构数量有限的情况下，能够提供给居民与企业的选择必定也是有限的。所以，当在其他条件均等的情况下，区域政府的数量越多，竞争将越激烈。

对于地方政府而言，当居民和企业在没有其他选择的情况下只能接受其所提供的公共物品和服务时，这时的地方政府很难感受得到竞争的压力。而

---

[1] U.S. Advisory Commission on Intergovernmental Relations (ACIR), 1991, *Interjurisdictional Tax and Policy Competition: Good or Bad for the Federal System?* M-177. Washington, D.C., April, pp.9-10.

[2] Albert Breton, *Competitive Governments: An Economic Theory of Politics and Public Finance*, Cambridge: Cambridge University Press, 1996.

一旦有大量分散化的机构存在,就必然会给其行事方式带来差异。大量潜在的替代者毫无疑问会增加地方政府的压力,造成区域政府间的竞争。

其次,地方自主性增强。以财政分权为核心内容的行政性分权使地方政府拥有发展自己辖区经济的自主权和辖区经济发展的收益权,形成自己进行独立决策和追求利益的诉求,增强了地方政府发展经济的积极性。这为地方政府竞争提供了源源不断的经济利益动力。

财政分权改革改变了传统的激励机制,伴随财政分权的发展,地方政府获得了经济发展的收益权:地方经济的发展就意味着政府资源的增长。因而财政激励的增强促使地方政府由几乎单纯依赖上级政府的资源扶持,逐步转变为主动寻求经济资源以促进辖区内经济发展,地方政府发展经济的积极性得以充分调动。

在行政性分权过程中,地方政府获得了包括财政自主权和经济管理权在内的地方经济发展的自主权。一方面,在分税制下,地方财政虽然在量上受到了限制,但是地方政府对地方财政的收入有较大的自由支配权,这使得地方政府能比较自主地组织和安排本地区的发展。另一方面,不同层级的地方政府逐步获得了包括计划权、企业管理权、物资分配权、基本建设项目审批权、投资和信贷管理权等在内的经济管理权,从计划经济体制下的一个被动的执行者变成积极的管理者,大大调动了其参与改革和发展的积极性。分权化改革正是通过赋予地方政府在利用外资的审批权、外贸及外汇管理权、小型基本建设项目的审批权、一些工农产品价格、交通运输价格和非商品收费等方面自主决定的权力,加上相对独立的税收体系和有法律保障的职权体系使地方政府作为独立主体的地位日益合法化,使得地方政府竞争的领域和空间以及方式方法都发生了剧烈的变化。①

第三,政绩考核进一步推动地方政府竞争。政绩考核制度强化了地方政府之间的竞争,由于存在着信息不对称,中央政府难以对地方政府官员进行全面的考核,只能采用可以测量的经济指标,尤其是 GDP、财政税收等经济指标来考核地方官员的政绩,因此以经济建设为主要导向的政绩观以及自上而下的经济绩效政绩考核体系,诱导地方政府官员投入到经济增长的竞争中来。

---

① 陈瑞莲:《区域公共管理理论与实践研究》,中国社会科学出版社 2008 年版,第 97 页。

我国的政绩考核制度使地方政府在政治上的进取具体落实到了经济性竞争上，地方官员为了在政治上得到提升而不得不致力于地方经济发展，为了促使地方GDP的快速增长，各地方政府都相继出台各种优惠政策来吸引外来资本要素，大力发展短平快项目。采取各种竞争手段吸引流动性资源要素的流入。因此，在地方政府竞争中，地方政府一方面是在参与经济竞争，以促进本地发展，另一方面也是为了建立政绩，为自己的提升捞取政治资本。[1]

最后，约束制度的弱化，是地方政府消极竞争的助推器。地方政府竞争行为的理论假设认为，地方政府是经济理性和公共理性的统一体，为使自己利益最大化会与其他地方政府展开竞争，在追求经济利益的同时，亦受到公共理性的制约。当约束制度健全时，政府更多地表现为"公共理性"，即积极竞争行为；当约束制度缺乏时，政府就可能变为追求私利的"怪兽"，即表现为消极竞争行为。地方政府是内在不断膨胀的、缺乏效率的、类似于一个规模不断膨胀的怪兽。当地方政府缺乏有效约束时，在利益的诱惑下，地方政府行为就更容易体现出怪兽的特征。"权力导致腐败，绝对权力导致绝对腐败"。行政权限的盲目扩张助长了消极竞争行为的产生。当前名目众多的行政性审批就反映了其暗箱操作、自由裁量权过大、腐败滋生的问题。[2]

具体而言，这种约束机制主要包括三个方面，即地方政府行政职权的自我约束、纵向的中央政府宏观调控、横向的区域合作机制。当前政府职权的法律约束机制乏力，这助长了行政行为的滥用。文森特·奥斯特罗姆认为，尽管国家权力在制度设计上运用了权力"制约与均衡"原则来防止权力的滥用，但行政权力有着扩大权力与权限集中的禀性，"三权分立"的原则正变成没用的陈词滥调。"契约没有刀剑就只有言词"。由于联邦行政机构的"政策制定"和"执行管理"的责任都集中于总统办公室，制定法的意义将日益取决于总统的指示。在这些情况下，总统的指示成了有效的法律，能无视与制定法条款有关的政策制定。当总统的指示变成生效的法律时，国会的立法只起到一般地陈述原则或者目标的作用了。用霍布斯的话来说，国会的法律

---

[1] 唐丽萍：《中国地方政府竞争中的地方治理研究》，上海人民出版社2010年版，第34页。
[2] 例如，截至2002年5月，北京市现行实施的行政审批事项共有799项，其中审批341项，核准163项，审核188项，备案107项。这些审批事项几乎涉及所有的行业和社会活动，一些部门更是到了事无大小一律审批的地步。

成了只是"言词"。①

三、竞争对合作的消极影响

地方政府竞争是一把"双刃剑",对地方政府间合作的影响是双重的,既有有利的一面,也有不利的一面。在积极方面,地方政府竞争有利于加快该地区的经济转型。当地方政府拥有政策决定权和竞争收益权时,地方政府扮演着制度变迁"第一行动集团"的角色,从而引发需求诱致性制度变迁。同时,地方政府竞争迫使地方政府对本地企业加以引导和扶持,以扩大就业和增加地方财政收入,这样有利于促进企业加快技术进步,提升产业层次;在消极方面,地方政府竞争可能采取市场割据、地方保护主义的措施,阻碍了市场统一,侵损了政府间合作的信任基础。具体而言,地方政府竞争对合作的消极影响有包括如下内容:

首先,影响市场统一和区域一体化的进程。为了追求自身经济利益而对经济进行不合理的干预而形成行政区经济,行政区划成为阻隔经济一体化进程的一堵"看不见"的墙,行政边界构成了阻碍地方合作与区域经济一体化的壁垒。

地方政府竞争对自由竞争的市场秩序产生了侵损。政府的消极竞争行为对企业和市场结构都生产极大危害。对企业而言,消极竞争行为对企业实行歧视性待遇通、政企不分,导致企业不能自由经营、公平市场竞争;而在市场方面,采取限制市场进入、地区封锁等行为,这无疑增加交易费用和阻碍专业化来缩小市场规模,破坏市场竞争条件。

限制市场进入的行为造成独家垄断、寡头垄断或垄断竞争的市场结构,这种垄断性的市场因政府的保护在价格上一般表现为刚性的垄断高价、服务和质量上的降低。这种状况会导致:(1)购买者在高价面前望而却步,直接减少交易;(2)买者的讨价还价能力降低,使一些可能的交易落空,或者增加购买者的费用支出;(3)由于较差的服务和质量,增加了履约成本,并影响可能的交易。后两种情形均表现为交易费用的增加,交易费用的增加会反过来导

---

① [美]文森特·奥斯特罗姆:《美国公共行政思想的危机》,毛寿龙译,上海三联书店1999年版。

致交易萎缩，市场规模缩小。

其次，进一步拉大地区发展差距，加剧区域之间的不和谐。地方政府作为相对独立的利益主体，在竞争中逐步呈现出追逐利益的特征和短视的倾向，以地方利益最大化为总目标，许多地方政府之间的竞争是无序竞争、过度竞争和恶性竞争。这些消极的地方政府竞争不仅不利于区域的整体发展和共赢，而且会进一步拉大地区发展的差距，引发地区之间经济社会综合实力水平的严重失衡，不利于区域之间和谐，破坏区域良好的合作环境。

由于各地区发展的环境和基础条件各不相同，那些优质的可流动生产要素将流向在竞争中处于优势地位的地方政府，而落后地区就成了优质可流动生产要素的输出地。显然，地区发展差距已经成为影响经济发展、政治稳定和社会和谐的最重要因素之一。倘若地方政府间的消极竞争行为得不到一定程度的遏制，势必将进一步扩大区域经济与社会发展的差距，甚至会危及社会稳定和国家的统一。

最后，竞争中的机会主义行为破坏政府合作中的信任基础。彼此信任是地方政府间合作的基础，然而竞争博弈中的机会主义行为却侵损了合作信任关系。政治晋升博弈的基本特征是一个官员的晋升会直接减少另一个官员的晋升机会，即一人之所得为另一人之所失，这使得同时处于政治和经济双重竞争中的地方官员之间的合作空间非常狭小。不合作是因为怕给对方创造更好的投资环境，从而减少自己的晋升机会。经济实力相差较大的地区，由于其各自的决策和行动不会影响到对方的政治地位，它们之间反而容易形成合作；而发展层次相近的地区更容易产生攀比，它们之间竞争越激烈，越不容易形成合作。

此外，竞争中的机会主义行为还表现为政府合作的道德风险。例如，对其有正外部性的项目的激励不大，而对其有负外部性的项目的激励却很大。前者如为了不让发达地区有竞争力的产品运进来，落后地区会对地区交界处恶劣的交通状况不闻不问，甚至故意设置"断头路"；后者如在过密的机场群中再建机场，不计成本、过度投资造成恶性竞争，其目的就是宁愿两败俱伤，也要阻止竞争对手业绩的快速提升。

第十章 合作发展

"优良治理"一词是今年来世界银行在协助形塑第三世界国家政策发展时，所提出的一种治理形态。所谓优良治理乃是与有效解决问题、决策制定或有效地配置和管理公共资源有关。优良治理涉及，(1)一种有效的公共服务，一种独立的司法系统和法律架构来执行契约协定；(2)可课责性的公共资金的执行；(3)一个独立的公共监测者，直接对代议立法机构负责；(4)各级政府均重视法律和人权；(5)一种多元的制度结构和免受压迫等。[①] 依上述的观点，那么，在地方合作上的优良治理，至少应包括问题有效解决、责任、公开透明和法律框架等内涵；地方政府合作的发展，有合作机制的创新、合作利益的实现与合作战略的实现等方面。

第一节 合作机制的创新

机制是一系列的规则或制度。根据1981年在美国召开的以国际机制为主题的国际会议的阐释，机制是指"特定国际关系领域的一整套明示或默示的原则、规范、规则以及决策程序，行为体的预期以及为核心汇聚在一起"。换而言之，机制就是规范行为的系列规章制度及其作用方式。因此，地方政府合作机制就是指各地方政府在对合作事宜所达成共识的基础上，运用组织或制度去推进并实现利益共享的一系列过程。关于地方政府间合作机制，在此

---

① R.A.W. Rhodes, *Understanding Governance: Policy Network, Governance, Reflexivity and Accountability*, Open University Press, 1997, p.49.

从合作协调、合作履行、合作保障和合作模式发展等方面予以阐释。

一、合作协商机制

良好协商是地方政府合作的一个重要部分，贯穿于地方合作的全过程。协商过程既包括了合作创议的意愿表达，也有合作制定过程中讨价还价；无论是合作执行、合作监督，还是合作评估，都离不开协商的过程。可以说，有效的协商等于合作成功的一半。

一方面，合作协商主体的多元化。地方政府间合作要求不同的利益主体共同参与治理，包括了政府、企业、非营利组织、社团、居民等。政府在整个网络治理中不再是权利的唯一中心，同时也承担着构建者、管理者和协调者的多重角色。政府作为网络治理主体重要的一员，在网络治理中起着"元治理"的角色。面对复杂的公共问题，不同的参与者围绕特定的公共事务进行协商、谈判等来达成共同治理的目标，并形成资源互享、相互信任、互惠互利的合作机制，建立一个共同解决问题的横向、纵向的网络体系。

地方政府间合作中的各个角色不只是被动的合作，而是由于资源相互依赖而展开的主动合作与利益共存。在管理公共事务中，各利益行动主体之间存在着权力上下互动而非以往单向度的权力命令与行政指令，使得网络合作更具有活力与灵活性。公共管理已经成为政府、私营部门、第三部门和公民个人参与者组成的公共行动体系。在这一过程中，各主体之间相互依赖，合作治理因此成为公共管理在相互依赖状态下的表现。

例如，英国在地方合作与区域治理中建立了多元治理机制。它强调通过一种非强制性的协商以及在一个平等舞台上各协商主体的对话来制定区域发展的战略与政策。英国在三大区域治理组织——区域政府办公室、区域发展处和区域议事厅设立的论坛和委员会中吸纳了大量的区域伙伴组织参与，并赋予了这些地位不同、影响力不同的组织以同样的话语权，从而形成了一个多元主体参与的网络体系。以英国的区域议事厅为例，区域议事厅是一个志愿性、多党派的包容性组织，代表本地区的利益，其相关利益者的组成见表10-1。它是由70%的地方当局（包括国家公园管理局）以及30%的区域利益相关组织（包括高等教育部门和进修学校、英国工业联盟、英国公会联盟、商会、小企业部门、教区和镇议会、英国过敏医疗服务部门、志愿者组织、知识与技能委员会、区域文化公会、农业与环境团体以及其他组织）组成。①

表 10-1　英国区域议事厅中社会与经济伙伴团体人数表

	NE	NW	YH	WM	EM	EE	SE	SW
商业	5	10	3	11	8	6	12	7
志愿者组织	2	1	1	3	5	5	7	4
环境	1	2	1	2	2	4	3	3
文化	1	1	1	1	2	3	3	2
工会联盟	5	3	1	2	4	2	2	4
卫生	1	1	1	1	2	2	1	1
高等教育部门	1	1	1	2	3	1	1	1
教会	1	1	1	1	2	1	2	1
进修学校	1	1	1			1	1	1
住房				1	1	1	1	1
公平	1		1	1				2
农业	1		1	1				1
知识与技能	1			1				2
青年人				1				1
交通				1		1		
旅游				1				1
警察					1			
选派					5	2		
总计	21	21	14	29	35	29	33	33

注：NE——东北地区；NW——西北地区；YH——约克郡与亨伯郡地区；WM——中西部地区；EM——中东部地区；EE——英格兰东部地区；SE——东南地区；SW——西南地区

资料来源：Mark Sandford, *The New Governance of the English Regions*, New York: Palgrave Macmillan, 2005, p.191.

欧盟的开放式参与机制把社会伙伴关系在内的相关行为者都纳入到决策过程中。欧盟决策机构提出议题，让各方就议题发表意见，对各方的争端和冲突进行公开的辩论，以通过协商和讨价还价达成共识，归纳出一个共同的

---

① 曾令发：《探寻政府合作之路：英国布莱尔政府改革研究》，人民出版社 2010 年版，第 250 页。

行动方案。以欧盟就业政策为例,就业政策制定时的协商主体包括了欧盟机构、成员国政府、成员国地方政府、公民社会等。这些主体一起对年度就业政策进行磋商和辩论,就各自的立场发表意见,通过相互协商拟定各方基本认可的方案。①

地方政府间合作中各主体间具有平等的地位,他们就共同关心的公务事务通过协商、学习与合作,达成一致意见并执行。在具体的公共管理事务中,不同的主体承担的责任、义务和角色并不一致,有时候政府甚至承担更多一些,是"同辈中的长者"。在制定一项政策时,各主体在平等协商的基础上共同参与,可以针对具体的事务提出不同的意见,妥善处理过程中的矛盾和冲突,经过多次学习和互相间的博弈,取长补短、互相优化,从而形成一个优势互补的有机体,达到 1＋1>2 的整体协同效应。

另一方面,完善协商的信息渠道。合作低效的部分原因是因为信息不对称所造成的,信息的有效、充分交流是取得对方理解、信任和支持的重要途径。然而,由于信息和知识是权力的来源,以及各自利益的局限,很多成员并不愿意让其信息共享。因此,建立和完善地方合作的信息交流制度非常重要。

应该对应地建立信息公开、事先告知、平等协商等制度,保证各参与者及时了解有关协议的详细情况,能够适时维护自身利益,保证各参与者地位平等,预防"内幕交易"和"政治寻租"。围绕地方政府合作的信息渠道,可以从以下方面推动:

建立地方政府间合作信息共享的联席制度。信息共享的建设还是靠各地方行政力量的推动,应该建立合作层面的联席会议制度,由各地方首长亲自负责监督建设,并由具体部门执行。研究政府信息资源目录体系、制定信息交换相关标准和管理办法。

成立区域公共服务信息共享中心。由各地方政府统一建设,公共服务信息应该保证"一数一源、共建共用",数据中心所收集的数字由各地方政府辅助收集。加快区域人口、教育、环境、卫生等基础数据库的开发建设与共享利用,加强对数据信息的采集、登记、存储、共享及安全等环节的管理。

建立完成区域公共信息一体化发展的长效协同机制。一方面要推进区域

---

① [德]贝亚特·科勒－科赫:《欧盟治理模式》,周弘编,社会科学文献出版社2008年版,第97页。

公共服务信息化发展的政策与法规的对接协同，如教育政策、社保政策等。由地方政府就重大项目和关键问题的信息共享达成一致，并推动相关制度建设；另一方面要完善信息一体化发展所需要的基础设施，建立区域统一的信息化技术标准。

二、合作履行机制

在地方政府合作中，由于合作主体各方的理性和利益、策略存在差异甚至冲突，各方在合作的履行上存在机会主义行为。因此，必须从制度上对机会主义行为予以规范和完善，使得合作能够正在实施。

提高合作履行的能力。优化合作履行者的能力是提高合作履行力的重要途径。具体而言，着重提高三方面的能力：（1）理解能力，认同和理解协议内容和精神实质的能力。履行者全面、准确地理解协议内容，是忠实地执行合作协议的前提；（2）协同能力。即整合各方面人力、物力、财力，将协议贯彻实施的能力。合作协议的执行者要系统整合、科学规划、合理利用各方面的资源，以发挥最大的效能，达成合作目标；（3）创新能力。即履行者在坚持合作协议原则性的基础上，根据实际情况灵活变通地执行协议并取得实际成效的能力。地方政府应该根据不同时间、地点、条件，灵活机动地履行合作协议，才能实现预期目标。

完善区域协调机构。理论研究与实践经验表明，区域协调机构的功能应有：（1）协调功能。在基础设施建设、交通网络规划、物流运输、产业规划等方面，应综合考虑整体区域资源、区位优势、经济状况，在提升区域竞争力等方面发挥协调作用；协调不同地区利益主体间冲突关系；（2）服务功能。至少应有两方面的服务功能定位为：一是服务区域经济市场一体化，减少统一市场的制度壁垒；二是服务区域经济均衡发展，促进区域内欠发达地区的发展，实现共同繁荣；（3）监督功能。审查和监督区域政府间自主达成的区域合作规则的执行情况。特别是不少合作宣言、合作项目等事项，均有非强制性而履行不足的弊端，因而须加强执行监督，使区域合作真正落实。

创新履行的激励机制。各地方政府通过签订协议来实现彼此间的合作，从合作中获利是其最根本的动因。因此，在合作中对激励机制进行制度化建设，使各地方政府展望到充满诱惑的合作宏图，这样各缔结主体才能更加积极配合地去履行合作协议。除了经济激励以外，包括尊敬、友谊、声望以及其他社会和心里目标的社会激励也是必不可少的。在经济激励和社会激励的双重激励下，可以引导其成员为获得集体物品而努力。[①] 通过把履行与官员晋升、奖金激励、设立合作贡献奖等方式相结合，创新履行的激励机制。

加强执行监督。 美国行政学者威廉·N.邓恩说过，"监测有助于确定项目执行人员、官员以及其他利益相关者是否按照立法者、管理机构和专家组所制定的标准和程序开展行动"。[②] 因此，合作协议的执行要建立完整的监督体系和全方位、多层次的监督网络，通过对地方政府履行过程进行科学、有效的监督，使协议执行者的行为受到严格、规范的制度约束，及时纠正执行过程中出现的各种各样的偏差。同时，强化责任追求，加大处罚力度，对于协议执行不力、效率低下、执行失误的行为，要追究当事人、主管领导的责任。

三、合作承诺机制

建立地方政府间合作承诺机制，主要有两种形式：硬约束和软约束。所谓硬约束，即当缔结方成员违反协议规定或是拒绝履行协议内容时，必须承担违约责任。地方政府间在缔结协议时可以就处罚措施先行作出规定，并且强制制裁或执行处罚，包括需要承担的经济责任、法律责任或是政治责任。所谓"软约束"，是各缔结方基于言而有信原则以及共同体的责任所产生的自我约束力，和出于担心被群体排斥而被迫履行的压力。在一方缔结成员违约时，虽然有可能不会受到严格意义上的制裁，但会伴有某种优惠的取消或是合作的终止；也可以说是违约一方因不履行义务而被其他政府孤立，不能享受其权利。

国际经验表明，地方合作与区域一体化发展的快慢与是否不断优化制度系统有关。以目前最成功的典范欧盟为例，作为制度一体化的共同体，其每

[①] [美] 曼瑟尔·奥尔森：《集体行动的逻辑》，陈郁等译，上海人民出版社1995年版，第72页。
[②] [美] 威廉·N.邓恩：《公共政策分析导论》，谢明等译，中国人民大学出版社2001年版，第20页。

个阶段都会制定相关法律,成员国以此实施对内、外的政策。① 例如,《巴黎条约》构建了欧洲煤钢共同体,实现特定经济部门一体化。《单一欧洲法案》对劳动、商品、资本和人员的自由流动规定了约 300 项立法,并制定了详细时间表,以此按时完成立法。因此,法律法规是地方政府间合作的基本保障,也是其他制度有效订立的前提,必须刻不容缓地将地方政府间关系纳入到法制轨道,使合作协议有法可依,从而保证协议有效履行。

奥尔森为了解决集体行动中的成员"搭便车"的行为,设计出"有选择性的激励"作为动力机制。通过额外的奖金、红利或荣誉对那些为集体利益的增加作出贡献的个人进行奖励,而制订出使个人行为与集体利益相一致的规章制度,通过对其进行罚款、通报批评或开除进行惩罚。② 这为地方政府合作的承诺机制建设提供了一个借鉴路径。为了实现地方合作的可信承诺机制,同样需要通过柔性承诺与刚性承诺相结合,正面积极引导与潜在的惩罚"威胁"相结合的方式来激励地方政府作出可信的承诺。

在软约束方面,发展互惠规范。地方政府并不是具有崇高理想的超利益组织,它始终存在着扩张其自身利益的冲动。互惠规范的发展在一定程度上能够促进地方政府间在自愿平等的基础上实现合作。当地方政府在合作中发现,合作要求按照一种特定的方式行动。如果不循序行动会给予惩罚。这时就建立了规范。互惠的规范可以由教育和惩罚来实现。一是通过教育,包括对合作共同体的全体的教育,宣传互惠的优越,利益共享可以使得大家都能享受到区域福利最大化所带来的好处,同时督促获益多者对获益少者进行利益补偿,或者多分担些义务;二是对拒不分享利益者的教育;三是惩罚。通过冷落、排斥、拒绝合作、要求其他地方政府官员共同拒绝合作,从而使失信方名誉受损,受到惩罚。

在硬约束方面,建立失信惩罚机制。首先,是来自于上级机关领导的惩罚,如行政处罚(如行政记过、降职、撤职等);其次,来自于合作共同体内合作伙伴的惩罚,如经济惩罚。第三,法律的惩罚。如果不遵守合作协议,

---

① 陈剩勇、马斌:《区域间政府合作:区域经济一体化的路径选择》,载《政治学研究》,2004 年第 1 期。

② [美] 曼瑟尔·奥尔森:《集体行动的逻辑》,陈郁等译,上海人民出版社 1995 年版,序,第 7 页。

有仲裁机构和司法系统能够进行仲裁和司法惩罚。值得强调的是，无论哪种处罚措施都需要对违背者的信息公开。信息公开的方式，可以首先在共同体内公开，如果没有改进，选择在政府网站上公开，如果还没有改进，通过区域网站和其他公开网站进行谴责。

四、合作模式发展

联合治理。美国学者乔迪·弗里曼（Jody Freeman）教授提出了联合治理理论（collaborative governance），认为联合治理是一种公私互动的混合行政体制（mixed administration），政府通过公共服务的民营化、政府职能的对外承包、对私人自愿性规则和标准的认可等途径使私人部门或非政府组织广泛地参与到公共职能中。Bryson 和 Crosby 强调了其跨部门联合的属性，即政府、企业、非营利组织、社区或者整个公共部门的伙伴关系，他们认为联合治理是连接或分享两个以上组织的信息、资源、活动以及能力，以共同实现任何独立部门所无法完成的任务。也就是说，这些多元主体之间存在着一种权力依赖和互动的伙伴关系，既然联合治理模式是一个多元主体之间的合作。①

联合治理理论强调治理主体的多元性。除了政府与市场主体外，各种社区组织、宗教组织、慈善组织、行业协会、事务所、志愿组织等社会中介组织或社会团体都积极参与公共事务的治理。这基于两方面的考虑：一是公共事务的复杂性。由于公共事务包括社会、经济、政治、生态环境以及文化教育等诸多内容，在复杂各异的公共事务面前，政府由于受人员、精力、经费等因素的限制，单凭自身力量很难实现有效管理，必须建立多元化治理结构，包括政府、市场和社会等多种力量共同参与公共事务的治理。二是公共事务的跨域性。在生态环境治理、基础设施建设、人才流动等诸多方面，均可能涉及若干行政区域，需要不同行政区域之间的协调。因此，需要社会中介组织或社会团体的跨界合作。

也有学者认为，联合治理被描述成"混合行政"（mixed administration）

---

① Barbara C. Crosby, John M. Bryson, *Leadership for the Common Good: Tackling Public Problems in a Shared-Power World*, John Wiley & Sons Inc., 2005.

体制最为合适。在公共事务的治理活动中，个人在有影响的政府部门任职，"专家"私人委员会行使着重要的认证权；私人团体可以与其他利益团体一道和行政机关就制定规章进行协商；非营利和营利组织缔约以提供各种政府服务，行使从收集垃圾到经营监狱的公共职能；个人和组织作为"私人检察总长"（private attorneys in general），就违反法律的行为进行指控；贸易协会制定并执行实际上可以成为管制标准的行业规范；私人标准设定组织制定健康和安全标准，这些标准为行政机关所采纳。[1] 总之，个体或非政府组织参与了广泛的治理活动领域。

多中心治理。"多中心"治理理论的形成是社会管理领域的一重大进步。最早使用"多中心"一词的是英国自由主义思想家迈克尔·博兰尼，他在描述所发现的社会秩序的特征时最早使用了这个词语。他把组织社会的秩序分为单中心秩序和多中心秩序两种。单中心秩序是指设计的或者指挥的秩序为终极的权威所协调，该权威通过一体化的命令结构实施控制；多中心的秩序是这样一种秩序：在其中许多因素的行为相互独立，但能够作相互调适，以在一般的规则体系中规制其相互关系。在一组规则之内，个人决策者可自由地追求自己的利益，但其利益受实施这些决策规则所固有的约束。内源于市场经济的多中心秩序不仅存在于市场领域，也存在于社区治理领域。[2]

奥斯特罗姆夫妇对多中心治理理论的发展作出了重大贡献，并使之成为一种思维方式和理论框架。多中心理论打破了单中心制度中最高权威只有一个的权力格局，形成了一个由多个权力中心组成的治理网络。认为所有行为单位既会独立自由地追求自己的利益（即传统的市场行为），又会相互协调合作（自主治理）。因此，多中心理论的核心在于因地制宜，主张采用分级、分层、分段的多样性制度安排，主张政府、市场和社区间的协调与合作。"通过社群组织自发秩序形成的多中心自主治理结构、以多中心为基础的新的'多层级政府安排'具有权力分散和交叠管辖的特征，多中心公共论坛以及多样化的制度与公共政策安排，可以在最大程度上遏制集体行动中的机会主义，实现

---

[1] Mark Aronson, *A Public Lawyer's Response to Privatization and Outsourcing*, in The Province of Administrative Law (Michael Taggart ed., Oxford, UK: Hart Publishing, 1997).

[2] [英]迈克尔·博兰尼：《自由的逻辑》，冯银江译，吉林人民出版社2002年版。

公共利益的持续发展。"① 换而言之，在公共领域存在另一只"看不见的手"，即在市场秩序与国家主权秩序之外的多中心秩序。

网络治理。进入 90 年代后，随着全球化、民主化和分权化改革以及第三部门、非政府部门、NGO 等组织的出现，使社会利益更加分散，关系更加复杂，政府公共管理面临着更加巨大的挑战，政府命运也与社会各个方面联系更加紧密，在这种背景下，治理理论应运而生，而网络治理理论的兴起是对传统的政治行政二分法的超越，网络治理被认为有别于政府、市场的第三种模式，具体内容见表 10-2。②

表 10-2　网络治理与市场、科层模式的比较

	市场模式	政府科层模式	网络治理模式
基本关系	契约和财产权	雇佣关系	资源交换
依赖性程度	独立	依赖	相互依赖
交换媒介	价格	权威	信任
冲突解决和协调的方式	讨价还价和法院	规制和命令	外交式斡旋
文化	竞争	从属与服从	交互作用

网络治理模式是指"为了实现与增进公共利益，政府部门和非政府部门（私营部门、第三部门和公民个人）等众多公共行动主体彼此合作，在相互依存的环境中分享公共权力，共同管理公共事务的过程"。③ 网络治理以信任、相互学习、资源共享、信息互通为纽带。网络治理的实现，有赖于信任机制和协调机制的培育和落实。这种以问题解决为中心的、高度弹性化的网络治理结构，都是代替科层和市场之外的第三种选择。

网络治理强调政府组织、私营企业、利益团体、公民自组织等治理主体围绕着某一公共问题或公共事务，通过对话、讨价还价、协商、谈判、妥协等集体选择和集体行动，达成共同治理目标。在组织结构形式上，网络治理

---

① Elinor O. strum, Lanv Schroeder & Susan W. ynne (1993), *Institutional Incentives and Sustainable Development Infrastructure Policies in Perspective*, Boulder, CO: Westview Press.
② Geny stoker, *The new management of British local governance*, London, UK, Macmillan, 1999.
③ 陈振明：《公共管理学——一种不同于传统行政学的研究途径》，中国人民大学出版社2003年版，第87页。

建立了共同解决公共问题的纵向、横向或两者相结合的组织网络，形成资源共享、彼此依赖、互惠互利和相互合作的机制与组织结构。同时，由于关注议题、形成方式和途径各异，导致各种网络在网络规模（取决于行动者数目）、网络边界（开放、流畅还是封闭）、网络形态（混乱或秩序）、互动频率次数及持久性、联结或合作类型等方面的不同，呈现出不同的网络治理结构形式。

第二节 合作利益的实现

利益是地方政府间合作的主要动力，对政府而言，利益关系是政府间关系中最根本、最实质的关系。要实现区域地方政府的合作，前提条件就是要实现合作利益的共享。在实现利益共享机制时，从合作利益的表达、利益的形成、分享、补偿和利益的保障等方面对地方政府间合作利益的实现具有重要作用。

一、利益表达机制

建立制度化的利益表达机制是新时期社会秩序的前提和基础。所谓利益表达，按照戴维·伊斯顿的系统分析观点，政治系统的功能是把政治环境的输入转化为公共政策的输出，输入的是公民和集团的要求与支持，这种输入的过程就是利益表达的过程。[1] 对利益表达的研究，阿尔蒙德和鲍威尔认为，"当某个集团或个人提出一项政治要求时，政治过程就开始了。这种提出要求的过程称为利益表达。利益表达可以由不同的结构以不同的方式进行。"[2] 阿尔蒙德和鲍威尔以组织表达方式的角度将利益集团分为四种类型：非正规的、非社团的、机构性的和社团性的。

地方政府在合作发展的过程中，应建立高效的利益表达机制，使利益相关者可以提出或反映自己的愿望和利益诉求，并且权力机关应给予有力的保护。美国学者安德森认为，在所有国家，利益集团都履行着利益表达的功能。

---

[1] [美]戴维·伊斯顿：《政治生活的系统分析》，王浦劬译，华夏出版社1999年版。
[2] [美]加布里埃尔·A.阿尔蒙德、小 G.宾厄姆·鲍威尔：《比较政治学——体系、过程和政策》，曹沛霖译，东方出版社2007年版，第179页。

即他们表达了对政策行动的要求和提高了可供选择的政策方案；他们就政策意见的性质和可能出现的后果，尤其是技术服务方面的事务，向政府决策者提供众多的信息。当他们从事上述活动时，它们有助于公共政策的合理化。①因此，合作过程中的利益表达渠道建设，可以从以下几个方面进行：

树立合作共赢的理念。传统的地方主义认为，地方政府的职责就是提高自身利益的最大化，遵循着本位主义的理念。然而，新型的区域合作主义要求以互赖、信任的观念进行地方政府的合作。有效合作不仅能够减少交易成本的发生，还可以增进共有的文化理念。因此，各地方政府要树立合作共赢的理念，积极跳出单一行政区划的圈子，摒弃传统的"内向型行政"，关注区域公共事务，降低产业同构水平，主动消除市场割据，减少制度障碍，促进生产要素的自由流通。

对话磋商机制的建立。经济学家布坎南认为，公共决策是集团间或组成集团的个体间相互协商、讨价还价的过程。公共决策更多地体现出一种个人意志，而非一种"根据公共利益而进行选择的过程"。作为地方利益代表的地方政府高层领导，正是这一协调过程的参与者和决策者。因此，建立地方政府间高层领导对话磋商机制实为必要。一个平等互信的对话磋商机制是地方政府间合作的基础和前提。

扩大利益表达渠道。阿尔蒙德将利益表达的渠道分为合法的和强制的两种渠道。他认为，合法的接近渠道包括个人联系、精英任务代理、正式的和机构性的接触渠道——大众传播工具、政党以及立法机构；强制性的接近渠道包括罢工和阻挠、暴乱以及政治恐怖策略。②中国学者胡伟将群众性利益表达与综合的渠道总结为制度性渠道、强制性渠道和选举三种。③此外，意见表达主体分为两大类：作为意见表达的个体和作为意见表达的团体。④在中国，利益表达渠道主要有人民代表大会的渠道、民主党派及社会团体的渠道、大

---

① [美]詹姆斯·安德森：《公共决策》，唐亮译，华夏出版社1990年版，第222—223页。
② [美]加布里埃尔·A.阿尔蒙德、小G.宾厄姆·鲍威尔：《比较政治学——体系、过程和政策》，曹沛霖译，东方出版社2007年版，第179页。
③ 胡伟：《政府过程》，浙江人民出版社1998年版，第192—208页。
④ 朱光磊：《当代中国政府过程》，天津人民出版社2008年版，第72—90页。

众传播媒介的渠道、群众自治组织的渠道、信访及对话的渠道等。地方政府在合作发展的过程中也应加大利益表达渠道的畅通。既要增加利益组织的表达，除了正式组织外，还包括大量的非正式组织；还要扩大公共舆论的表达，借助新闻媒体等方式进行宣传。

二、利益分配机制

1. 利益形成机制

"尽管政府传统上被设定为公共机关，代表并谋求社会公共利益，不具有自身的特殊利益即自利性。但是理性选择学派从'经济人假设'出发研究政府与民众之间的关系，发现政府具有自利性并谋求自身利益最大化。政府系统及其子系统就会有谋求自身利益实现的自利性。"[①] 同理，地方政府公职人员作为地方政府权力的实际拥有者，也必将形成自身的地方利益。因此，不同的地方政府就拥有了不同的地方利益。受理性经济人的影响，地方政府公务人员作为公共权力的实际拥有者，进行着公共权力的非公共运用。其内在的深层次的诱发力量就是利益。地方利益在经济上主要体现在财政收入上，财政收入又主要取决于税收和产业发展这两个方面。

地方税收是地方经济利益的重要来源，税收制度的合理化与科学化将影响地方利益形成和分配。在中国，分税制改革重新界定了中央税收和地方税收的范围，地方税收的税种有所增加，初步形成了流转税类、所得税类、财产税类、行为目的税类、资源税类、农牧业税类并存的地方税收结构。对于地方政府而言，流转税也是各级政府税收收入的主要来源。因此，各地方在获取更多流转税，特别是增值税、营业税方面的矛盾和冲突也较大，有必要对此进行地方税收体系优化。这就需要促进增值税稳定增长，增加营业税收入。

同时，实现产业结构合理布局和空间结构优化，尽可能避免由于产业同构而造成的利益冲突，从根源上减少地方之间的利益对抗，从而为构建和谐的地方政府间合作关系提供条件。在市场化条件下，产业分工的组织形式是市场选择、比较和竞争的结果，而产业分工的过程也是一个各方利益博弈、

---

① 宁骚：《现代化与政府科学决策》，经济科学出版社2000年版。

利益协同的过程,充满着变数和存在着不稳定性。换而言之,产业在空间的合理布局较少是精心设计的产业组织蓝图。政府只能对产业组织形式的构建提出方向与原则,而不是去设计一种缺乏市场选择、缺乏利益博弈的产业组织形式。因此,产业整合问题的研究重点应放在制度环境的构建之上,即要以良好的制度环境给企业提供创新产业组织形式的动力机制,使与市场经济运行相适应的、能够产生分工效率和规模经济的各类产业分工的组织形式快速地成长起来。

2. 利益分享机制

所谓利益分享是指各地方政府在平等、互利、协作的前提下,通过规范的制度建设促成地方之间的利益转移,从而实现各种利益在地区间的合理分配。利益是促进地方政府合作的主要动力,因此,对于利益的分配和调节则是影响地方政府合作的主要问题。

在地方政府利益的分配过程中,有三种途径可供选择:其利益分享机制至少应包括三个基本途径:(1)区域产业分工。产业分工的目的就是要逐渐形成有区域优势的产业结构,从而分享这种合理产业结构带来的利益。区域产业分工要求在充分利用地区优势的基础上实行专业化生产,通过提升产业竞争优势来获得区域整体利益。实现产业利益分享的形式也是多样的,它可以是一种产业与其他产业相比存在比较优势,也可以体现在同一产业在不同地区的合理安排,还可以是不同产业合理的空间分布体现出来的结构利益;(2)区域贸易。区际贸易是实现产品价值的有效途径,通过区际交换满足自身对本区域不能生产或产量不足的产品的需求,区际贸易是区际合作收益分配的基本形式。各地方通过区际贸易,利用市场机制的作用,参与区际经济合作收益的分配。(3)"第三方调节"。"第三方调节"是区际合作收益分配的补充。"第三方调节",主要是通过中央政府(上级政府)的财政补贴、转移支付等方式予以实现。

根据不同的利益分配路径,可以选择不同的利益分配方法。有效合理的利益分配能够促进合作的有效实行。反之,则会阻碍地方政府合作的进行,甚至出现更为严重的"本位主义"行为。因此有效的利益分享机制将成为协调地方政府间的必要机制。与传统的利益协调机制相比,利益分享机制更强调在市场经济的基础上,通过中央政府的政策协调,建立一种新型的地区间利益关系，即在平等、互利、协作的条件下，形成地区间的合作关系，并通过地区间的分享机制促进区域经济的合作发展。

3. 利益补偿机制

对于政府而言，地方合作与区域经济一体化首先带来的是利益分配的问题，而利益补充是利益分配的重要机制。如果合作后双方的福利水平大于合作前的福利水平，但其中一方福利水平的提高小于另一方，则他将会采取消极抵制；只有在合作双方的福利水平共同提高的情况下，双方才可能积极合作。因而，地方合作与区域经济一体化的过程中应制定适当的补偿机制。[①]

如果说利益分享机制强调的是效率，鼓励地方政府应该获得自己应得的那份利益；那么利益补偿机制强调的则是公平，对地方利益进行再分配，从而使地方利益分配达到一种比较公平的状态。在这个再分配的过程中，中央政府处于核心地位，即中央政府通过规范的利益转移来实现地方政府的利益补偿。需要强调的是，不管是纵向的利益转移还是横向的利益转移，中央政府始终处在核心地位，而地方政府则是转移或被转移的对象。那么，有哪些利益补充的途径呢？

财政转移支付制度。财政转移支付制度成为调节上下级政府之间财力纵向不均衡和各地区之间财力横向不均衡的一个重要工具。从财政职能出发，建立规范的转移支付补助体系的根本目标是使各地方政府都能提供大体均等的公共服务水平，同时注意提高财政收支效率，即以公平为主，兼顾效率。具体而言，由于各地经济发展水平不平衡，因此转移支付制度的目标是要调整各地之间的横向财力不平衡，缩小地区间基本行政能力的差距，促进地区间财力向均衡化方向发展。

税收返还制度。现行中央政府对地方税收返还包括增值税、消费税返还、所得税基数返还以及成品油价格和税费改革税收返还。通过税收返还制度，将这部分资金并归到一般性转移支付补助中，从而促进和实现缩小地区差异的目标。

产业调整的利益补偿机制。产业结构的调整总是伴随着利益得失，需要对利益受损的地方政府进行财政和税收方面的补贴。由于地方政府在制定或

[①] Peter Robson, *The economics of international integration*, Routledge, 1989.

规划各自的支柱产业时，大多从各自行政区利益或眼前利益出发，产业的同构化现象严重。为了生产要素的合理配置和提升产业竞争力，地方政府必须打破传统的"小而全"、"大而全"的工业体系，从自身的比较优势和竞争力出发，重新调整产业结构。然而，在新形成的产业分工体系中，有些地区可能必须从某些产业中退出，而另一些地区则可以乘机扩大市场规模；有些地区生产的可能是低附加值的上游产品，而有些地区生产的可能是高附加值的下游产品。于是发生了地区利益从劣势一方流向优势一方的问题。这就需要优势一方给予劣势一方以必要的补偿，让双方都共享产业分工与合作的收益，否则产业分工体系就会破坏解体，彼此利益都会受损。

发达地区对欠发达地区的横向转移支付制度。由于各地之间自然条件差异很大，再加上历史原因，地区间经济发展水平很不平衡。在单一制国家下，在解决地区间差距时，往往更多地依靠纵向转移支付方式。

对地方政府提供具有外部性公共产品的补偿机制。地方政府竞争行为制约了具有区际外部性公共服务的有效供给。究其原因，一方面是由于公共服务供给方式与管理机制本身存在问题；另一方面是各地方政府各自为政，地区本位观念扎根，不同地区之间的合作协调难度很大，忽视了区际外部性，难以形成整个区域公共服务发展的统筹规划。① 面对这种治理困境，从利益角度来思考，在于地方政府提供的部分公共产品具有强烈的外部性特征，其收益范围远远超过了地方辖区范围。在这种情况下如果利益得不到有效补偿，则地方政府往往会选择不提供或者少提供这些具有外部性的公共产品，从而带来公共产品的供给不足。因此，中央政府和试图"免费搭车"的地方政府需要对提供这些供给产品和服务的地方政府进行利益补偿。中央政府可以通过各种财力补助和转移支付的形式来完善利益补偿机制，实现地区间的利益协调，而其他地方政府也应该通过横向转移支付形式承担外部性公共产品的部分成本。

---

① 刘志彪等：《长三角区域经济一体化》，中国人民大学出版社2010年版，第365—366页。

三、利益保障机制

保障机制的重要功能就是使复杂的利益协调行为易理解和可预见,从而使区域合作变得可确定。为此,试图从以下几个方面建立地方政府间合作的利益保障机制。

首先,建立合作行为的约束机制。为了防止合作中的机会主义行为的出现,就需要建立相应的利益约束机制。利益约束机制的建立和完善是保障地方政府间合作顺利进行的依据。然而,现有的关于地方政府合作的规范还不是很完善,这就在一定程度上影响了地方合作的发展。利益约束规则机制应包括以下内容:明确合作章程中的行为规则条款,制定合作各方在合作关系中应遵守的规则,在违反合作条款后应承担的责任、对违反合作规则所造成的经济和其他方面损失应作的经济补偿规定;建立一种合作冲突的协调组织,负责区域合作中的矛盾和冲突的裁定。①

其次,加强法律制度建设。市场经济又是法治经济,在当前社会化程度日益提高的市场经济下,要实现地方政府间竞争的有序化、规范化,必然离不开完善的法律制度的保障。一方面,强调宪法在地方政府合作过程中的权威。宪法是我国的根本大法,因此,在地方合作过程中,应遵循基本的法律规范。地方政府不能为了追求地方利益而做与法律相抵触的行为。要明确、细化违宪审查程序,切实建立违宪审查制度,以宪法诉讼、行政诉讼等方式防范、惩戒破坏区域经济一体化的行为,尤其是抽象行政行为;另一方面,要制定政府间关系法,对各级政府的职能、权限、政府行为的方式和程序进行必要的划分和合理的界定,并通过法律形式予以固定。同时,尽快调整和撤销不符合当前政府间关系发展的有关法律条款。比如,在当前地方政府竞争的过程中,应该完善竞争法的规则,使地方政府能够正确地竞争。

最后,扩大利益监督机制。霍布斯(Hobbes)曾说:"约定若是没有刀剑在后支持,只是说说而已。"由于地方政府间的合作是一项复杂的、系统的过程,在合作过程中难免会产生各种不同的问题。因此,为了防止合作中机会

---

① 莫建备等主编:《大整合大突破:长江三角洲区域协调发展研究》,上海人民出版社2005年版,第242—247页。

主义和其他类似问题的出现,建立一整套的利益约束机制就相当重要了。这一监督机制应包括合作中应遵守的规则,违规行为所应承担的责任等。此外,还可以设立专门的邮箱、电话等,接受公众对违法违规事件的举报,接受社会各界,包括媒体、新闻报纸以及专门组织的监督等。

第三节 合作战略的实现

尼尔·瑞克曼在《合作竞争大未来》中指出,贡献(Impact)、亲密(Intimacy)和愿景(Vision)是合作伙伴关系成功的三个关键因素。[①] 因此,合作战略的实现,关键在于合作剩余价值("贡献"或者"合作价值")、信任关系和合作文化。

一、合作剩余价值

在市场经济条件下,合作剩余实际上就是经济学中所说的超额利润或净利润,它包含了由于彼此协作或者集体行动所带来的效益。合作剩余是各要素所有者协作收入的总和,也是总收益在支付了所有组织成员的约束性收入之后的剩余。追求合作剩余,是利益主体参与地方政府间合作的原动力。

关于合作剩余的产生问题,亚当·斯密和卡尔·马克思早已作过精辟论述。亚当·斯密认为,人类活动(包括经济活动)有别于动物活动的主要区别之一是人类几乎随时随地都需要结成一定的协作关系(或者说契约关系)。这种协作的倾向为人类所共有,亦为人类所特有,其他动物可能有协作,但它们间的协作不是持续的也不是互惠互利的交易性契约协作。因为人类结成协作产生一种"合作剩余"。在分工基础上的协作产生分工效应。为了说明这个问题,亚当·斯密讲述了著名的关于制针的故事:"没有哪个人能在一天里制造出二十根针,也许一根针也制造不出来。由于他们合理分工协作,他们现在能够在一天里制造出的肯定不止两百四十根,甚至不

[①] [美]尼尔·瑞克曼:《合作竞争大未来》,苏怡仲译,经济管理出版社1998年版,第155页。

止四千八百根"。①

马克思对于合作分工进行了更为经典的概括，协作能提高劳动的机会生产力。"许多人在同一生产过程中，或在不同的但互相联系的生产过程中，有计划地一起协同劳动，这种劳动形式叫做协作。一个骑兵连的进攻力量或一个步兵团的抵抗力量，与单个骑兵分散展开的进攻力量的总和或每个步兵分散展开的抵抗力量的总和有本质的差别，同样，单个劳动者的力量的机械总和，与许多人手同时共同完成同一不可分割的操作（例如举起重物、转绞车、清除道路上的障碍物等）所发挥的社会力量有本质的差别。在这里，结合劳动的效果要么是个人劳动根本不可能达到的，要么只能在长得多的时间内，或者只能在很小的规模上达到。这里的问题不仅是通过协作提高了个人生产力，而且是创造了一种生产力，这种生产力本身必然是集体力。"② 对此，马克思指出，劳动协作可以缩短制造总产品所必要的劳动时间。

从上面论述可以看出，建立在分工基础上的协作生产而带来的合作剩余，是由人力资本和非人力资本共同作用的结果，是各种生产要素所有者共同合作的结果。那么，什么是合作剩余呢？所谓"合作剩余"，是指合作者通过合作所得到的纯收益，即扣除合作成本后的收益（包括减少的损失额）与不合作或竞争所能得到的纯收益即扣除竞争成本后的收益（也包括减少的损失额）之间的差额。对于任何一个合作主体来说，收益必须大于成本；否则，他就不会参与合作。③ 在内容上，合作剩余既可以体现为经济收益，也可以表现为公共产品与服务，或者经济与社会发展机会。

获取合作剩余是利益主体参与地方政府间合作的基本动力。那么，获取和创造更多合作剩余的途径有哪些？有共享优势资源、增加合作收益、降低合作成本、创新的公共服务模式等。

共享优势资源。资源的稀缺性是经济学的基本假设之一，也是限制地方

---

① [美]普特曼，L., 克罗茨纳，R. S.：《企业的经济性质》，孙经纬译，上海财经大学出版社2009年版，第5页。
② 《马克思恩格斯文集》第5卷，人民出版社2009年版，第378页。
③ 黄少安：《经济学研究重心的转移与"合作"经济学构想：对创建"中国经济学"的思考》，载《经济研究》，2005年第5期。

经济发展的主要因素。因此，独特的资源是政府吸引合作伙伴的最主要因素。它包括资金、土地、人才等有形资源和技术、知识产权等无形资源。一方面，从理论上讲，总是能找到一种更好的方法使特定的资源发挥更大的效益。所以，政府应当为现有的资源寻找更大、更好的市场和更多的需求者，并通过与其他地方合作资源共享来实现其更大的价值；另一方面，因为地方对特定资源的需求并不是均衡的，完全拥有全部资源对地方而言也是不经济的。地方有必要通过与其他组织结盟，利用其他组织的资源来满足自身需求。

增加合作收益。促进地方之间合作的主要动机通常都是增加收益，即通过外延发展的方式创造更大的合作剩余。具体合作目标除了创造新市场、扩大生产规模、增加市场份额等战术目标外，更重要的是将合作作为一种战略，使企业获得超常发展。

降低合作成本。任何合作都是有成本的。合作需要成本，包括直接成本和间接成本。直接成本由交易成本和生产组织成本组成。间接成本主要是机会成本。生产组织成本主要发生在某个合作方内部，实际是内部各部门、人员之间的交易成本。因此，合作的直接成本就是交易成本。关于交易成本的构成，威廉姆森系统地论述了交易成本的有关理论及其发展，提出交易成本包括达成双方满意协议的成本、使协议适应预期不到的突发事件的成本、实施协议的成本、终止协议的成本、获取市场信息的费用、为避免冲突而进行的谈判并诉诸法律而支付的费用。[1] 因此，需要通过制度创新来不断降低合作成本。

创新公共服务模式。公共服务的创新，往往是从公共服务市场化、公共服务社会化和公共服务均等化等方面予以阐述。基于地方政府间合作语境下的公共服务创新，体现在公共服务的组织创新、公共物品的供给创新、公共服务的理念创新等多方面。

二、信任关系

由于在地方政府合作中存在机会主义行为，因此必须考虑信任问题。产

---

[1] Oliver E. Williamson, *The Mechanisms of Governance*, UK: Oxford University Press, 1996.

生不信任和信任缺乏的最重要之要素主要来自于这些方面的负面评价：(1) 他对信任者漠不关心或者试图伤害他（动机评价）；(2) 他的利益是多元的或者是彼此冲突的（利益评价）；(3) 他缺乏完成任务的能力（能力评价）。基于上述思考，利瓦伊认为，哪里有信任，合作或契约就会发生；哪儿有不信任，契约和合作就可能不会出现。①

信任是合作关系的黏合剂，信任的缺乏会破坏联盟关系。鲍威尔认为，让信任发挥功能，就像在经济交换中合作功效卓著的润滑剂，用它来化解复杂的现实问题，比采取预测预报手段、运用权威、或者通过讨价还价，要快速得多，省力得多。②信任机制在地方政府间合作中有两个方面作用：一方面，信任机制有利于避免任何一方政府的投机行为而有效地规避合作冲突。政府间互相熟悉程度会抵消交易对手可能的投机行为和避免"囚徒困境"，而政府间过去合作的经验产生了政府间的信任与相互依赖；另一方面，信任机制可以成为地方政府间合作中的一种管理机制，降低政府间合作的交易成本。当政府间产生了一种相互信任时，就可以减少政府间在交换中因不确定性以及依赖性可能产生的合作成本。也就是说，当政府间有一种较好的信任关系时，这样的关系就成为一种协调与管理机制，以降低双方的沟通成本。

信任既是致力于在风险中追求最大化功利的有目的的行为；信任也是一种社会资本形式，可减少监督与惩罚的成本。不少学者对信任有相关论述。德国社会学家卢曼（N. Luhmann）在《信任与权力》中提出信任是减少社会复杂性的机制。1998年罗素（Dcnise M. Rousseau）等人提出了一个信任的广义定义，即信任是建立在对另一方意图和行为的正向估计基础之上的不设防的心理状态。经济学家赫希（F. Hirsch）认为，信任是很多经济交易所必需的公共品德。③信任关系对于合作意义，主要体现在降低交易费用、降低监督费用、增加合作关系的灵活性、增加合作关系的稳定性。

信任有这几个方面的特征：一是信任为对未来不确定性的预期。信任是

---

① [美]科斯、诺思、威廉姆森：《制度、契约与组织——从新制度经济学角度的透视》，刘刚、冯健、杨其静等译，经济科学出版社2003年版，第164页。

② [美]罗德里克·M. 克雷默、T. R. 泰勒：《组织中的信任》，管兵译，中国城市出版社2003年版。

③ F. Hirsch, *Social Limits to Growth*, Harvard University Press, 1978, pp.78-79.

与未来的不确定性紧密相关的，它使合作成员以共同都能接受的行为对不确定的环境或选择作出相应的反应，即一方相信另一方在抉择时会作出自己预期的决策。因此，也可以认为信任是对不确定性的一种确定性判断。二是信任为对风险的承担。信任促使合作各方以有限理性代替完全理性，以默契代替和约，以感情代替程序，彼此之间没有一些有形的约束。一旦出现不诚实的行为，损失将不可避免。因此，信任一旦给出就会得到一份风险。这也正是信任脆弱的一面，"长时间建立的信任很容易被破坏，但很难恢复"。[①] 三是符合社会规范。信任是以他人未来的符合社会规范的行为或举止的期待为取向的，它本身也应该是符合社会规范的。在一般意义上，社会规范包括习俗、道德、宗教、法律等。因此，信任就是符合习俗、道德、宗教、法律这些社会规范的社会行为。

信任机制的建立关键要解决好两个问题：一是建立与完善统一的信用管理体系；二是建立与完善诚信法规体系。信任是合作的动力与源泉，没有信任，就难以进行真正的具有创造性的合作。那么，基于地方政府间合作关系的视角，如何建立信任关系呢？对此，莱恩哈德·斯普伦格为此提出了一套切实可行的方法[②]：

接受损失，给予信任。直接、快速、主动地启动信任的方式只有一种：主动接受损失，给予信任。因为信任是以风险为前提的，即先有风险，后有信任。这种风险就是你的信任被对方利用的可能性。地方政府通过主动地承担这种风险，就可以开始信任。"遭受损失的可能性越大，获得的信任也越多"。"如果你不信任他人，那么你就永远没有机会遇上一个值得信任的人"，"要建立信任就主动地给对方提供伤害你利益的机会，但同时又有自信，认为他不会利用这个机会"。

减少信任的障碍。在建立信任的过程中，有几个障碍需要消除或减少：一是外在约束。外在协议诞生于不信任的母体，它永远无法解决不信任的难题。"没有任何一组命令、一种监控或是一项协议足够严密，以至于让人

[①] Nico Martins,"A model for managing trust", *International Journal of Manpower*, 2002, 23(8):754—769.

[②] [德]莱恩哈德·斯普伦格：《信任》，胡越译，当代中国出版社2004年版，第73—117页。

们可以放弃信任"。只有在协议没有得到书面或口头确认时,才具有内在性,内存协议经常被称为"心理协议",它就是信任。二是受限的自由选择。信任以自由选择为前提,这就是说,也可以拒绝合作。这听起来似于有些矛盾,但正是合作伙伴间的这种相互选择的可能性才为建立潜在的长期合作关系创造了条件。三是权利。在力量悬殊的地方政府之间,如果有较大话语权的一力过多地行使"权力",就会导致不信任;四是恶性竞争。竞争常常被定义为对抗赛,一方的胜利就是另一方的失败,参与竞争的政府都是以自己的利益为中心,很可能利用对方的信任为自己牟利。因此,恶性竞争是信任的大敌。

坚持信任。信任关系的建立需要双方的努力,但是要改变其性质只需要一方。因此,"信任是一种易碎品",需要坚持不懈地维护。一方面,信任者应当保持自信,勇敢地承担信任带来的风险。因为"信任不仅仅是一种观察世界的方式,而是一股掌握命运的力量。它使人们能够承受各种挫折。信任是一种能量,依靠这种力量人们才不会将未来拱手让给对手,而是接受挑战,这也能造成心理上的愉悦"。一方面,在策略上给予二次机会。如果合作成员出现对信任的背叛行为时,就采取"一报还一报"策略。即不断提供合作机会;如果得到回应,就继续信任,否则立即惩罚,无需宽容;过一定时间之后再给予信任。

三、合作文化

较早对合作文化进行研究的是韦茨曼和许成钢(Weizman and Xu, 1994),他们曾经将合作文化定义为:"在没有明确规则、法律、权利、程序等的情况下,一个组织解决内部潜在冲突的能力"。[①] 并认为合作文化是一组风俗、习惯、民间准则等非正式制度,当人们不能有效地获取信息时,便依赖于合作文化;合作文化代表一种信任感,它不是主体不理性的表现,恰是主体的理性使然,大家都遵从合作文化,便相当于大家达成一种共识,依照

---

① "Chinese Township-Village Enterprises as Vaguely Defined Cooperatives", *Journal of Comparative Economics*, 18, (1994).

习惯做事，既可以节省信息费用，又可以明确预期，减少机会主义行为。显然，这一定义的缺陷在于把合作文化的内涵完全局限在组织内部，没有考虑合作文化对组织之间合作的影响。

所谓合作文化，就是不同组织之间在参与共同事务治理的过程中，形成的一种倡导和主动寻求合作，以合作求生存，以合作谋发展的文化与氛围。其本质是信任、协作和互利思想的融合，追求整体效益最大化，以互利思想谋求共存、共赢、共同发展。合作文化具有这些特征：

互利性。合作文化主张利益主体在处理和其他利益主体的利益关系时，坚持利益共享、相互兼顾和相互制约的伦理原则和道德规范。在地方政府间合作中，通过资源共享、优势互补、学习创新等手段，更充分地发挥各自的能力，更充分地利用资源，实现协同效应，创造更大的价值。

共同愿景。共同愿景是指组织中所有成员共同的、发自内心的意愿，它能够创造巨大的凝聚力。因此，在地方政府间合作中，可以通过塑造有关地方合作的景象、价值观、使命和目标来培育共同愿景的形成。

合作意愿。合作成员方彼此相互尊重、相互理解、相互关心、相互信任、相互协作。当发生冲突时，能够求同存异，以合作整体的利益为重，采取合作利益优先的原则，甚至为了维护合作利益而牺牲局部利益。

由于合作文化可以减少机会主义行为，增强合作的可预见性，合作文化的培育和塑造尤为重要。那么，合作文化的培育过程有哪些基本模式？主要包括三个基本步骤：

认同。合作文化只是组织文化或者区域文化的一种，甚至只是组织文化或区域文化的一部分。它不能强加于某个合作成员，培育的前提是得到合作成员的认同，尤其是地方官员的认同。同时，还必须深入分析合作战略思维是否符合当地政府的发展观，是否有利于地方经济与社会发展战略的实施和目标的实现。

宣传。得到地方官员的认同，只是合作文化培育的第一步，还必须进行广泛和持续的宣传。通过宣传，让合作成员了解合作文化的内涵，同时合作成员能按照合作理念行事，让合作文化融入成员的思维方式和行为习惯，并最终实现按照合作文化进行自我管理。

制度。为了规范地方政府和其他合作成员的行为，保持合作文化的持续性，应当把合作文化的内涵融入一系列的制度。一是考核制度。要将合作意识、合作能力和合作绩效等体现合作文化的指标列入指标体系，引导地方官员和公职人员积极开展合作；二是奖惩机制。要奖励优秀的合作项目和典型的合作事例，惩罚破坏或阻挠合作的行为。三是人才筛选机制。要将合作意识、合作能力作为公职人员招聘和选拔人才的条件，建立和优化合作人才队伍。

主要参考文献

[1] 陈瑞莲:《区域公共管理理论与实践》,中国社会科学出版社 2008 年版。

[2] 陈振明:《公共政策分析》,中国人民大学出版社 2003 年版。

[3] 胡伟:《政府过程》,浙江人民出版社 1998 年版。

[4] 洪银兴:《以制度和秩序驾驱市场经济: 经济转型阶段的市场秩序建设》,人民出版社 2005 年版。

[5] 洪世键:《大都市区治理: 理论演进与运作模式》,东南大学出版社 2009 年版。

[6] 黄伟峰主编:《欧洲联盟的组织与运作》,台北: 五南图书出版 2003 年版。

[7] 何渊:《区域性行政协议研究》,法律出版社 2009 年版。

[8] 李长晏:《迈向府际合作治理: 理论与实践》,台北: 元照出版公司 2007 年版。

[9] 李煜兴:《区域行政规划研究》,法律出版社 2009 年版。

[10] 刘志彪等:《长三角区域经济一体化》,中国人民大学出版社 2010 年版。

[11] 林尚立:《国内政府间关系》,浙江人民出版社 1998 年版。

[12] 林水波、李长晏:《跨域治理》,台北: 五南图书出版有限公司 2005 年版。

[13] 金太军、钱再见、张方华、李雪卿:《公共政策执行梗阻与消解》,广东人民出版社 2005 年版。

[14] 莫建备等主编:《大整合大突破: 长江三角洲区域协调发展研究》,上海人民出版社 2005 年版。

[15] 宁骚:《现代化与政府科学决策》,经济科学出版社 2000 年版。

[16] 孙兵:《区域协调组织与区域治理》,上海人民出版社、格致出版社 2007 年版。

[17] 孙柏瑛:《当代地方治理：面向 21 世纪的挑战》，中国人民大学出版社 2004 年版。

[18] 上海社会科学院法律社会咨询中心编:《长三角区域发展与合作实证研究》，上海社会科学研究院出版社 2010 年版。

[19] 唐燕:《德国大都市地区的区域治理与协作》，中国建筑工业出版社 2011 年版。

[20] 陶希东:《转型期中国跨省市都市圈区域治理：以"行政区经济"为视角》，上海社会科学院出版社 2007 年版。

[21] 王于渐等:《重返经济舞台中心：长三角区域经济的融合转型》，上海人民出版社 2007 年版。

[22] 汪伟全:《地方政府竞争秩序的治理：基于消极竞争行为的研究》，上海人民出版社 2009 年版。

[23] 徐勇、高秉雄:《地方政府学》，高等教育出版社 2005 年版。

[24] 谢庆奎、杨宏山:《府际关系的理论与实践》，天津教育出版社 2007 年版。

[25] 杨宏山:《府际关系论》，中国社会科学出版社 2005 年版。

[26] 左学金主编:《2010 年率先转型中的长三角》，社会科学文献出版社 2010 年版。

[27] 赵永茂、孙同文、江大树:《府际关系》，台北：元照出版有限公司 2001 年版。

[28] 张紧跟:《当代中国政府间关系导论》，社会科学文献出版社 2009 版。

[29] 卓越:《公共部门绩效评估》，中国人民大学出版社 2004 年版。

[30] 朱光磊:《当代中国政府过程》，天津人民出版社 2008 年版。

[31] 陈胜勇、马斌:《区域间政府合作：区域经济一体化的路径选择》，载《政治学研究》，2004 年第 1 期。

[32] 金太军:《从行政区行政到区域公共管理——政府治理形态嬗变的博弈分析》，载《中国社会科学》，2007 年第 6 期。

[33] 谢庆奎:《中国政府的府际关系研究》，载《北京大学学报（哲学社会科学版）》，2001 年第 1 期。

[34] 杨龙、彭彦强：《理解中国地方政府合作》，载《政治学研究》，2009年第4期。

[35] 叶必丰：《我国区域经济一体化背景下的区域性行政协议——以长三角区域为样本》，载《法学研究》，2006年第3期。

[36] 杨爱平：《论区域一体化下的区域间政府合作》，载《政治学研究》，2007年第3期。

[37] 周黎安：《晋升博弈中政府官员的激励与合作》，载《经济研究》，2004第6期。

[38] 竺乾威：《从新公共管理到整体性治理》，载《中国行政管理》，2008年第10期。

[39] ［美］阿兰·斯密德：《制度与行为经济学》，刘璨、陈国昌、吴水荣译，中国人民大学出版社2009年版。

[40] ［法］埃哈尔·费埃德伯格：《权力与规则——组织行动的动力》，张月等译，上海人民出版社2005年版。

[41] R.爱德华·弗里曼：《战略管理：利益相关者方法》，王彦华、梁豪译，上海译文出版社2006年版。

[42] ［美］奥利弗·E.威廉姆森：《治理机制》，王健等译，中国社会科学出版社2001年版。

[43] ［美］埃莉诺·奥斯特罗姆等：《制度激励与可持续发展》，陈幽泓译，上海三联书店2000年版。

[44] ［美］埃莉诺·奥斯特罗姆：《公共事务的治理之道》，余逊达译，上海三联书店出版社2000年版。

[45] ［美］布坎南：《自由、市场与国家》，平新乔、莫扶民译，北京经济学院出版社1988年版。

[46] ［德］贝亚特·科勒-科赫：《欧盟治理模式》，周弘等主编，社会科学文献出版社2008年版。

[47] ［美］戴维·伊斯顿：《政治生活的系统分析》，王浦劬译，华夏出版社1999年版。

[48] ［美］道格拉斯·诺思：《制度、制度变迁与经济绩效》，杭行译，上海

三联书店 1994 年版。

[49] [英] 丹尼斯·C.穆勒:《公共选择理论》, 韩旭、杨春学等译, 中国社会科学出版社 2010 年版。

[50] [美] E.S. 萨瓦斯:《民营化与公私部门的伙伴关系》, 周志忍译, 中国人民大学出版社 2002 年版。

[51] [美] 加布里埃尔·A. 阿尔蒙德、小 G. 宾厄姆·鲍威尔:《比较政治学: 体系、过程和政策》, 曹沛霖等译, 上海译文出版社 1987 年版。

[52] [美] 卡普兰、诺顿:《战略中心型组织》, 上海博意门咨询有限公司译, 中国人民大学出版社 2008 年版。

[53] [美] 科斯、诺思、威廉姆森:《制度、契约与组织——从新制度经济学角度的透视》, 刘刚、冯健、杨其静等译, 经济科学出版社 2003 年版。

[54] [美] 罗伯特·阿格拉诺夫等:《协作性公共管理: 地方政府新战略》, 李玲玲、鄞益奋译, 北京大学出版社 2007 年版。

[55] [美] 理查德·D.宾厄姆等:《美国地方政府的管理: 实践中的公共行政》, 九州译, 北京大学出版社 1997 年版。

[56] [加] 理查德·廷德尔、苏珊·诺布斯·廷德尔:《加拿大地方政府》, 于秀明等译, 北京大学出版社 2005 年版。

[57] [美] 曼瑟尔·奥尔森:《集体行动的逻辑》, 陈郁等译, 上海人民出版社 1995 年版。

[58] [美] 迈克尔·麦金尼斯主编:《多中心体制与地方公共经济》, 毛寿龙译, 中国人民大学出版社 2003 年版。

[59] [美] 尼古拉斯·亨利:《公共行政与公共事务》(第八版), 张昕等译, 中国人民大学出版社 2002 年版。

[60] [美] 彼德·布劳、马歇尔·梅耶:《现代社会中的科层制》, 马戎、时宪民、邱泽奇译, 学林出版社 2001 年版。

[61] [美] 菲利普·库帕:《二十一世纪的公共行政: 挑战与改革》, 王巧玲、李文钊译, 中国人民大学出版社 2006 年版。

[62] [美] 斯蒂芬·戈德史密斯、威廉·D.埃格斯:《网络化治理——公共部门的新形态》, 孙迎春译, 北京大学出版社 2008 年版。

[63] [美]托马斯·戴伊:《理解公共政策》,彭勃译,华夏出版社2004年版。

[64] [美]文森特·奥斯特罗姆等:《美国地方政府》,井敏等译,北京大学出版社2004年版。

[65] [美]文森特·奥斯特罗姆:《美国公共行政思想的危机》,毛寿龙译,上海三联书店1999年版。

[66] [美]威廉·N.邓恩:《公共政策分析导论》,谢明等译,中国人民大学出版社2001年版。

[67] [法]夏尔·德巴什:《行政科学》,葛智强、施雪华译,上海译文出版社2000年版。

[68] [美]叶海卡·德罗尔:《政策科学的构想》,构想翻译组译,上海远东出版社1996年版。

[69] [美]詹姆斯·E.安德森:《公共政策制定》,谢明译,中国人民大学出版社2009年版。

[70] Barbara C. Crosby, John M. Bryson, *Leadership for the Common Good: Tackling Public Problems in a Shared-Power World,* John Wiley & Sons Inc., 2005.

[71] Breton, Albert, *Competitive Governments: An Economic Theory of Politics and Public Finance,* Cambridge: Cambridge University Press, 1996.

[72] Christensen, K.S., *Cities and Complexity: Making Intergovernmental Decision,* London: Sage, 1999.

[73] Christopher Pollitt, "Joined-Up Government: a Survey", *Political Studies Review,* 2003, (1): 35.

[74] Carroll, B., and C.Terrance (2001), "Civic Networks, Legitimacy and the Policy Process", *Governance: An International Journal of Policy and Administration,* Vol.12, No.1.

[75] David Y.Miller, *The Regional Governing of Metropolitan America,* Boukler West view Press, 2002.

[76] Heinelt H. and D. Kübler, eds., *Metropolitan Governance Capacity, Democracy and the Dynamics of Place,* London: Routledge, 2005.

[77] Jan Kooiman, *Modern Governance: New Government-Society Interactions*, London: Sage Publications, 1993.

[78] Keith G. Provan, Patrick Kenis, "Modes of Network Governance: Structure, Management, and Effectiveness", *Journal of Public Administration Research and Theory,* August 2, 2007, JPART 18: 229-252.

[79] Laurence J. O'Toole (ed.), *American Intergovernmental Relations: Foundations, Perspectives and Issues,* Washington, D.C.: congressional Quarterly, 2000.

[80] Mitchell R. A., and Wood D., "Towards a Theory of Stakeholder Identification and Salience: Defining the Principle of Who and What Really Counts", *Academy of Management Review,* 1997, 22 (4): 853-886.

[81] Neary, J. P., 2007, "Corss-border mergers as instruments of comparative advantage", *Review of Economic Studies*, 74: 1229-1257.

[82] Nelson, P. R. and Sampat, B. N., "Making sense of institutions as a factor shaping economic performance", *Journal of Economic Behavior & Organization,* 2001 (44).

[83] N. Vanhove and H. L. Klaassen, *Regional Policy: A European Approach,* London: Saxon House, 1980.

[84] Oliver E. Williamson, *The Mechanisms of Governance,* UK: Oxford University Press, 1996.

[85] Parks, R. B., & Oakerson, R. J., "Metropolitan Organization and Governance A Local Public Economy Approach", *Urban Affair Quarterly,* 1989, 25 (1): 18-29.

[86] R. A. W. Rhodes, *Understanding Governance: Policy Network, Governance, Reflexivity and Accountability,* Open University Press,

1997.

[87] Peter, H. (1996), "Intergovernmental Relations: Ensuring Informed Cooperation Strategic Policy Development", *Australian Journal of Public Administration,* 55(1): 111-117.

[88] Perri 6, *Towards Holistic Governance: The New Reform Agenda,* New York: Palgrave, 2002.

[89] Rhodes, R. A. W., "Foreword: Governmance and Networks", In: Gerry Stoker ed., *The New Management of British Local Governmance,* London: Mac millan Press Ltd., 1999.

[90] Walter J. Nicholls, "Power and Governance: Metropolitan Governance in France", *Urban Studies,* April 2005, Vol. 42.

后 记

笔者对地方政府合作这一主题的关注，始于2002年在上海交通大学攻读博士学位期间。当时围绕该主题陆续发表了一系列论文，2006年就职华东政法大学之际，萌生了撰写一本地方政府合作的著作的想法。然而，期间各种教学和科研任务繁多，使得写作一直拖延至今，甚至产生了放弃的念头。在犹豫之际，得到了自己所带行政管理专业硕士研究生们的鼓励。在此，由衷谢谢他们！如果没有他们的鼓励，也就没有读者手中的这本著作。

对于地方政府合作的研究，主要基于这些因素的思考：(1)地方政府合作是一种普遍的经济与政治现象，是社会关注的热点，理应引起学术界的思考。地方政府合作是府际关系的重要内容，是当代公共管理改革的共同趋势，也是经济一体化的必然结果。地方政府合作深刻影响当代经济、政治与社会生活，亟需对此深入研究；(2)文献综述表明，地方政府间合作的现有文献还相对零散，且重复性研究较多，直接以地方政府合作为研究对象的文献数量有限。(3)地方政府合作存在诸多问题，例如合作机制的缺失、地方保护主义、地方政府竞争。这些问题破坏了地方合作的和谐关系发展。为此，亟需破解地方合作的难题，探索地方合作的发展路径。

本书重点分析了地方政府合作的基本逻辑。在阐述地方合作的理论渊源、制度环境和合作本质的基础上，从合作过程的公共政策学视角，对地方合作创议、合作制定、合作执行和合作评估进行了详细阐述；并针对合作过程中存在的问题与困境，提出了合作发展的路径设计。

本著作的创新之处，在于从公共政策学的角度，对地方政府合作的逻辑过程进行系统分析。同时，对地方政府合作的本质属性进行多视角的阐述。然而，现有文献更多地是从交易成本、区域经济、利益博弈等视角对地方政府合作进行研究。显然，本书与现有文献有着较大区别。

在整个地方政府合作的研究过程中，有幸结识了学术界中对该主题感兴趣的同行。南开大学政府管理学院的杨龙教授，中山大学政治与公共事务学院的张紧跟教授，华南师范大学公共管理学院的杨爱平教授，以及华东政法大学政治与公共管理学院的姚尚建教授和彭彦强博士。这些学者都是我学术研究上的良师益友，其研究成果给了我诸多的启示。

本著作的资料收集过程，得到华东政法大学行政管理专业的硕士研究生们的帮助。具体分工如下：《合作的制度环境》（刘薇）、《合作的实质》（花雪垠）、《合作创议》（张亮）、《合作执行》（龚玮）、《合作评估》（花雪垠）、《合作困境》（龚玮）和《合作发展》（代春焕）。谢谢他们的辛勤劳动！

本书各章节的修改工作，都是在清华大学公共管理学院访学期间完成的。在此，感谢清华大学公共管理学院的彭宗超教授在访学期间提供的便利和帮助！感谢北京航空航天大学人文学院攻读博士的同窗好友王锋，在我北京访学期间提供了很多帮助！

本书是国家社科基金青年项目"都市圈应急联动的协同能力研究"（项目编号13CGL131)和国家自然科学基金非常规突发事件应急管理重大项目"突发事件的群体心理反应特征、演化规律及管理干预"（项目编号：91124003／G0108)的阶段性成果。

最后，由衷感谢上海市公共管理一流学科建设项目对本著作的资助出版！感谢所有帮助过自己的人！

汪伟全
于华东政法大学
2013 年 8 月